Ulli Winter / Klaus Müller
Überschuldung – was tun?

RECHT AKTUELL

Ulli Winter
Klaus Müller

Überschuldung – was tun?

Der Ratgeber zum neuen Verbraucherkonkurs

Fünfte, aktualisierte Auflage

Bund-Verlag

Bibliografische Information Der Deutschen Bibliothek
Die Deutsche Bibliothek verzeichnet diese Publikation in der Deutschen Nationalbibliografie; detaillierte bibliografische Daten sind im Internet über http://dnb.ddb.de abrufbar.

5. Auflage 2005

Herstellung: Inga Tomalla, Frankfurt am Main
Umschlag: Neil McBeath, Stuttgart
Inhaber der Bildrechte Titelseite: Schuldner- und Familienberatung, Verein für prophylaktische Sozialarbeit Stockhofstr. 9, A-4020 Linz, www.schulden.at
Satz: Dörlemann Satz, Lemförde
Druck: Druckerei C.H. Beck, Nördlingen
Printed in Germany 2005
ISBN 3-7663-3566-9

www.bund-verlag.de

Vorwort

Als Heinz Becker wieder einmal einen Stapel Mahnschreiben vor sich sah, wusste er nicht mehr ein noch aus. Der Familienvater steckte bis über den Hals in Schulden. Er hatte bereits jahrelang gezahlt und stand immer noch bei vier Gläubigern mit mittlerweile über über 25000 Euro in der Kreide. Guter Rat war teuer, denn die Village-Bank, bei der er einst einen kleinen Kredit aufnahm und die diesen im Lauf der Jahre mit verlockenden Angeboten aufstockte, ließ nicht mehr mit sich reden und drohte mit einer Lohnpfändung. Der ehemalige Vermieter Dr. Kalk hatte längst einen Inkassodienst eingeschaltet, das Inkassobüro Teufel drohte mit Zwangsvollstreckungsmaßnahmen. Der Zahnarzt Dr. Bohrer hat sogar den Gerichtsvollzieher vorbeigeschickt, weil eine offene Rechnung seinerzeit nicht gezahlt wurde. Zu allem Überfluss gab es Familienkrach, weil Herr Becker seinem Vater die einst gepumpten über 2500 Euro nicht zurückzahlen konnte.

Wie Heinz Becker geht es einer wachsenden Anzahl von Menschen hierzulande. Arbeitslosigkeit, Scheidung oder Krankheit und die immer geringer werdende Spanne zwischen Einkommen und notwendigen Ausgaben treiben viele Bundesbürger in den Ruin. Über drei Millionen Haushalte sind nach vorsichtigen Schätzungen zahlungsunfähig, können Kredite und offene Rechnungen nicht mehr zahlen. Erst einmal überschuldet, können die wachsenden Gläubigerforderungen auch unter großen Anstrengungen meist nicht abgetragen werden.

Das neue Insolvenzrecht mit einem Verfahren zur Restschuldbefreiung, das zum 1. Januar 1999 in Kraft trat, eröffnet in Not geratenen Personen einen Ausweg aus dem modernen Schuldturm.

Heinz Becker hörte durch Zufall von der Möglichkeit, ein privates Insolvenzverfahren mit dem Ziel, schuldenfrei zu leben, beantra-gen zu können. Wie viele Andere stand er zunächst ratlos vor dem für ihn komplizierten Verfahrensweg. Bei Gericht wurde er mit dem Hinweis, er müsse zunächst versuchen, sich gütlich mit seinen Gläubigern zu einigen, abgewiesen.

Tatsächlich sieht das Gesetz eine außergerichtliche Einigung als vorrangig an. Wie aber sollen Schuldner vorgehen, ohne von den Gläubigern über den

Tisch gezogen zu werden? Was ist zu tun, wenn alle Vergleichsvorschläge misslingen und der Schuldner zum Gericht gehen muss?

Dieser Ratgeber will überschuldeten Personen Informationen über das neue Verbraucherinsolvenzverfahren geben und Hilfen anbieten, selbst tätig zu werden. In den ersten beiden Jahren nach Inkrafttreten erfüllte die Insolvenzordnung nicht die in das Verfahren gesetzten Erwartungen, insbesondere konnten mittellose Personen nicht am Verfahren teilnehmen. Um auch diesem Personenkreis den Zugang zum Verfahren zu eröffnen, wurde daher ein Änderungsgesetz eingebracht, das zum 1.12.2001 in Kraft trat. Unter bestimmten Voraussetzungen können die Verfahrenskosten gestundet werden.

Seitdem ist die Zahl der Insolvenzverfahren sprunghaft angestiegen.

Ein weiteres Änderungsgesetz soll daher im Jahr 2004 eingebracht werden, um das Verfahren zu vereinfachen.

Die vorliegende Neuauflage berücksichtigt die Änderungen der Insolvenzordnung.

Viele Gespräche mit Experten haben unsere Arbeit beeinflusst und angeregt. Unser Dank gilt Prof. Dr. Dieter Zimmermann, der Hilfen bei den rechtlichen Aspekten dieses Ratgebers gab, der Informatikerin Judith Winter, die Verteilungsberechnungen vornahm und Guido Stephan, Referat Insolvenzrecht des Bundesjustizministeriums.

Frankfurt am Main — Ulli Winter / Klaus Müller

Inhaltsverzeichnis

Abkürzungsverzeichnis

AG	Amtsgericht
Art.	Artikel
BAföG	Bundesausbildungsförderungsgesetz
BAG-SB	Bundesarbeitsgemeinschaft Schuldnerberatung
betr.	betrifft
BGB	Bürgerliches Gesetzbuch
BGH	Bundesgerichtshof
BL	Bundesland/Bundesländer
BLZ	Bankleitzahl
BSG	Bundessozialgericht
BSHG	Bundessozialhilfegesetz
EGInsO	Einführungsgesetz zur Insolvenzordnung
evtl.	eventuell
f., ff.	folgende, fortfolgende
gem.	gemäß
ggf.	gegebenenfalls
InsO	Insolvenzordnung
Kto.Nr.	Kontonummer
LG	Landgericht
NJW	Neue Juristische Wochenschrift (Zeitschrift)
n. v.	nicht veröffentlicht
o.g.	oben genannte(s/n)
OLG	Oberlandesgericht
RA	Rechtsanwalt
RVG	Rechtsanwaltsvergütungsgesetz
S.	Seite
s.	siehe
SCHUFA	Schutzgemeinschaft für Allgemeine Kreditsicherung
SGB	Sozialgesetzbuch
u.a.	und andere

vgl.	vergleiche
VV	Vergütungsverzeichnis zum RVG
z.B.	zum Beispiel
ZPO	Zivilprozessordnung

A. Überblick über das Verbraucherinsolvenzverfahren

Am 1. Januar 1999 trat die Insolvenzordnung (InsO) in Kraft, die in einem vereinfachten Verfahren auch privaten Schuldnern die Möglichkeit eines **Verbraucherkonkurses** eröffnet: Sofern der Schuldner seine pfändbaren Einkommensanteile im Regelfall auf Dauer von sechs Jahren den Gläubigern zur Verfügung stellt, werden ihm seine restlichen Schulden erlassen. Durch eine solche Restschuldbefreiung wird ihm ein wirtschaftlicher Neuanfang ermöglicht.

»Gläubiger« ist der Sammelbegriff für diejenigen, an die ein Schuldner Geld zurückzahlen muss; die »Schulden« sind die Forderungen der Gläubiger.

Das Verbraucherinsolvenzverfahren ist ein mehrstufiges Verfahren. Zunächst ist ein **außergerichtlicher Einigungsversuch** zwingend vorgeschrieben. Der Schuldner legt den Gläubigern Zahlungsvorschläge zur Tilgung seiner Schulden vor. Nehmen alle Gläubiger den Plan an, kommt ein Vergleich zustande, der Schuldner muss die vereinbarten Raten zahlen. Lehnen die Gläubiger die Vorschläge des Schuldners ab, muss dies von einer nach Landesrecht anerkannten Stelle oder von einer geeigneten Person, z.B. einem Anwalt oder Notar, bescheinigt werden. Geplant ist ein Gesetzentwurf für Verfahren, die ab voraussichtlichem In-Kraft-Treten des Gesetzes im Jahre 2005 eröffnet werden. Künftig soll kein zwingender außergerichtlicher Einigungsversuch nötig sein, wenn dieser aussichtslos ist (u.a. dann, wenn eine Gläubigerbefriedigung von 5 % oder darunter zu erwarten ist bzw. bei 20 und mehr Gläubigern).

Um trotz der Ablehnung der Gläubiger eine Befreiung von seinen Schulden zu erhalten, muss der Schuldner nun einen Antrag auf Eröffnung eines Insolvenzverfahrens und auf Restschuldbefreiung beim Gericht stellen. Das **gerichtliche Verfahren** gliedert sich in drei Abschnitte:

Im ersten Abschnitt kann das Gericht nochmals auf Antrag des Schuldners versuchen, eine gütliche Einigung zwischen Schuldner und Gläubiger zu erzielen. Dazu sendet es den vom Schuldner vorgelegten Schuldenbereinigungsplan an die Gläubiger. Stimmt die Mehrheit der Gläubiger zu, kann das Gericht die fehlende Zustimmung der Minderheit ersetzen, es kommt ein Vergleich zustande. Lehnt aber eine Mehrheit der Gläubiger den Plan ab, ist der gerichtliche Einigungsversuch gescheitert. Es ist daher sinnvoll, wenn der Schuldner ein solches Schuldenbereinigungsplanverfahren dann nicht beantragt, wenn bereits feststeht, dass eine Gläubigerzustimmung mehrheitlich nicht zu erlangen ist. Beispielsweise ist anzunehmen, dass eine Mehrheit der Gläubiger Nullzahlungspläne ablehnt. Bei Verzicht auf ein Schuldenbereinigungsplanverfahren wird in einem solchen Fall zeitsparend umgehend das Verfahren eröffnet.

Im zweiten Verfahrensabschnitt nimmt das Gericht das **Insolvenzverfahren** wieder auf. Die Schuldner können einen Antrag auf Stundung der Verfahrenskosten stellen, wenn sie aus ihrem Vermögen die Kosten nicht zahlen können. Für den Schuldner lästige Gerichtsvollzieherbesuche und Pfändungen entfallen, denn Zwangsvollstreckungsmaßnahmen sind ab der zweiten Phase ausgeschlossen. Das Gericht prüft die Forderungen der Gläubiger und setzt einen »Treuhänder« ein, der vorhandenes Vermögen vorab verwertet.

Im dritten Verfahrensabschnitt muss der Schuldner sein pfändbares Einkommen auf Dauer von sechs Jahren an einen Treuhänder abtreten, der die Gelder an die Gläubiger verteilt. Die sechsjährige sog. Wohlverhaltensperiode gilt ab Eröffnung des Insolvenzverfahrens. Während dieser Zeit hat der Schuldner bestimmte Obliegenheiten zu erfüllen, beispielsweise muss er ein Arbeitsverhältnis aufrechterhalten. Nach Ablauf dieser Zeit erteilt das Gericht eine Befreiung von allen Schulden (so genannte **Restschuldbefreiung**); Verbindlichkeiten aus Straftaten sind davon ausgenommen.

Das Verbraucherinsolvenzverfahren gilt nicht für aktive Selbständige. Weiterhin können ehemalige Freiberufler nicht am Verbraucherinsolvenzverfahren teilnehmen, wenn mehr als 19 Gläubiger oder Forderungen aus früheren bzw. gegenwärtigen Arbeitsverhältnissen (einschließlich Forderungen von Sozialversicherungsträgern und Finanzämtern) vorliegen. Ehemalige Kleinunternehmer und aktive Freiberufler müssen dann am **Regelinsolvenzverfahren** teilnehmen. Eine außergerichtliche Einigung und ein Schuldenbereinigungsplanverfahren ist hier nicht vorgeschrieben. Auch hier kann ein Antrag auf Stundung der Kosten ebenso wie ein Antrag auf Restschuldbefreiung gestellt werden. Diese wird wie im Verbraucherinsolvenzverfahren nach Ablauf der Wohlverhaltenszeit erteilt. Eine Übersicht über das Regelinsolvenzverfahren ist auf Seite 20 dargestellt.

Überblick über das Verbraucherinsolvenzverfahren

Außergerichtlicher Einigungsversuch

Vergleich scheitert:

Bescheinigung des Scheiterns während der letzten 6 Monate durch eine anerkannte Stelle ist nötig.

Vergleich kommt mit allen Gläubigern zustande:

Schuldner muss die vereinbarten Raten zahlen.

Gerichtliches Verfahren

1. Eröffnungsantrag

- Der Schuldner muss dem Gericht den für die Verfahrenseröffnung gültigen Vordruck einreichen (§ 305 Abs. 5*). Darin enthalten sind eine Bescheinigung über das Scheitern des Einigungsversuches, ein Einkommens-, Vermögens-, Gläubiger- und Forderungsverzeichnis, ein Schuldenbereinigungsplan, ein Antrag auf Restschuldbefreiung und ggf. ein Antrag auf Stundung der Verfahrenskosten.
- Das Gericht kann Zwangsvollstreckungsmaßnahmen einstellen (§ 21 Abs. 2 Nr. 3).

2. Schuldenbereinigungsplanverfahren

Das Gericht führt nur auf Antrag des Schuldners ein Schuldenbereinigungsplanverfahren durch.

Bei Durchführung des Schuldenbereinigungsplanverfahrens:

Das Verfahren ruht, bis über den Plan entschieden wurde (§ 306 Abs. 1)

Der Schuldenbereinigungsplan und eine Vermögensübersicht des Schuldners wird vom Gericht den Gläubigern, die den Plan abgelehnt haben, zur Stellungnahme vorgelegt (§ 307):

Bei Einverständnis aller Gläubiger oder bei keiner Stellungnahme: Der Plan ist angenommen (§ 308).

* Sämtliche §-Angaben in dieser Übersicht sind solche der Insolvenzordnung

Bei Ablehnung einer Gläubigerminderheit: Das Gericht ersetzt die fehlende Zustimmung (§ 309).

Der Schuldenbereinigungsplan hat die Wirkung eines Vergleichs.

Bei Ablehnung einer Gläubigermehrheit: Das Verfahren wird aufgenommen (§ 311).

3. Vereinfachtes Insolvenzverfahren

Verfahrenseröffnung:

- Prüfung, ob Verfahrenskosten gedeckt sind, Entscheidung über Stundungsantrag der Kosten auf Antrag möglich, wenn das Schuldnervermögen die Kosten nicht deckt (§ 4a).
- Zwangsvollstreckung sind unzulässig (§ 89).
- Bestimmung des Treuhänders (§ 313).

Prüfungstermin:

- Anmeldung von Forderungen durch die Gläubiger (§ 177), Pflicht, Forderungen anzumelden, die nach § 302 von einer Restschuldbefreiung ausgenommen sind (§ 174 Abs. 2), Insolvenzgericht weist den Schuldner auf die Rechtsfolgen des § 302 InsO und die Möglichkeiten des Widerspruchs hin (§ 175 Abs. 2).
- Prüfung der Forderungen, Aufstellung einer Forderungstabelle (§ 178).
- Verteilung der Insolvenzmasse nach Berichtigung der Kosten (§ 195).

Schlusstermin:

- Schlussrechnung, Schlussverteilung (§ 196).
- Auf Gläubigerantrag oder von Amtswegen Prüfung, ob Versagungsgründe vorliegen (§ 290).
- Ankündigung der Restschuldbefreiung (§ 289).

4. Wohlverhaltensphase und Restschuldbefreiungserteilung

Die Wohlverhaltenszeit von 6 Jahren beginnt nach Eröffnung des Insolvenzverfahrens.

- Zwangsvollstreckungen sind unzulässig (§ 294 Abs. 1).
- Verteilung des pfändbare Einkommens durch Treuhänder auf Dauer von sechs Jahren.
- Bei der Festsetzung der pfändbaren Beträge wird der Bedarf auf Arbeitslosengeld II des Schuldners gemäß § 850f ZPO auf Antrag beim Insolvenzgericht ggf. berücksichtigt

- Erfüllung der Obliegenheitspflichten, z.B. zumutbare Arbeit (§ 295).
- Erteilung der Restschuldbefreiung nach Ablauf der Wohlverhaltenszeit, Beschluss wirkt gegen alle Gläubiger, auch gegen Mitschuldner, Bürgen und Gläubiger, die ihre Forderung nicht anmeldeten (§ 301).
- Von einer Restschuldbefreiung ausgenommen sind Forderungen aus vorsätzlich begangenen unerlaubten Handlungen, Geldstrafen u. Ordnungsgelder (§ 302).
- Bei Verletzung der Obliegenheitspflichten oder Beeinträchtigung der InsO-Gläubiger kann Restschuldbefreiung bis 1 Jahr nach Rechtskraft widerrufen werden (§ 303).

Abbildung 1:
Übersicht Verbraucherinsolvenzverfahren

1. Voraussetzungen

- (drohende) Zahlungsunfähigkeit
- vollständige Gläubiger- und Forderungsaufstellung
- außergerichtlicher Einigungsversuch (Plan)
- Bescheinigung des Scheiterns

2. Eröffnungsantrag

- Bescheinigung über das Scheitern des außergerichtlichen Einigungsversuches
- Verzeichnis sämtlicher Gläubiger und Forderungen
- genaue Aufstellung des Einkommens und Vermögens
- Schuldenbereinigungsplan (zur Regulierung der Schulden)
- Antrag auf Restschuldbefreiung
- Versicherung, dass alle Angaben vollständig und richtig sind
- ggf. Stundungsantrag der Verfahrenskosten

3. Schuldenbereinigungsplanverfahren

- fakultativ, nur bei Aussicht auf Erfolg
- Zustimmung zum Plan = kein Insolvenzverfahren
- Zustimmungsersetzung bei Kopf- und Kapitalmehrheit = gerichtlicher Vergleich
- Ablehnung zum Plan = Eröffnung des Insolvenzverfahrens

4. Insolvenzverfahren

- Beginn der 6-jährigen „Wohlverhaltensperiode“
- Bestimmung eines Verwalters / Treuhänders
- Abtretung von Vermögen und pfändbaren Einkommen
- Veröffentlichung
- Anmeldung der Forderungen (Achtung: unerlaubte Handlungen!)
- Prüfung der Forderungen und Eintrag in die Liste
- Prüfung der Versagungsgründe
- Schlussverteilung und Ankündigung der Restschuldbefreiung

5. Treuhandphase (Obliegenheitspflichten)

- pfändbare Einkommensanteile abtreten
- Verpflichtung zur Erwerbstätigkeit, Bemühung um Arbeit, keine Ablehnung zumutbarer Arbeit
- Wohnungs- und Arbeitsplatzwechsel anzeigen
- Erbe zur Hälfte abführen
- Auskunft- und Mitwirkungsverpflichtungen

6. Restschuldbefreiung

Erteilung der Restschuldbefreiung
- Restschuldbefreiung nach 6 Jahren gegenüber allen Gläubigern (Ausnahme: unerlaubte Handlungen und gestundete Verfahrenskosten)

Versagung der Restschuldbefreiung
- Verstoß gegen die Obliegenheitspflichten
- Vermögensverschwendung im Jahr vor Antragstellung
- rechtskräftige Verurteilung wegen Insolvenzbetruges
- falsche Angaben über wirtschaftliche Verhältnisse bei der Beantragung von Krediten oder öffentlichen Leistungen in den letzten 3 Jahren vor Antragstellung
- vorsätzlich oder grob fahrlässig falsche Angaben in Verzeichnissen
- Versagung oder Erteilung einer Restschuldbefreiung in den letzten zehn Jahren vor Antragstellung

Abbildung 2:
Das Regelinsolvenzverfahren

Prüfung / Zulassung des Insolvenzantrags

↓

Amtliche Ermittlung durch das Gericht **(Eilverfahren)**

Sicherung der Masse durch vorläufigen Verwalter	Massegutachten durch Gutachter	Ermittlungen des Gerichtes

↓

Abweisung des Antrags, wenn wegen fehlender Kosten Masse nicht gedeckt ist / Stundungsantrag bei Antrag auf Restschuldbefreiung durch Schuldner möglich
künftige Kosten durchschnittlich 1300 Euro im massearmen Verfahren

↓

ausreichende Masse: **Verfahrenseröffnung**
Einsetzung des Verwalters

↓

Prüfungstermin:	**Berichtstermine:**
Forderungsprüfung	Insolvenzplanverfahren Abstimmung durch Gläubigergruppen, Bestätigung durch InsO – Gericht Masseverwertung/Feststellung der Massearmut Anhörung der Gläubigerversammlung

↓

Schlusstermin:
Schlussverteilung

↓

Verfahrensaufhebung
Verfahrenseinstellung wegen Massearmut
Restschuldbefreiung möglich

Abbildung 3:
Verfahrenskostenstundung im InsO-Verfahren (§ 4a-c InsO)

Schuldnervermögen einschl. Neuerwerb von pfändbaren Beträgen während des Verfahrens ausreichend oder Kostenvorschuss von Dritten:	nicht ausreichend:
keine Stundung	Stundung von Gerichtskosten/ Treuhändervergütung, wird bis zur Erteilung der Restschuldbefreiung gewährt

Voraussetzungen:

Antrag auf Restschuldbefreiung, Antrag auf Stundung, keine Versagungsgründe gemäß § 290, Nr. 1+3 InsO

Aufhebung der Stundung durch Insolvenzgericht, wenn der Schuldner

- vorsätzlich oder grob fahrlässig unrichtige Angaben gemacht oder Erklärungen über seine Verhältnisse nicht abgegeben hat,
- die persönlichen oder wirtschaftlichen Voraussetzungen einer Stundung nicht erfüllt,
- länger als drei Monate mit der Zahlung einer Monatsrate oder eines sonstigen Betrages schuldhaft in Rückstand ist,
- keine angemessene Erwerbstätigkeit ausübt und sich nicht um Arbeit bemüht,
- keine Restschuldbefreiung erhält.

Verlängerung der Stundung nach Restschuldbefreiung:

Möglichkeit, Ratenzahlung (Einkommensgrenzen der PKH – §§ 115, 120 ZPO) zu beantragen. Beschränkung der Ratenzahlung auf höchstens 48 Monate; Pflicht des Schuldners, Änderungen der persönlichen/wirtschaftlichen Verhältnisse anzuzeigen

Abbildung 4:
Übersicht über den Entwurf eines Gesetzes zur Änderung der Insolvenzordnung

Ein Änderungsgesetz will den Zugang zum Insolvenzverfahren vereinfachen. Derzeit (Stand 09/2004) liegt ein Referentenentwurf vor, das Änderungsgesetz soll im Lauf des Jahres 2005 in Kraft treten. Die wichtigsten geplanten Änderungen werden vorrausichtlich sein:

- **Verbraucherinsolvenzverfahren für ehemals Selbstständige**
  Auch ehemals Selbstständige können ein Verbraucherinsolvenzverfahren beantragen. Ein Regelinsolvenzverfahren ist nicht nötig.
- **Kein außergerichtlicher Einigungsversuch bei Aussichtslosigkeit**
  Aussichtslos ist ein Einigungsversuch, wenn nach freier Einschätzung des Gerichtes im Rahmen einer Schuldenbereinigung eine Gläubigerbefriedigung von 5 % oder darunter zu erwarten ist bzw. bei 20 und mehr Gläubigern. In diesem Fall ist kein zwingender außergerichtlicher Einigungsversuch nötig.
- **Schriftliches Verfahren**
  Werden die Verfahrenskosten gem. § 4a InsO gestundet oder sind die Vermögensverhältnisse überschaubar und die Zahl der Gläubiger/Höhe der Verbindlichkeiten gering, kann das Gericht ein **schriftliches Verfahren** anordnen.
- **Ausschlussfrist der Forderungsanmeldung**
  Der Gesetzentwurf sieht in § 312 InsO vor, dass die Anmeldung der Gläubigerforderungen in einer Notfrist von 3 Monaten zu erfolgen hat. Bei einer unverschuldeten Fristversäumung kann der Gläubiger überdies Wiedereinsetzung in den vorigen Stand beantragen.
- **Einschränkung gerichtlicher Auflagen (§ 305 Abs. 3 InsO)**
  Der Schuldner hat die Pflicht, den amtlichen Vordruck bei Antragstellung vollständig auszufüllen. Kommt der Schuldner der Aufforderung des Gerichtes, das Fehlende unverzüglich zu ergänzen, innerhalb einer Frist von einem Monat nicht nach, ist der Antrag unzulässig. Eine Beschwerde gegen einen solchen Beschluss ist möglich.
- **Veröffentlichungen**
  Zur Kostenersparnis werden **Bekanntmachungen** in Insolvenzsachen über das **Internet** veröffentlicht.
- **Übergangsvorschriften Art. 103 b EGInsO**
  Bei Insolvenzverfahren, die vor Datum des In-Kraft-Tretens des Gesetzes eröffnet wurden, gelten die bisherigen Vorschriften.
- **Die Altfallregelung Art. 107 EGInsO wird aufgehoben**
  Die Abkürzung der Wohlverhaltensperiode bei Altfällen entfällt, da seit 1.12.2001 die Möglichkeit bestanden hatte, einen Restschuldbefreiungsantrag zu stellen.
- **Schriftlicher Antrag auf Versagung der Restschuldbefreiung (§§ 290 Abs. 1, 296 Abs. 1 InsO)**
  Restschuldbefreiung ist nicht nur auf Antrag eines Insolvenzgläubigers oder Verwalters, sondern auch von Amts wegen bei Versagungsgründen gem. § 290 Abs. 1 Nr. 1 bis Nr. 6 zu versagen.

- **Altersvorsorgeleistungen der Selbständigen werden künftig gesetzlich geschützt**
  Im Gegensatz zu Arbeitseinkommen genießen die Einkünfte selbständiger Unternehmer nach bisherigem Recht keinen ausreichenden Pfändungsschutz. Leistungen bei Eintritt des Rentenfalls (nach Gesetz vom 65. Lebensjahr an) oder einer Berufsunfähigkeit werden auf Basis einer Leibrente begünstigt. Selbständigen, die über eine Kapitallebensversicherung verfügen, soll eine Umstellung ermöglicht werden. Sei müssten auf die Möglichkeit einer einmaligen Kapitalausschüttung verzichten. Die Höhe der pfändungsgeschützten Sparleistung soll bei einem Achtzehnjährigen 2000 Euro im Jahr, bei einem Sechzigjährigen 7000 Euro betragen.
- **Die Umgestaltung des Schuldenbereinigungsplanverfahrens**
  Es gibt weiterhin die Möglichkeit, die Zustimmung ablehnender Gläubiger zum Schuldenbereinigungsplan ersetzen zu lassen. Der Schuldner muss entweder einen Antrag stellen, das Gericht möge die Zustimmung ablehnender Gläubiger ersetzen, oder die Erklärung abgeben, auf ein solches Vorgehen werde verzichtet. Der außergerichtliche Plan hat die Wirkung eines Prozessvergleichs, der auch nicht im Plan benannte Gläubiger erfasst. Die Abwicklung des Verfahrens wird nicht in die Hand des Richters gelegt, vielmehr wird das Verfahren vom Schuldner und der ihn unterstützenden Schuldnerberatungsstelle betrieben. Es besteht keine Verpflichtung des Gerichts, auf eine Nachbesserung des Plans oder auf Ergänzungen hinzuwirken.

Voraussetzungen eines Schuldenbereinigungsplanverfahrens
Der Schuldner muss gem. § 305 Abs. 1 Nr. 5 n. F. entweder einen Antrag stellen, das Gericht möge die Zustimmung ablehnender Gläubiger ersetzen, oder die Erklärung abgeben, auf ein solches Vorgehen werde verzichtet. Im letzteren Fall ist dann, soweit die sonstigen Voraussetzungen vorliegen, das vereinfachte Insolvenzverfahren zu eröffnen. Wie im bisherigen außergerichtlichen Einigungsversuch hat der Schuldner den Plan grundsätzlich allen Insolvenzgläubigern zu übersenden.
Dem Schuldner steht gem. § 305 Abs. 3 InsO das Recht der sofortigen Beschwerde zu, sofern bei unvollständigen Angaben im Vordruck das Gericht nach Ablauf einer Frist von 3 Monaten den Antrag zurückgewiesen hatte.
Der Schuldenbereinigungsplan muss gem. § 305 Abs. 1 Nr. 4 mit den übrigen Verzeichnissen in jedem Fall beigefügt werden. Die Pflicht des Schuldners zur Darlegung der Gründe einer Ablehnung des Plans entfällt. Vermögensübersicht und Plan werden vom Gericht nicht mehr den Gläubigern zugestellt, da diese bereits vom Schuldner übersandt wurden. Die bisherige Pflicht, Abschriften der Vermögensübersicht dem Gericht vorzulegen, entfällt.

Die Voraussetzungen eines Zustimmungsantrags sind das Scheitern des außergerichtlichen Einigungsversuchs, die Ablehnung eines Gläubigers oder eine Zwangsvollstreckung, nachdem die Verhandlungen über eine Einigung aufgenommen wurden.
Ein Antrag ist gem. § 305a Abs. 2 S. 1 InsO zulässig, wenn sich bereits eine Mehrheit der Gläubiger nach Köpfen oder Summen für den Schuldenbereinigungsplan ausgesprochen hat. Alle Stellungnahmen der Gläubiger sowie eine Erklärung, dass die Vermögensübersicht und der Plan in der dem Gericht vorgelegten Fassung allen Gläubigern übersandt wurden, sind dem Gericht vorzulegen (§ 305a Abs. 2 S. 2 InsO).

Gerichtliche Schritte bei einem Zustimmungsantrag
Ist der Ersetzungsantrag zulässig, so ruht das Verfahren über den Eröffnungsantrag (§ 306 InsO), bis über den erstgenannten Antrag rechtskräftig entschieden ist.
Das Gericht kann Sicherungsmaßnahmen gem. § 21 InsO i.V. mit § 306 Abs. 2 InsO anordnen.

Die Gläubiger, die den Plan abgelehnt haben, werden einzeln aufgefordert, sich binnen einer Notfrist von 1 Monat zu dem Plan und zu dem Antrag auf Zustimmungsersetzung zu äußern (§ 307 Abs. 1 InsO). Da diese Frist als Notfrist ausgestaltet ist, kann dem Gläubiger Wiedereinsetzung in den vorigen Stand gewährt werden.

Entscheidung des Gerichts über den Zustimmungsantrag
Geht innerhalb der Frist keine Stellungnahme eines Gläubigers auf diese Aufforderung ein, so wird dies als Zustimmung zu dem Plan gewertet (§ 308 Abs. 1 S. 1 InsO). Eine ursprünglich geäußerte Ablehnung ist nach Erlass des feststellenden Beschlusses hinfällig.
Haben alle Gläubiger dem Plan zugestimmt, oder werden die fehlenden Zustimmungen nach § 309 InsO ersetzt, stellt das Gericht die Annahme des Schuldenbereinigungsplanes durch Beschluss, der öffentlich bekannt gemacht wird, fest (§ 308 Abs. 1 S. 2 InsO).
Eine Zustimmung kann gem. § 309 InsO nicht ersetzt werden,
- wenn ein Gläubiger glaubhaft macht, dass eine vom Schuldner angegebene Forderung nicht besteht oder
- wenn ein Gläubiger glaubhaft macht, dass eine vom Schuldner angegebene Forderung höher oder niedriger ist und dadurch der Gläubiger im Verhältnis zu den anderen Gläubigern nicht angemessen beteiligt wird.

Wirkung der gerichtlichen Zustimmungsersetzung
Der vom Gericht bestätigte Schuldenbereinigungsplan hat wie bisher die Wirkungen eines Vergleichs nach § 794 Abs. 1 Nr. 1 ZPO (§ 308 Abs. 1 InsO). Nach Rechtskraft des Bestätigungsbeschlusses muss die Frage, ob ein Gläubiger ausnahmsweise von den Wirkungen des Plans nicht betroffen wird, im Prozesswege geklärt werden.
Gläubiger und Schuldner haben gem. § 308 Abs. 2 InsO das Recht der Beschwerde.

Wirkung des Zurückweisungsbeschlusses
Wird der Antrag auf Zustimmungsersetzung zurückgewiesen, hat der Schuldner das Recht der sofortigen Beschwerde. Der Schuldner kann den Insolvenzantrag zurücknehmen, um erneut eine außergerichtliche Einigung zu versuchen. Nimmt der Schuldner den Insolvenzantrag nicht zurück, wird das Verfahren gem. § 311 wieder aufgenommen.

B. Überblick über das Regelinsolvenzverfahren

Die Insolvenzordnung regelt nicht nur das Verfahren für zahlungsunfähige Verbraucher, sondern auch für Unternehmen.

Da aufgrund struktureller Veränderungen auf dem Arbeitsmarkt immer mehr Menschen in langanhaltende Arbeitslosigkeit rutschen, wird nicht selten versucht, durch eine selbstständige Tätigkeit, als Sub-Unternehmer oder mit Hilfe einer so genannten »Ich-AG« den Lebensunterhalt zu verdienen.

Diese Unternehmen, auch »Klein-Gewerbe« genannt, sind durch schlechte Marktchancen, nicht ausreichende Kapitaldecke oder hohem Konkurrenzdruck häufig nicht überlebensfähig, sie kommen in Zahlungsverzug, die Schließung droht oder ist bereits vollzogen.

Für die aufgelaufenen Schulden haftet in der Regel der Geschäftsführer/Inhaber persönlich mit dem gesamten Privatvermögen. In der Realität ist allerdings häufig ein früher vorhandenes Vermögen bereits durch die Existenzgründung und die Versuche, das Unternehmen über Wasser zu halten, bereits aufgebraucht. Der Selbstständige oder ehemalige Unternehmer ist überschuldet.

Auch in solchen Fällen bietet die Insolvenzordnung eine mögliche Lösung an:

Alle Personen, die aktuell eine selbstständige Tätigkeit ausüben, können ein so genanntes »Regelinsolvenzverfahren« beantragen. Bei Verfahren, die vor einer geplanten Gesetzesänderung (voraussichtlich ab 2005) eröffnet wurden, gilt dies auch für verschuldete ehemals Selbstständige, die Schulden aus Arbeitsverhältnissen haben, also z.B. Lohnforderungen ehemaliger Mitarbeiter, rückständige Sozialversicherungsbeiträge für Mitarbeiter oder nicht abgeführte Lohnsteuer, oder die mehr als 19 Gläubiger haben. Sofern das derzeit vorgesehene Gesetz (Stand 07/2004) tatsächlich in Kraft tritt, ist für ehemals Selbständige unabhängig von der Gläubigerzahl ein Verbraucherinsolvenzverfahren anzuwenden.

Vorteilhaft ist im Vergleich zum bisher beschriebenen Verbraucherinsolvenzverfahren, dass die betroffenen Menschen den Antrag auf Eröffnung eines

Insolvenzverfahrens direkt und formlos bei dem für ihren Wohnort zuständigen Insolvenzgericht stellen können.

Sie müssen also nicht einen außergerichtlichen Einigungsversuch durch Vorlage eines Schuldenbereinigungsplan an alle Gläubiger durchführen, sie benötigen keine Bescheinigung des Scheiterns des Schuldenbereinigungsplanes, es geht schneller und es ist häufig auch kostengünstiger (kein Porto, keine Kopierkosten, keine Anwaltshonorare etc.).

Sie müssen lediglich nachweisen, dass sie zahlungsunfähig sind oder dass Zahlungsunfähigkeit droht. Zusätzlich muss eine möglichst vollständige Gläubiger- und Forderungsliste, ein Einkommens- und Vermögensverzeichnis sowie, falls erforderlich, der Stundungsantrag für die Verfahrenskosten vorgelegt werden.

Ehemals Selbstständige werden zusätzlich noch den Antrag auf Restschuldbefreiung stellen und die Abtretungserklärung zugunsten des Treuhänders beifügen.

Für die ehemals Selbstständigen gelten dann die gleichen Regelungen, Fristen und Verpflichtungen wie im Verbraucherinsolvenzverfahren bis hin zu einer möglichen Restschuldbefreiung. Alle Schulden, die restschuldbefreiungsfähig sind, gleichgültig ob sie aus der selbstständigen Tätigkeit oder aus privaten Verträgen stammen, werden damit reguliert.

Bei den noch selbstständig Tätigen kann die Beantragung eines Insolvenzverfahrens möglicherweise den Betrieb retten:

Wenn die Geschäftsidee Erfolg versprechend ist und sich der Umsatz positiv entwickelt, wird der vom Insolvenzgericht eingesetzte Treuhänder, der im Regelinsolvenzverfahren »Verwalter« heißt, versuchen, mit den Gläubigern eine »Schuldenbereinigungsplan« auszuhandeln, der die unterschiedlichen Interessen der Gläubiger angemessen berücksichtigt, eine Regulierung der Zahlungsverpflichtungen für alle Beteiligten festschreibt und so den Betrieb fortführt. Hierbei muss nicht automatisch der Verwalter den Betrieb führen, der Inhaber oder Geschäftsführer kann weiter selbst tätig sein, er führt dann das Insolvenzverfahren in »Eigenverwaltung« durch.

Wenn diese Regulierung möglich werden soll, ist es aber erforderlich, dass der Betrieb genügend frei verfügbare Mittel erwirtschaftet, damit den Gläubigern ein Vergleich, Ratenzahlungen oder ein Eigentumsrecht angeboten werden kann. Eine Restschuldbefreiung auch ohne eigene Zahlungen wie im Verbraucherinsolvenzverfahren ist bei der Weiterführung eines Betriebes nicht möglich. Würde der Verwalter feststellen, dass ein Insolvenzverfahrens mangels Masse nicht durchgeführt werden kann. müsste der Betrieb aufgegeben werden, der Inhaber oder persönlich haftende Geschäftsführer könnte dann den Antrag auf Restschuldbefreiung stellen und unterliegt danach den Bestimmungen der so genannten »Wohlverhaltensperiode«.

Derzeit werden vom Gesetzgeber Überlegungen angestellt, die eine mögliche Anwendung des Verbraucherinsolvenzverfahrens auch für die Kleingewerbetreibenden vorsehen. Es ist daher immer sinnvoll, auch für (ehemals) Selbstständige vor Beantragung eines Insolvenzverfahrens die Beratung einer Schuldnerberatungsstelle oder einer »geeigneten Person« (Fachanwalt, Wirtschaftsprüfer, Steuerberater etc.) in Anspruch zu nehmen, um aktuelle Informationen und notwendige Unterstützung zu erhalten.

C. Der außergerichtliche Einigungsversuch

I. Grundsätzliches

Was kann ein Schuldner tun, wenn er zahlungsunfähig ist? Bevor der Schuldner einen Antrag auf Eröffnung eines Insolvenzverfahrens und auf Restschuldbefreiung stellen kann, muss er versuchen, sich über die Bezahlung seiner Schulden mit den Gläubigern außergerichtlich zu einigen. Ohne einen solchen Einigungsversuch ist das gerichtliche Verfahren und damit auch eine Restschuldbefreiung nicht möglich.

Der ernsthafte Einigungsversuch erfolgt auf der Grundlage eines Zahlungsplanes: Der Schuldner teilt den Gläubigern mit, innerhalb welchen Zeitraums sie mit Ratenzahlungen oder mit einer einmaligen Zahlung zu rechnen haben. Der Schuldner wird dabei voraussetzen, dass ihm ein Teil seiner Schulden von den Gläubigern erlassen wird: Es soll ein Vergleich geschlossen werden. Stimmen alle Gläubiger einem solchen Vergleichsplan zu und hält der Schuldner die ausgehandelten Zahlungspläne ein, dann erspart er sich das aufwändige Gerichtsverfahren, um von seinen Schulden befreit zu werden. Wenn ein solcher **Schuldenbereinigungsplan** von einem einzigen Gläubiger abgelehnt wird, dann ist der Versuch, sich gütlich zu einigen, gescheitert. Eine Einigung ist weiterhin dann gescheitert, wenn ein Gläubiger eine Vollstreckungsmaßnahme (z.B. eine Pfändung) während des außergerichtlichen Einigungsversuches ausbringt. Nach einer geplanten Gesetzesänderung für Verfahren, die ab voraussichtlichem In-Kraft-Treten des Gesetzes im Jahre 2005 eröffnet wurden, ist kein zwingender außergerichtlicher Einigungsversuch nötig, wenn dieser aussichtslos ist (u.a. dann, wenn kein pfändbares Einkommen vorliegt bzw. bei 20 und mehr Gläubigern).

Bevor der Schuldner nun zum Gericht gehen kann, benötigt er einen Nachweis, dass die Verhandlungen mit den Gläubigern erfolglos waren. Eine solche Bescheinigung kann nur von einer so genannten **geeigneten Person oder Stelle** ausgestellt werden. Die jeweiligen Bundesländer regeln durch Verordnungen, welche Stelle geeignet ist. Im Zweifel sollte bei Gericht oder einer Schuldnerberatungsstelle nach einer solchen Einrichtung nachgefragt werden. Diese kann auch die Verhandlungen mit den Gläubigern führen.

In vielen Fällen wird der Schuldner jedoch ohne Hilfe die nötigen Schritte unternehmen müssen. Wie kann zum Beispiel unser Schuldner Heinz Becker vorgehen? Er kann sich an folgender Checkliste orientieren, die die nötigen Schritte im außergerichtlichen Einigungsversuch aufzeigt.

Vorgehen im außergerichtlichen Einigungsversuch:

1. **Gläubigerverzeichnis** erstellen:
   - alle Gläubiger anschreiben,
   - Höhe der aktuellen Forderung erfragen (s. S. 30).
2. **Vergleiche** allen Gläubigern mit folgenden Unterlagen anbieten:
   - Anschreiben mit Angebot, Schulden vergleichsweise abzulösen (s. S. 31), samt Anlagen:
     - Gläubigerverzeichnis (s. S. 33f.)
     - Einkommens- und Vermögensverzeichnis (s. S. 34)
     - Erklärung der Richtigkeit der Angaben der Verzeichnisse (vgl. S. 35)
     - Schuldenbereinigungsplan (s. S. 35f.)

     Steht fest, dass die Gläubiger einem für sie unbefriedigenden Zahlungsplan nicht zustimmen, genügt ein Anschreiben mit Bitte um entsprechende schriftliche Bestätigung (s. S. 33)

     oder
   - Anschreiben mit Bitte um Schuldenerlass (bei Schuldnern, die auch langfristig nicht pfändbar sind, s. S. 57)
3. **Schutzmaßnahmen** vor Pfändungen während der Vergleichszeit (s. S. 62ff.)
4. **Nachverhandlungen** bei Vergleichsablehnung (s. S. 72ff.)
5. Bei **erfolgreichem Vergleichsabschluss:** Vorsorge, dass vereinbarte Vergleiche eingehalten werden können (s. S. 78ff.)

II. Die notwendigen Unterlagen

Die Gläubiger werden einem Schuldenbereinigungsplan nur dann zustimmen, wenn sie durch einen außergerichtlichen Vergleich keine geringeren Zahlungen als in einem gerichtlichen Verfahren bekommen. Der Schuldner ist nicht verpflichtet, den Gläubigern zur Information sämtliche Unterlagen zuzusenden, die auch im Fall eines späteren Gerichtsverfahrens vorgelegt werden müssen. Der Gläubiger kann allerdings die Zustimmung zum Vergleich von der Vorlage vollständiger Unterlagen abhängig machen. Der Schuldner kann in einem solchen Fall den Gläubigern folgende Unterlagen zusenden:

- ein Verzeichnis seines Einkommens und Vermögens (Achtung: Zum Schutz vor Pfändungen sollten Namen und Adresse des Arbeitgebers unkenntlich gemacht werden, evtl. vorhandenes Vermögen sollte gesichert werden, s. S. 34),
- ein Gläubigerverzeichnis und eine Forderungsaufstellung,
- eine Erklärung, dass die Verzeichnisse richtig und vollständig ausgefüllt wurden,
- einen Zahlungsplan, den so genannten Schuldenbereinigungsplan, zur Tilgung seiner Schulden.

1. Gläubigerverzeichnis und Forderungsaufstellung

Herr Becker wird zunächst eine Liste aller noch nicht bezahlten Forderungen zusammenstellen. Er fragt seine Ehefrau Hilde, ob er nicht den einen oder anderen Gläubiger vergessen habe. Die Folge eines schwachen Gedächtnisses kann fatal sein: Der mühevoll erstellte Plan kann später nicht zu einer gesamten Entschuldung führen, wenn ein bisher unberücksichtigter Gläubiger plötzlich auftaucht. Ein Auszug aus der SCHUFA (Schutzgemeinschaft für allgemeine Kreditsicherung) oder bei Infoscore, der nach der SCHUFA zweitwichtigsten Kreditauskunftei (weitere Informationen zur InFoScore-Gruppe unter www.infoscore.de) ist hilfreich, um Gläubiger, die sich schon seit längerem nicht mehr gemeldet haben, aufzuspüren. Die SCHUFA sammelt von Unternehmen, die Kredite vergeben, Informationen. Sie ist regional organisiert: Wenn also ein Schuldner nach Köln gezogen ist, vorher aber in Hamburg wohnte, muss er bei der SCHUFA seines ehemaligen Wohnsitzes, an dem er Schulden machte, anfragen.

Auch ein überzogenes Girokonto muss als offene Forderung angegeben werden. Hätte Heinz Becker also sein Konto bei der Landsparkasse mit 1533 Euro überzogen, so sollte er diesen Betrag mit in seine Gläubigerliste aufnehmen. Allerdings wird die Landsparkasse über die Ankündigung eines Insolvenzverfahrens nicht erfreut sein und mit der Drohung der Kündigung des Kontos reagieren. Herr Becker müsste ein neues Guthabenkonto bei einem anderen Geldinstitut eröffnen.

Das Gläubigerverzeichnis sollte die aktuelle Anschrift (keine Postfachadressen) von allen Gläubigern, auch Privatgläubigern, enthalten.

Heinz Becker wird nun bei allen Gläubigern eine Forderungsaufstellung anfordern und nachfragen, ob eine rechtsgültige Lohnabtretung vorliegt. Dazu wird er den Gläubigern folgenden Brief zusenden:

....
Betr.: Schuldenregulierung im Rahmen der Insolvenzordnung
Ihr Zeichen:

Sehr geehrte Damen und Herren,
aufgrund meiner hohen Gesamtverschuldung bin ich zahlungsunfähig. Dennoch möchte ich im Rahmen eines außergerichtlichen Vergleichs, ggf. im Rahmen der Insolvenzordnung, mit allen Gläubigern eine Schuldentilgung erreichen. Ich bitte, den aktuellen Forderungsstand zum ... (Stichtag; z.B. zum 1.12.2004) zu nennen und um Zusendung einer aktuellen Forderungs- und Kostenentwicklungsaufstellung, aufgegliedert nach Hauptforderung, Zinsen und Kosten, die gemäß § 305 Abs. 2 InsO vom Gläubiger kostenfrei erteilt wird. Ich bitte um Mitteilung, ob die Forderung tituliert wurde und ob eine Lohn-/Gehaltsabtretung, die den Vorschriften der heutigen Rechtsprechung genügt*, vorliegt. Bitte fügen Sie eine Kopie der Abtretungserklärung (oder sonstiger Sicherungen) bei. Für den Eingang der erbetenen Unterlagen bitte ich, eine Frist bis zum ... (Ersten/Fünfzehnten) des nächsten Monats einzuhalten.

Mit freundlichen Grüßen

Wichtig:
Schreiben Sie, um einen genauen Überblick über Ihre Schuldverhältnisse zu bekommen, alle Gläubiger an. Fragen Sie nach der Forderungshöhe und ob eine Lohnabtretung vorliegt.
Handeln Sie ein Vergleichsangebot auf der Grundlage eines Insolvenzverfahrens aus!

Es kann nun sein, dass ein einzelner Gläubiger sich auch nach einer angemessenen Bearbeitungsfrist von etwa 4 Wochen überhaupt nicht meldet. Dann ist es sinnvoll, ihm eine Nachfrist zu setzen und eine Auskunftsklage anzudrohen. Der Gläubiger ist verpflichtet, eine Forderungsaufstellung über die Höhe der Forderung, aufgegliedert in Hauptforderung, Zinsen und Kosten zu geben. Der Schuldner muss den Gläubiger nicht verklagen, wenn dieser sich nicht meldet. Der Schuldner sollte dann die unbekannte Forderung mit einem geringen Betrag (z.B. 1 Euro) ansetzen. Die unbeantworteten Aufforderungen sollte er später dem Gericht vorlegen, um nachweisen zu können, dass er alles getan hat, um eine Auskunft zu erhalten.

Heinz Becker würde folgenden Brief an einen Gläubiger, der auf seine Aufforderung nicht reagierte, zusenden:

* Welche Anforderungen die Rechtsprechung an eine wirksame Abtretung stellt, sehen Sie im Anhang auf Seite 197f.

> ....
> Betr.: Forderungsaufstellung gemäß § 305 Abs. 2 S. 2 InsO
>
> Sehr geehrte Damen und Herren,
> ich beziehe mich auf mein Schreiben vom ..., in dem um eine aktuelle Forderungsaufstellung, aufgegliedert nach Hauptforderung, Zinsen und Kosten und Angaben aller Sicherheiten gebeten wurde. Ich beabsichtige, im Rahmen eines außergerichtlichen Vergleichs, ggf. durch ein Insolvenzverfahren, eine Schuldenregulierung zu erreichen.
> Ich bitte erneut, mir diesen Forderungsstand zum ... (Stichtag) zuzusenden, und verweise auf Ihre Auskunftspflicht gemäß § 305 Abs. 2 Satz 2 InsO. Für den Eingang der erbetenen Unterlagen bitte ich, die Frist bis zum ... einzuhalten. Nach Ablauf dieser Frist müssten Sie ggf. mit weiteren rechtlichen Schritten, z.B. mit einer Erhebung einer Auskunftsklage, rechnen.
>
> Mit freundlichen Grüßen

Hat Heinz Becker eine vollständige Liste der Gläubiger zusammengestellt, wird er im Zweifel von Fachleuten überprüfen lassen, ob die von den Gläubigern in Rechnung gestellten Kosten und Zinsen richtig berechnet wurden, ob die Forderungen ganz oder teilweise verjährt sind und ob eine vorliegende Abtretung rechtsgültig ist. Er wird ggf. auf eine entsprechende Verminderung der Gläubigerforderungen bestehen. Dies ist wichtig, da später in einem eröffneten Insolvenzverfahren unrichtige Forderungen vom Treuhänder bestritten werden und durch weitere Prüftermine das Verfahren nicht zügig abgewickelt werden kann.

Dann wird Herr Becker allen Gläubigern einen Vergleichsvorschlag mit einem zusätzlichen Anschreiben zusenden:

> ....
> Betr.: Schuldenregulierung im Rahmen der Insolvenzordnung
> Ihr Zeichen:
>
> Sehr geehrte Damen und Herren,
> bedauerlicherweise kann ich Ihre Forderung nicht zahlen, da ich zahlungsunfähig bin. Ich möchte im Rahmen eines außergerichtlichen Vergleichs eine Einigung mit allen Gläubigern, meine Schulden zu regulieren, erreichen. Bei Scheitern der Verhandlungen werde ich einen Antrag auf Eröffnung eines Insolvenzverfahrens gemäß §§ 305 ff. InsO stellen. Ich habe als Anlage ein Gläubiger- und Forderungsverzeichnis, ein Einkommens- und Vermögensverzeichnis sowie einen Schuldenbereinigungsplan beigefügt.
>
> Mit freundlichen Grüßen
>
> Anlage 1: Gläubiger- und Forderungsverzeichnis [s. S. 33ff.]
> Anlage 2: Einkommens- und Vermögensverzeichnis [s. S. 34f.]
> Anlage 3: Schuldenbereinigungsplan (Verteilungsberechnung) [s. S. 39f.]
> Anlage 4: Schuldenbereinigungsplan (Zahlungsplan) [s. S. 44f.]

Heinz Becker könnte auch das bei einer Schuldnerberatungsstelle oder bei einem Anwalt erhältliche Antragsformular für ein gerichtliches Verfahren ausfüllen und in Anlage beifügen. Dieses Formular enthält alle nötigen Verzeichnisse.

Es kann sein, dass eine Mehrheit der Gläubiger einem Vergleichsvorschlag nicht zustimmen wird. Dies ist z.B. anzunehmen, wenn keinerlei Zahlungen (so genannter Nullplan) oder nur geringe Beträge angeboten werden und die betroffenen Gläubiger in anderen Fällen ähnliche Zahlungspläne ablehnten. In einem solchen Fall ist es nicht nötig, den Gläubigern umfangreiche Verzeichnisse beim Versuch, sich außergerichtlich zu einigen, vorzulegen. Um eine baldige Rückantwort zu bekommen, kann stattdessen folgendes Schreiben an die Gläubiger geschickt werden:

....
Vergleichsvorschlag auf Grundlage der Insolvenzordnung
Ihr Zeichen:

Sehr geehrte Damen und Herren,
bedauerlicherweise kann ich Ihre Forderung nicht zahlen, da ich hoch verschuldet bin. Ein Verbraucherinsolvenzverfahren ist die einzige Hoffnung, auf absehbare Zeit eine Entschuldung zu erreichen. Da ich nur ein geringes Einkommen habe, kann ich Ihnen bei einem Nettoverdienst von 800 € leider keine Beträge zur Schuldenregulierung zur Verfügung stellen. Es ist daher davon auszugehen, dass die Vergleichsverhandlungen scheitern werden, da eine Gläubigermehrheit voraussichtlich nicht einen solchen Vergleichsvorschlag akzeptieren werden wird. Somit muss ein Antrag auf Eröffnung eines Insolvenzverfahrens gestellt werden, um eine Restschuldbefreiung zu erlangen. Das Insolvenzgericht verlangt in Auslegung des § 305 InsO, dass eine zustimmende bzw. ablehnende Stellungnahme von allen Gläubigern erfolgen muss. Ich bitte daher um einen kurzen formlosen Bescheid, ob überhaupt im Rahmen eines außergerichtlichen Vergleichsversuches einem noch vorzulegenden Schuldenbereinigungsplan zugestimmt werden kann.
Ich bitte um baldige Rückantwort.

Mit freundlichen Grüßen

Es kann nun auch sein, dass zwar einige Gläubiger einem Zahlungsplan zustimmen werden, da sie die ihnen angebotenen Beträge akzeptieren. Erfahrungsgemäß wird jedoch der Gläubiger, der die höchste Forderung betreibt (Mehrheitsgläubiger), einen Schuldenbereinigungsplan mit Sicherheit ablehnen. In einem solchen Fall kann allen weiteren Gläubigern folgendes Schreiben zugesandt werden:

....
Vergleichsvorschlag auf Grundlage der Insolvenzordnung
Ihr Zeichen:

Sehr geehrte Damen und Herren,
bedauerlicherweise kann ich Ihre Forderung nicht zahlen, da ich hoch verschuldet bin. Ein Verbraucherinsolvenzverfahren ist die einzige Hoffnung, auf absehbare Zeit eine Entschuldung zu erreichen.
Die Vergleichsverhandlungen sind bereits gescheitert, da ein Gläubiger, dessen Forderung mehr als die Hälfte der Gesamtforderung aller Gläubiger beträgt, grundsätzlich nicht den von mir vorgeschlagenen Vergleichsvorschlag akzeptieren will. Somit muss ein Antrag auf Eröffnung eines Insolvenzverfahrens gestellt werden, um eine Restschuldbefreiung zu erlangen. Das Insolvenzgericht verlangt in Auslegung des § 305 InsO, dass eine zustimmende bzw. ablehnende Stellungnahme von allen Gläubigern erfolgen muss. Wir bitten daher um einen kurzen, formlosen Bescheid, ob überhaupt im Rahmen eines außergerichtlichen Vergleichsversuches und unter Berücksichtigung der bereits vorliegenden Ablehnung eines Insolvenzgläubigers einem Schuldenbereinigungsplan zugestimmt werden kann.
Wir bitten um baldige Mitteilung unter unserem Aktenzeichen.

Mit freundlichen Grüßen

Angenommen, Heinz Becker hätte gute Chancen, sich mit einer Gläubigermehrheit zu einigen: Dann würde sich die Mühe lohnen, bereits im außergerichtlichen Vergleichsversuch umfangreiche Verzeichnisse in Anlage dem Vergleichsangebot beizufügen.

Das als Anlage 1 beigefügte **Gläubiger- und Forderungsverzeichnis** könnte wie folgt aussehen:

Anlage 1: Gläubiger- und Forderungsverzeichnis

Gläubiger, Anschrift	Aktenzeichen	Forderungshöhe	Anteil an der Gesamtforderung (Quote)
1. Village Bank Greifstr. 1, 47012 Duisburg Abtretung aus Kreditvertrag vom 10. 10. 1992	940060001	20452 Euro	76,19 %
2. Inkassobüro Teufel Tiefstr. 2, 55116 Mainz Forderung Dr. Kalk, Torweg 3, 55115 Mainz, Rechnung 08/94	007/003	3067 Euro	11,43 %

Gläubiger, Anschrift	Akten-zeichen	Forderungs-höhe	Anteil an der Gesamtforderung (Quote)
3. Dr. Bohrer Burgstr. 1, 60316 Frankfurt/M.	Bo-72/92	767 Euro	2,86%
4. Anton Becker Rundplatz 4, 65719 Hofheim		2556 Euro	9,52%

2. Einkommens- und Vermögensverzeichnis

Die Insolvenzordnung sieht vor, dass der Schuldner dem Gericht beim Antrag auf Eröffnung eines Insolvenzverfahrens ein Antragsformular vorlegt, das ein Gläubiger- und ein Forderungsverzeichnis, einen Schuldenbereinigungsplan und eine Einkommens- und Vermögensübersicht enthält. Der Schuldenbereinigungsplan und eine Einkommens- und Vermögensübersicht wird den Gläubigern zugestellt. Das Gläubiger- und Forderungsverzeichnis können die Gläubiger bei Gericht einsehen. Im außergerichtlichen Vergleich muss der Schuldner sein Einkommen nicht offen legen. Viele Gläubiger machen allerdings die Zustimmung zum Vergleich von genaueren Angaben zum Einkommen abhängig. Sofern tatsächlich die Möglichkeit besteht, sich mit allen Gläubigern außergerichtlich zu einigen, kann es sinnvoll sein, dem Gläubiger Einkommensnachweise der letzten Monate zuzusenden oder sich vom Arbeitgeber das Jahresnettoeinkommen bescheinigen zu lassen, da möglicherweise je nach Monat ein unterschiedlicher Lohn bzw. Gehalt gezahlt wurde. Kindergeld, Weihnachtsgeld, Bezahlung für Überstunden, Aufwandsentschädigungen, Zulagen für auswärtige Beschäftigung, Gefahrenzulagen u.a. sollten im **Einkommensverzeichnis** gesondert aufgeführt werden, da sie unpfändbar oder nur teilweise pfändbar sind (s. hierzu Seite 37f.).

Wichtig:
Bei der Bescheinigung des Arbeitseinkommens sollte der Name und die Adresse des Arbeitgebers sowie die Bankverbindung unkenntlich gemacht (geschwärzt) werden, um mögliche Lohnpfändungen zu verhindern.

Im **Vermögensverzeichnis** werden lediglich pfändbare Sachwerte genannt. Nennenswerte Vermögenswerte (z.B. Sparverträge oder Lebensversicherungen) sollten vorab verwertet werden. Der Erlös sollte vor einem Zugriff eines einzelnen Gläubigers sichergestellt werden (z.B. durch Überweisung auf ein Treuhandkonto). Falls ein Insolvenzverfahren beantragt werden muss, können davon später die nötigen Gerichtskosten gezahlt werden (siehe auch Seite 90f.). Ein Auto ist vor dem Gläubigerzugriff geschützt, wenn es geleast ist oder einer Bank gehört (Eigentumsvorbehalt). Ältere Vehikel (Verkaufserlös bis ca. 1000 Euro, die nur mit großem Kostenaufwand zu verkaufen sind, zählen nicht. Die Insolvenzordnung sieht nicht vor, dass Gegenstände von geringem Wert (z.B. die alte Video-Anlage) und Haushaltsgegenstände zur Verfügung gestellt werden müssen. Nicht verwertbare Gegenstände werden in § 36 InsO aufgeführt.

Heinz Becker möchte als Grundlage seines Zahlungsplanes seinen Gläubigern die nötigen Informationen zukommen lassen und schickt in Anlage 2 folgendes **Einkommens- und Vermögensverzeichnis** zu:

> Anlage 2: Einkommens- und Vermögensverzeichnis
>
> Mein jährlicher Nettoverdienst hat im letzten Jahr nach Abzug des Weihnachtsgeldfreibetrages und nach Abzug des Kindergeldes durchschnittlich monatlich 1840,68 Euro netto betragen. Ich unterhalte meine Ehefrau und ein Kind. Ich habe keine nennenswerten Vermögenswerte. Die Angaben sind richtig und vollständig.

3. Schuldenbereinigungsplan

a) Überblick

Schuldner werden meist keine wesentlichen Sachwerte besitzen. Heinz Becker zum Beispiel hat Antiquitäten bereits versilbert, seinen Mercedes verkauft und besitzt jetzt einen älteren Ford Escort, eine Rostschüssel ohne Wert. Verwertbar für die Gläubiger ist nur das Einkommen von Herrn Becker. Wieviel muss er nun den Gläubigern anbieten, um eine Schuldentilgung zu erreichen?

Die Insolvenzordnung löste die Konkurs- und Vergleichsordnung ab. Sofern kein Insolvenzverfahren stattfindet oder ein Vergleich mit den Gläubigern abgeschlossen wird, können die Gläubiger aus rechtskräftigen Urteilen und Vollstreckungsbescheiden dreißig Jahre lang eine Zwangsvollstreckung betreiben. In der Vergangenheit zahlten Schuldner daher oft jahrzehntelang ihre Schulden ab. Heute bestimmt die Insolvenzordnung, dass ein Schuldner, **6 Jahre** lang seine pfändbaren Einkommensanteile an die Gläubiger abführen muss, um eine Befreiung von seinen restlichen Schulden zu erhalten (§ 287 Abs. 2 InsO). Unerheblich dabei ist, ob nach Ablauf von 6 Jahren die Schulden noch 50 Euro oder 50000 Euro betragen: Das Gericht wird nach dieser Zeit alle Schulden erlassen. Von der **Restschuldbefreiung** ausgenommen sind jedoch nicht bezahlte Bußgelder, Geldstrafen und Verbindlichkeiten aus vorsätzlich begangener unerlaubter Handlung.

Der Schuldner muss aber nicht sein gesamtes Einkommen an die Gläubiger abführen, sondern nur einen Teil seines Einkommens, den so genannten **pfändbaren Anteil** (s.u.). Nur dieser Teil des Gehaltes, der Rente oder des Arbeitslosengeldes sollte dem Gläubiger zur Schuldentilgung angeboten werden. Ein Fehler von vielen Schuldnern ist, zu viel zu versprechen und die Zusagen später nicht einhalten zu können. Besser ist es, einen **Verteilungsplan** der Beträge, die den Gläubigern zugeteilt werden, von einem Anwalt oder einer Schuldner-/ Verbraucherberatung erstellen zu lassen.

b) Die pfändbaren Beträge

Die pfändbaren Beträge, die an die Gläubiger auf Dauer von 6 Jahren abgeführt werden, richten sich nach der Anzahl der unterhaltsberechtigten Personen (Ehegatte und Kinder) und sind in einer **Pfändungstabelle** (s. Anhang, S. 201 ff.) aufgeführt.

Hinweis:
Bitte überprüfen Sie, ob bei Pfändungen die aktuelle Tabelle angewandt wird.

Für einen Alleinstehenden gilt Spalte 0 der Pfändungstabelle – er muss, um eine Schuldbefreiung zu bekommen, mehr bezahlen als eine Familie mit Kindern. Als Grundsatz gilt: Je mehr unterhaltsberechtigte Personen vorhanden sind, desto weniger braucht auch an die Gläubiger gezahlt zu werden.

Hinweis:
Auch ein Rentner, ein Sozialhilfeempfänger oder ein Arbeitsloser, bei dem aufgrund von geringem Einkommen überhaupt keine pfändbaren Beträge anfallen, kann am Insolvenzverfahren teilnehmen und von seinen Schulden ganz befreit werden.

Eheleute sind einander unterhaltspflichtig. Der Ehegatte wird daher bei der Berechnung des pfändbaren Betrages grundsätzlich als weitere unterhaltsberechtigte Person in der Pfändungstabelle berücksichtigt.

Was aber ist, wenn z.B. die Ehefrau unseres Schuldners, Hilde Becker, arbeitet? Wird dann der Nettolohn eines mitverdienenden Ehegatten bei der Berechnung des pfändbaren Betrages herangezogen? Die Insolvenzordnung wendet gem. § 36 InsO die Vorschriften der Zivilprozessordnung entsprechend an. Der aktuelle Stand der jeweiligen Rechtsprechung sollte bei einer Schuldnerberatung erfragt werden. Die Vorschriften der Zivilprozessordnung besagen, dass ein mitverdienender Ehegatte erst auf Antrag eines Gläubigers bei der Berechnung des unpfändbaren Anteils ganz oder teilweise (je nach Höhe des eigenen Einkommens) unberücksichtigt bleibt (vgl. § 850 c Abs. 4 ZPO) – eine laufende Zwangsvollstreckung vorausgesetzt.

1. Folgende Einkommensanteile sind unpfändbar (§ 850a ZPO):
   - 50 % der Überstundenvergütung für Mehrarbeit,
   - Urlaubsgeld,
   - Aufwandsentschädigungen, Spesen für auswärtige Beschäftigung,
   - Gefahren-, Schmutz- und Erschwerniszulagen,
   - Weihnachtsgeld bis zur Hälfte des monatlichen Gesamteinkommens, höchstens bis zum Betrag von 500 Euro.
2. Folgende Beträge sind nicht oder nur zum Teil pfändbar:
   - Kindergeld und Wohngeld sind praktisch unpfändbar.
   - Auch das Erziehungsgeld ist generell unpfändbar (§ 54 Abs. 3 Nr. 2 SGB I).
   - Sozialhilfe ist generell unpfändbar (§ 17 Abs. 1 SGB XII). Sozialhilfe wird für Menschen, die aus gesundheitlichen Gründen oder wegen ihres Alters nicht arbeiten können, gezahlt. Unpfändbar sind folgende Leistungen der Sozialhilfe (§ 8 SGB XII):
     1. Hilfe zum Lebensunterhalt,
     2. Grundsicherung im Alter und bei Erwerbsminderung,
     3. Hilfen zur Gesundheit,
     4. Eingliederungshilfe für behinderte Menschen,
     5. Hilfe zur Pflege,
     6. Hilfe zur Überwindung besonderer sozialer Schwierigkeiten,
     7. Hilfe in anderen Lebenslagen
   - Arbeitslosengeld I ist pfändbar, jedoch kann durch einen Antrag gem. § 850f ZPO der unpfändbare Anteil des Einkommens angehoben werden (siehe Kap. III, 2., S. 77).
   - Bezieht der Schuldner hingegen Arbeitslosengeld II, dann kann gem. Artikel 21 SGB II (ab 1. 1. 2005) der pfändungsfreie Teil des Einkommens ebenfalls durch einen Antrag auf Anhebung der Pfändungsfreigrenze vor einem Zugriff eines Gläubigers geschützt werden.

Arbeitslosengeld II

Arbeitslosengeld II wird als Grundsicherung (ab 1. 1. 2005) für erwerbsfähigen Hilfebedürftige gezahlt, soweit nur ungenügendes eigenes Einkommen und Vermögen vorliegt.

– Anspruchsberechtigt sind alle erwerbsfähigen Hilfebedürftigen zwischen 15 und unter 65 Jahren, soweit sie nicht wegen Krankheit oder Behinderung außerstande sind, mindestens drei Stunden täglich erwerbstätig zu sein. Die mit ihnen in einer Bedarfsgemeinschaft lebenden Angehörigen erhalten Sozialgeld.

– Bundesweit gibt es zwei unterschiedliche Pauschalen für Regelleistungen: Alleinstehende erhalten 345 E. monatlich in den alten Bundesländern, 331 Euro monatlich in den neuen Bundesländern. Volljährige erhalten 311 Euro (alte BL), 298 E. (neue BL), Angehörige vom 15. bis 18. Lebensjahr 276 Euro (alte BL), 265 E. (neue BL), Kinder bis Vollendung 14. Lebensjahr 207 Euro (alte BL), 199 Euro (neue BL).
– Unterkunftskosten und Heizkosten werden, soweit sie angemessen sind, zusätzlich übernommen.
– Erwerbsfähige sollen in Arbeit gebracht werden. Wenn der Hilfebedürftige eine Erwerbstätigkeit gefunden hat, erhält er einen finanziellen Anreiz: Von seinem Erwerbseinkommen können nach Höhe seines Lohns Beträge abgesetzt werden, sodass möglicherweise auch nach Aufnahme der Arbeit ergänzende Leistungen des Arbeitslosengeldes II bezogen werden können.
– Ein zeitlich befristeter Arbeitnehmerzuschuss (Einstiegsgeld) ist zur Eingliederung des Hilfesuchenden in eine Beschäftigung möglich.
– Ein auf zwei Jahre befristeter Zuschlag wird beim Übergang von Arbeitslosengeld I in die Grundsicherung für Arbeitsuchende gezahlt. Er beträgt zwei Drittel der Differenz aus dem zuletzt bezogenen Arbeitslosengeld zzgl. Wohngeld und dem Arbeitslosengeld II, maximal 160 Euro bei Alleinstehenden, 320 Euro bei Ehepartnern, 60 Euro bei Kindern.
– Ermöglicht werden je nach Bedarf Leistungen wie z.B. Schuldner- und Suchtberatung oder Kinderbetreuungsleistungen.

Hinweis:
Bei einer Pfändung können die pfändbaren Beträge bei außergewöhnlichen Belastungen, bei hoher Miete oder Kinderbetreuungskosten auf Antrag beim Amtsgericht noch verringert werden. Wenden Sie sich an eine Schuldnerberatung, an das Sozialamt oder an das Gericht.

Kehren wir zurück zu unserer Familie Becker: Welche pfändbaren Beträge muss nun Heinz Becker bezahlen? Da der Familienvater Ehefrau und ein Kind unterhält, ergibt sich nach der Spalte 2 der Pfändungstabelle, nach Abzug des Kindergeldes bei einem Nettoeinkommen von 1840,68 Euro ein pfändbarer Betrag von 146 pro Monat, der für alle Gläubiger zur Verfügung gestellt werden muss. Im Jahr sind dies 1752 Euro. Auf Dauer von 6 Jahren beläuft sich der Betrag auf 10512 Euro, die Heinz Becker in einem Insolvenzverfahren bezahlen würde. Sicherlich könnten die Gläubiger von Herrn Becker jetzt bei Vergleichsvorschlägen einwenden, sie möchten bitteschön einen höheren Betrag zur Schuldentilgung überwiesen bekommen, schließlich summieren sich die tatsächlichen Gesamtschulden auf fast 27000 Euro. Heinz Becker sollte dann höflich, aber bestimmt auf die Beträge, die den Gläubigern im gesetzlichen Verteilungsverfahren zustehen, hinweisen (siehe hierzu Seite 39ff.).

c) Altfälle

Der grundsätzliche Zeitraum von 6 Jahren bis zu einer Restschuldbefreiung kann sich gemäß Art. 107 EGInsO (Einführungsgesetz zur Insolvenzordnung) auf 5 Jahre verkürzen, wenn der Schuldner vor dem Stichtag 1.1.1997 »zahlungsunfähig« geworden ist (Altfallregelung). Nach einer voraussichtlich geplanten Gesetzesänderung (Stand 05/2004) wird zukünftig die Altfallregelung ganz entfallen. Dennoch wird sie hier erwähnt, da diese in bis zum 1.12.2001 eröffneten Verfahren vereinzelt immer noch angewandt wird. Der Schuldner wird in einem solchen Fall als **Altfall** eingestuft. **Zahlungsunfähigkeit** bedeutet, dass er nicht mehr in der Lage war, alle seine fälligen Zahlungspflichten zu erfüllen (§ 17 InsO). In der Regel wird Zahlungsunfähigkeit angenommen, wenn der Schuldner seine Zahlungen eingestellt hat. Dies trifft zum Beispiel auf Heinz Becker zu: Er konnte weder im Jahr 1995 noch zuvor seine Zahlungsverpflichtungen begleichen.

Heinz Becker gilt auch dann als so genannter Altfall, wenn er z.B. 1997 noch Raten an die Village-Bank zahlen konnte, aber kein Geld mehr hatte, um die fällige Forderung von Inkassobüro Teufel zu begleichen.

Nun kann es eben sein, dass einer seiner Gläubiger auf einem sechsjährigen Zahlungszeitraum besteht und darauf hinweist, dass über den Januar 1997 hinaus noch gezahlt wurde. Hier ist es wichtig, dass der Schuldner Unterlagen aufhebt, um im Streitfall nachweisen zu können, dass er schon vor dem 1. Januar 1997 seine *gesamten* Zahlungspflichten nicht mehr erfüllen konnte. Als Nachweis dienen z.B. Mahnungen oder Vollstreckungsbescheide der Gläubiger, Pfandlosbescheinigungen des Gerichtsvollziehers, Einkommensnachweise und Aufstellungen der damals fälligen Forderungen.

Hat ein Schuldner allerdings nach dem 1. Januar 1997 noch Waren bestellt oder einen Kredit aufgenommen und nicht bezahlt, dann kann er sich nicht auf die Altfallregelung berufen, dies könnte sogar eine Betrugsanzeige zur Folge haben. In einem gerichtlichen Verfahren würde ihm die Restschuldbefreiung versagt werden. In einem solchen Fall sollte er daher eine sechsjährige Zahlungsperiode in Kauf nehmen.

d) Der Verteilungsplan

Im Verteilungsplan wird festgehalten, wie die pfändbaren Beträge an die Gläubiger verteilt werden. Das Gesetz bestimmt, dass kein Gläubiger besser gestellt oder benachteiligt werden darf (§ 309 InsO).

Die Gläubiger bekommen auf Dauer von 6 Jahren die pfändbaren Beträge abzüglich der gesamten Verfahrenskosten einschließlich der Treuhändergebühren. Sofern der Schuldner die Gerichtskosten nicht aufbringen kann, wird er einen Stundungsantrag stellen. Die pfändbaren Beträge vom Schuldner einkommen werden erst dann von einem Treuhänder an die Gläubiger ausgezahlt, wenn die Verfahrenskosten gedeckt sind. Ausgenommen sind Abtretungsgläubiger, die auf Dauer von 2 Jahren vorrangig die pfändbaren Beträge erhalten. Dem Schuldner werden im fünften Jahr der Wohlverhaltensperiode 10 % und im sechsten Jahr 15 % der pfändbaren Beträge zurückerstattet (§ 292 InsO) – also noch einmal ein (wenn auch geringfügiger) Abzug für die Gläubiger. Diese Rückerstattung unterbleibt, wenn ein Stundungsantrag zur Deckung der Verfahrenskosten gestellt wird und das Schuldnereinkommen das einzusetzende Einkommen übersteigt.

Die Gelder, die nach Abzug der **Treuhändergebühren** und der **Durchhalteprämie** (s. auch Seite 93) für den Schuldner übrig sind, werden im **gesetzlichen Verteilungsverfahren** wie folgt aufgeteilt:

- Gläubiger, die im Besitz einer Lohn-/Gehaltsabtretung sind, erhalten vorrangig auf Dauer von zwei Jahren nach Eröffnung des Insolvenzverfahrens die pfändbaren Beträge (§ 114 Abs. 1 InsO). Es kann sein, dass auch in dieser Zeit der Treuhänder die pfändbaren Beträge einzieht und an den Abtretungsgläubiger überweist. Es kann aber auch sein, dass ein Gläubiger bei Gericht beantragt, dass die Pfändungsbeträge weiterhin direkt vom Arbeitgeber an den Abtretungsgläubiger überwiesen werden. Dann fallen keine Treuhändergebühren an – dieser Fall wurde in den Berechnungsbeispielen (s. S. 42f.) angenommen.
  Der Arbeitgeber überweist die Pfändungsbeträge direkt an den Abtretungsgläubiger. Abtretungsgläubiger sind meistens die Banken, da in fast allen Kreditverträgen eine Sicherheit, die so genannte **Abtretung**, enthalten ist. Können mehrere Gläubiger eine Abtretung vorweisen, so erhält der Gläubiger, der im Besitz der ältesten rechtsgültigen Sicherungsabtretung ist, die pfändbaren Gelder.
- Die übrigen Gläubiger, die keine Abtretung haben, bekommen während der Zeit von zwei Jahren nichts und müssen warten. Sie kommen erst während der restlichen vier Jahre zum Zug. Aber auch in der Restlaufzeit sind die Abtretungsgläubiger mit von der Partie: Alle Gläubiger erhalten während dieser Zeitspanne nach Höhe ihrer Forderung einen Anteil (auch Quote genannt) an den pfändbaren Beträgen. Wenn im gerichtlichen Verfahren der Schuldner die Verfahrenskosten nicht zahlen kann und einen Stundungsantrag stellt, werden zudem vorrangig aus den pfändbaren Beträgen die Gerichts- und Treuhänderkosten gedeckt, ehe die Gläubiger die ihnen zustehenden Anteile bekommen.

Oft ist dies nur ein Bruchteil von dem, was ihnen eigentlich auf dem Papier zusteht. Voraussetzung für die Vorrangstellung eines Abtretungsgläubigers ist, dass die Abtretung bestimmten Vorschriften genügt, sonst kann sie angefochten werden. Zu den Anforderungen an eine wirksame Abtretung siehe Seite 197f.

- Kann keiner der Gläubiger eine Abtretung vorweisen oder hat der Arbeitgeber Lohnabtretungen ausgeschlossen, dann werden auf Dauer von 6 Jahren die pfändbaren Beträge an alle Gläubiger anteilsmäßig verteilt. In diesem Fall erhält der Treuhänder von Anfang an 5 % der pfändbaren Beträge.

Das gesetzliche Verteilungsverfahren im Überblick:

Die Pfändungsbeträge werden auf Dauer von 6 Jahren an die Gläubiger verteilt, und zwar:
- 2 Jahre ausschließlich an Abtretungsgläubiger und
- 4 Jahre an alle Gläubiger nach Abzug von 5%, die ein Treuhänder erhält, sowie nach Abzug von 10% im fünften und 15% im sechsten Jahr, die der Schuldner zurückerhält.

Bevor die Gläubiger anteilsmäßig die Gelder erhalten, werden von den pfändbaren Beträgen die Verfahrenskosten gedeckt.

Wichtig:
Falls möglich, sollten Lohnabtretungen durch Vereinbarung mit dem Arbeitgeber ausgeschlossen werden. Dadurch sparen Sie die Treuhändergebühren und zumindest einen Teil der Gerichtskosten, die Sie sonst aus eigener Tasche bezahlen müssen.

Heinz Becker hatte Schwierigkeiten, einen Verteilungsplan aufzustellen. Er ging daher mit dem Gläubigerverzeichnis und der Forderungsaufstellung zu einer Schuldnerberatung und hat dort den als Anlage 3 seinen Unterlagen beigefügten Auszug einer **Verteilungsberechnung** erhalten (s. S. 42). Die Gläubiger von Herrn Becker können dieser Aufstellung entnehmen, welche Beträge voraussichtlich in einem gerichtlichen Verteilungsverfahren nach der Insolvenzordnung anfallen.

Anmerkung: Die erstellte Berechnung berücksichtigt, dass bei zwei unterhaltsberechtigten Personen 146 Euro an monatlich pfändbaren Beträgen abzuführen sind. Ferner wurde angenommen, dass der Arbeitgeber von Herrn Becker Lohnabtretungen nicht anerkennt (es existiert seit langem eine entsprechende Betriebsvereinbarung). Grundlage der Verteilungsberechnung 1 ist also, dass es keinen vorrangigen Abtretungsgläubiger gibt und von Beginn der sechsjährigen Laufzeit 5 % der pfändbaren Beträge einem Treuhänder zugute kommen.

Die nachfolgende Verteilungsberechnung 1 sieht keine vorrangigen Abtretungen vor.

Verteilungsberechnung 1:*
Außergerichtlicher Schuldenregulierungsplan für Heinz Becker

Fall ohne Abtretung
monatlich pfändbare Betrag 146,00 €
Beginn des Zahlungsplans 1.7.2005

		Zahlungszeitraum:		1. bis 72. Monat	
Nr.	Gläubiger	Forderung	Quote von Gesamtverschuldung	mtl.	Gesamthöhe des Tilgungsangebots
1	1. Village Bank	20452,00 €	76,19%	111,24 €	8009,52 €
2	2. Inkasso Teufel	3067,00 €	11,43%	16,68 €	1201,11 €
3	3. Dr. Bohrer	767,00 €	2,86%	4,17 €	300,38 €
4	4. Anton Becker	2556,00 €	9,52%	13,90 €	1000,99 €
	Summe	26842,00 €	100,00%	146,00 €	10512,00 €

Hinweis:
Bei zahlreichen Glaubigern muss eine komplizierte Rechnung aufgestellt werden – gehen Sie zu einem Anwalt oder zu einer Schuldnerberatung, die computergestützt eine exakte Berechnung der Verteilung vornehmen.

* Die abgedruckte Berechnung ist auf Grundlage von Prognoseberechnungen mit dem übersichtlichen Programm Inso-Manager, vertrieben durch die Bundesarbeitsgemeinschaft Schuldnerberatung, erstellt worden (Nähere Informationen erhalten Sie über die BAG SB e.V., Tel. 0561/771093 bzw. unter Fax 0561/711126).

Verteilungsberechnung 2:
Außergerichtlicher Schuldenregulierungsplan für Heinz Becker

Fall mit Abtretung
monatlich pfändbare Betrag 146.00 €
Beginn des Zahlungsplans 1.7.2005

		Zahlungs-zeitraum:	1. bis 24. Monat			25. bis 72. Monat	
Nr.	Gläubiger	Forderung	mtl.	Aktualisierte Forderungen (nach Ablauf der vorrangigen Abtretung)	Quote von Gesamt-verschuldung (Neuquotierung)	mtl.	Gesamthöhe des Tilgungs-angebots
1	Village Bank	20452,00 €	146,00 €	16948.00 €	72,62%	106,02 €	8593,19 €
2	Inkasso Teufel	3067,00 €		3067,00 €	13,14%	19,19 €	920,97 €
3	Dr. Bohrer	767,00 €		767,00 €	3,29%	4,80 €	230,32 €
4	Anton Becker	2556,00 €		2556,00 €	10,95%	15,99 €	767,52 €
	Summe	26842,00 €	146,00 €	23338,00 €	100,00%	146,00 €	10512,00 €

e) Der Zahlungsplan – Grundsätzliches

Außer der Verteilungsberechnung (s. S. 42f.) ist ein **Zahlungsplan** nötig. Beispiele von Zahlungsplänen sind auf den Seiten 45 bis 50 aufgeführt. Nur in wenigen Fällen können die im Verteilungsplan genannten Beträge sofort ausgezahlt, meist müssen Ratenzahlungen vereinbart werden. Bei der Festlegung der Ratenhöhe sollte unbedingt beachtet werden, dass sich die wirtschaftlichen Verhältnisse auch verändern können: Wenn Heinz Becker mit seinen Gläubigern einen Ratenzahlungsplan aushandelt, kann es sein, dass er nach einigen Jahren arbeitslos wird und nicht mehr die vereinbarten Raten zahlen kann. Der schöne Schuldenbereinigungsplan ist dann nur noch ein Stück Papier und die Gläubigerforderungen drohen in ursprünglicher Höhe wieder aufzuleben.

Eine **Anpassungsklausel** verhindert, dass Vergleiche nicht eingehalten werden können, wenn der Schuldner z.B. arbeitslos wird oder wenn er ein weiteres Kind bekommt. Umgekehrt nützt eine solche Vereinbarung auch dem Gläubiger, wenn der Schuldner zukünftig ein höheres Einkommen bezieht.

Hinweis:
Vereinbaren Sie statt festen Vergleichsbeträgen eine Anpassung der Zahlungen an die jeweiligen Einkommensverhältnisse (Anpassungsklausel).

Man kann nun dem Gläubiger vorschlagen, dass
- die zu zahlenden Raten anteilig nach den jeweiligen pfändbaren Beträgen verändert und monatlich ausgezahlt werden. Nachteil ist, dass die Raten bei wechselndem Lohn möglicherweise ständig neu berechnet werden müssen.
- die anteiligen Raten vom Arbeitgeber eingezogen und erst am Jahresende an den Gläubiger überwiesen werden.
- eine monatliche Rate nach den derzeitigen pfändbaren Beträgen anteilig festgelegt und diese nur bei erheblichen Einkommensveränderungen, z.B. bei Arbeitslosigkeit, verändert wird.
- die festgelegte Rate nur dann verändert wird, wenn sich das Einkommen verändert (beispielsweise um mehr als 10 %) oder dass geringfügige Abweichungen beim Einkommen bis 51 Euro nicht berücksichtigt werden.

Bei Zahlung eines Weihnachtsgeldes sollte bei der Festsetzung der 13. Monatsrate der nicht pfändbare Betrag von 500 Euro zugunsten des Schuldners abgezogen werden.

f) Der Zahlungsplan an gleichrangige Gläubiger

Kann kein Gläubiger eine Abtretung vorweisen oder ist eine Lohnabtretung durch Betriebsvereinbarung ausgeschlossen (vgl. S. 41), werden alle Gläubiger vom Beginn der Laufzeit an gleichwertig bedient – wie in der Verteilungsberechnung 1 (s. S. 42) beispielhaft aufgeführt.

Angenommen, dies wäre in unserem Fall so, dann könnte Heinz Becker der Gläubigerin Village-Bank folgenden Brief schreiben:

> ....
> Vergleichsvorschlag auf der Grundlage der Insolvenzordnung
> Ihr Zeichen:
>
> Sehr geehrte Damen und Herren,
> auf der Grundlage des geltenden Insolvenzrechts bitte ich Sie, folgenden Vergleichsvorschlag auf der Grundlage der beigefügten Verteilungsberechnung zu akzeptieren:
> Als Insolvenzgläubiger erhalten Sie den Betrag, der nach Quote Ihrer Forderung Ihnen anteilsmäßig an den jeweils gemäß §§ 850 c, f ZPO pfändbaren Beträgen auf Dauer von 6 Jahren zusteht. Den derzeitigen Betrag, den wir Ihnen zusichern können, entnehmen Sie bitte der in Anlage beigefügten Prognoseberechnung. Er wird den jeweiligen Einkommensverhältnissen angepasst werden. Geringe Abweichungen des Nettoeinkommens bis 50 € bleiben unberücksichtigt.
> Unter der Voraussetzung, dass auf den weitergehenden Forderungsbetrag verzichtet wird, verpflichte ich mich, die pfändbaren Beträge Ihnen am Jahresende zu überweisen und regelmäßig einen Einkommensnachweis vorzulegen. Verwertbares Vermögen liegt nicht vor.
> Eine vergleichsweise Ablösung der Schulden kann nur dann zustande kommen, wenn alle Gläubiger dem Schuldenbereinigungsplan zustimmen.
>
> Mit freundlichen Grüßen

Die anderen Gläubiger erhalten den gleichen Brief, lediglich Adresse, Zeichen, die errechnete InsO-Quote und der jährlich zugeteilte Betrag werden entsprechend verändert.

g) Der Zahlungsplan an einen vorrangigen Gläubiger

Es kann nun sein, dass der Arbeitgeber von Heinz Becker sich weigert, eine Abtretung auszuschließen. Möglich ist auch, dass die Abtretung der Village-Bank bereits offen gelegt wurde. Dies bedeutet, dass die abzutretenden (pfändbaren) Beträge der Village-Bank zufließen. In einem solchen Fall muss der Abtretungsgläubiger auch in der InsO-Berechnung vorrangig berücksichtigt werden.

Heinz Becker schlägt daher der Gläubigerin Village-Bank folgenden Vergleich vor:

....
Vergleichsvorschlag auf der Grundlage der Insolvenzordnung
Ihr Zeichen:

Sehr geehrte Damen und Herren,
ich möchte alle meine vorhandenen Schulden ablösen. Ich bitte, folgenden Vergleichsvorschlag zu akzeptieren, eine Verteilungsberechnung auf der Grundlage eines Insolvenzverfahrens ist in Anlage beigefügt. Verwertbares Vermögen liegt nicht vor.
Als vorrangige Abtretungsgläubigerin erhalten Sie die gemäß §§ 850 c, f ZPO abzutretenden Beträge bis zu einer Eröffnung eines Insolvenzverfahrens, das ab Juli 2005 beginnen könnte, weiter. Sie erhalten vom 1.7.2005 bis zum 30.6.2007 die jeweiligen pfändbaren Beträge. Den derzeitigen Betrag, den wir Ihnen zusichern können, entnehmen Sie bitte der in Anlage beigefügten Prognoseberechnung.
Auf Dauer von weiteren 4 Jahren erhalten Sie den Betrag, der nach Quote Ihrer Forderung Ihnen anteilsmäßig an den gemäß §§ 850 c, f ZPO pfändbaren Beträgen zusteht. Den derzeitigen Betrag, den wir Ihnen zusichern können, entnehmen Sie bitte der in Anlage beigefügten Prognoseberechnung.
Verringert oder verbessert sich mein Nettoeinkommen um mehr als 10 %, wird der Ihnen zustehende Betrag den jeweiligen Einkommensverhältnissen angepasst.
Unter der Voraussetzung, dass auf den weitergehenden Forderungsbetrag verzichtet wird, verpflichte ich mich, Ihnen die Beträge in 72 Raten auf Dauer von 6 Jahren zum Ersten des jeweiligen Monats zu überweisen, am Jahresende einen Einkommensnachweis vorzulegen und Änderungen meiner Einkommens- und Familienverhältnisse unverzüglich mitzuteilen.

Mit freundlichen Grüßen

Die Village-Bank kann also nicht nur die Beträge bis zu einem gerichtlichen Verfahren erhalten. Vielmehr fließen ihr diese Gelder auch in der Zeit, in der das Gericht eine gütliche Einigung versucht (siehe Seite 100), zu; dies sind etwa 6 Monate. Die Abtretung ist im Regelfall auf Dauer von 2 Jahren ab Eröffnung eines Insolvenzverfahrens weiter wirksam. Heinz Becker berücksichtigt also in seinem Vergleichsvorschlag die Zeit bis zum Beginn der Wohlverhaltenszeit.

h) Der Zahlungsplan an einen nachrangigen Gläubiger

Gläubiger, die keine Abtretung vorweisen können, erhalten in der Regel einen wesentlich geringeren Betrag in einem Verteilungsverfahren: Sie bekommen nur auf die Dauer der restlichen 4 Jahre ihren Anteil an den abzutretenden Beträgen. Voraussetzung ist, dass ein vorrangiger Abtretungsgläubiger noch mit von der Partie ist (vgl. Seite 41).

Es kann nun sein, dass an nachrangige Gläubiger nur ein geringerer Betrag laut einer Verteilungsberechnung zu zahlen ist. Im außergerichtlichen Vergleich könnte Herr Becker die Beträge, die Inkassobüro Teufel und Dr. Bohrer nach der Berechnung zustehen, vorab auszahlen, wenn er dieses Geld flüssig hat. Da eine solche einmalige Zahlung anstelle von vielen Monatsraten vorteilhaft für einen Gläubiger ist, sollte vom Vergleichsbetrag ein **Bonus für das Barzahlungsangebot** (sog. »Abzinsung«), z.B. ein Abschlag von 20 %, abgezogen werden.

Zahlungen sollten allerdings erst erfolgen, wenn alle Gläubiger den Vergleichsvorschlägen zugestimmt haben. Herr Becker schreibt an das Inkassobüro Teufel folgenden Brief:

....
Vergleichsvorschlag
Ihr Zeichen:

Sehr geehrte Damen und Herren,
ich bin hoch verschuldet und möchte alle Verbindlichkeiten ablösen. Nach beigefügter Berechnung würden Sie in einem für Sie kostenaufwendigen Insolvenzverfahren auf Dauer von 6 Jahren insgesamt 920,67 € erhalten. Ich bitte daher, eine einmalige Zahlung von 600 € zur Ablösung der gesamten Forderung zu akzeptieren. Verwertbares Vermögen liegt nicht vor.

Mit freundlichen Grüßen

Wenn Herr Becker die Schulden bei Inkassobüro Teufel und Dr. Bohrer nicht vorab erledigen kann, würde er ihnen vorschlagen, für die Restlaufzeit von 4 Jahren anteilige Raten zu überweisen. Vorrangig erhält, wie wir wissen, nur die Abtretungsgläubigerin Village-Bank pfändbare Beträge. Der Bank konnten monatliche Raten angeboten werden, da angemessene Beträge überwiesen werden können. Beim Inkassobüro Teufel und bei Dr. Bohrer lohnt sich dies aufgrund der anfallenden monatlichen Kleinstbeträge überhaupt nicht. Sofern sich nur geringe Monatsraten ergeben, ist es angebracht, die monatlich zu überweisenden Beträge anzusparen und einmal jährlich zu verteilen. Auch im Insolvenzverfahren werden die abzutretenden Beträge am Jahresende abgeführt (§ 292 Abs. 1 InsO). Herr Becker wird dem Gläubiger Inkassobüro Teufel folgenden Zahlungsvorschlag machen:

....
Vergleichsvorschlag auf der Grundlage der Insolvenzordnung
Ihr Zeichen:

Sehr geehrte Damen und Herren,
unter Berücksichtigung des Insolvenzrechts bitte ich Sie, folgenden Vergleichsvorschlag auf der Grundlage der beigefügten Verteilungsberechnung zu akzeptieren. Verwertbares Vermögen liegt nicht vor.
Der vorrangige Abtretungsgläubiger, die Village-Bank, erhält ausschließlich die pfändbaren Beträge auf Dauer von 2 Jahren.
Als Insolvenzgläubiger erhalten Sie nach Ablauf dieser Zeit den Betrag, der nach Quote Ihrer Forderung Ihnen anteilsmäßig an den jeweils gemäß §§ 850 c, f ZPO pfändbaren Beträgen auf Dauer von 4 Jahren zusteht. Den derzeitigen Betrag, den wir Ihnen zusichern können, entnehmen Sie bitte der in Anlage beigefügten Prognoseberechnung. Er wird den jeweiligen Einkommensverhältnissen angepasst. Geringe Abweichungen des Nettoeinkommens bis 51 € bleiben unberücksichtigt.
Unter der Voraussetzung, dass auf den weitergehenden Forderungsbetrag verzichtet wird, verpflichte ich mich, Ihren Anteil an den pfändbaren Beträgen Ihnen am Jahresende zu überweisen und regelmäßig einen Einkommensnachweis vorzulegen.
Eine vergleichsweise Ablösung der Schulden kann nur dann zustande kommen, wenn alle Gläubiger dem Schuldenbereinigungsplan zustimmen.

Mit freundlichen Grüßen

Wenn das Inkassobüro Teufel und alle anderen Gläubiger den angebotenen Vergleichen zustimmen, wird Heinz Becker ihnen noch eine Lohnabtretung zukommen lassen. Die abgetretenen Beträge sind dann vor dem Zugriff weiterer Gläubiger gesichert.

i) Der Zahlungsplan an einen einzelnen Gläubiger

Es kann nun auch sein, dass lediglich eine Forderung eines einzelnen Gläubigers beglichen werden muss. Möglicherweise ist aber die Schuldsumme so hoch, dass sie durch Abzahlung der pfändbaren Beträge innerhalb von 6 Jahren nicht beglichen werden kann. Auch in diesem Fall sollte der Schuldner versuchen, außergerichtlich eine Einigung auf der Grundlage der Insolvenzordnung zu erzielen.

Wenn Heinz Becker nur die Forderung der Village-Bank zu begleichen hätte, würde er an das Geldinstitut folgendes Schreiben richten:

....
Vergleichsvorschlag auf der Grundlage der Insolvenzordnung
Ihr Zeichen:

Sehr geehrte Damen und Herren,
aufgrund meiner hohen Gesamtverschuldung bin ich zahlungsunfähig. Dennoch möchte ich im Rahmen eines außergerichtlichen Vergleichs, ggf. im Rahmen der Insolvenzordnung, eine Schuldentilgung erreichen.
Ich möchte auf der Grundlage eines Schuldenbereinigungsplanes Ihre Forderung ablösen. Ich bitte, folgenden Vergleichsvorschlag zu akzeptieren; eine Verteilungsberechnung auf der Grundlage eines Insolvenzverfahrens ist in Anlage beigefügt. Verwertbares Vermögen liegt nicht vor.
Sie erhalten die gemäß §§ 850 c, f ZPO abzutretenden Beträge ab ... (Datum). Die pfändbaren Beträge sind auf Dauer von 6 Jahren abzuführen; bei einer Unterhaltspflicht für ... Personen betragen sie derzeit ... Euro, zusätzlich wird für den 13. Monat ein Betrag von ... Euro überwiesen. Verringert oder verbessert sich das Nettoeinkommen um mehr als 10 %, dann wird der Ihnen zustehende Betrag den jeweiligen Einkommensverhältnissen angepasst.
Unter der Voraussetzung, dass auf den weitergehenden Forderungsbetrag verzichtet wird, verpflichte ich mich, die Beträge Ihnen in 72 regelmäßigen Raten zum Ersten des jeweiligen Monats zu überweisen, am Jahresende diesebezügliche Einkommensnachweise vorzulegen und Änderungen meiner Einkommens- und Familienverhältnisse unverzüglich mitzuteilen.

Mit freundlichen Grüßen

j) Einmaliger Betrag zur Schuldenablösung

Es kann sein, dass der Schuldner allen Gläubigern einen einmaligen Betrag zur Ablösung sämtlicher Schulden zur Verfügung stellen kann (Umschuldungsdarlehen einer Bank, Stiftungsmittel, Verwandte leihen Geld usw.). Dann könnte unser Schuldner den Gesamtabtretungsbetrag, den die Gläubiger während eines Insolvenzverfahrens erhalten, anbieten. Wie bereits beim Barzahlungsangebot an die beiden Gläubiger Inkassobüro Teufel und Dr. Bohrer erwähnt, erhält der Gläubiger dadurch einen Zinsvorteil; es kann daher ein Abzinsungsbetrag abgezogen werden.
Heinz Becker hatte Glück: Ein guter Freund stellt ihm ein zinsloses Darlehen zur Ablösung der Schulden zur Verfügung. Er bietet allen Gläubigern Vergleiche auf der Grundlage einer Verteilungsberechnung an. Die Village-Bank beispielsweise erhält folgenden Brief:

....
Vergleichsvorschlag unter Berücksichtigung der Einbringungsmöglichkeiten Ihrer Forderung auf der Grundlage der Insolvenzordnung
Ihr Zeichen:

Sehr geehrte Damen und Herren,
zur Ablösung der vorliegenden Verbindlichkeiten bitte ich Sie, folgenden Vergleichsvorschlag, der Ihre Einbringungsmöglichkeiten während der Laufzeit eines Insolvenzverfahrens berücksichtigt (siehe Verteilungsberechnung in Anlage), zu akzeptieren. Verwertbares Vermögen liegt nicht vor.
Die unterzeichnende Gläubigerin, Village-Bank Köln, ermäßigt die Forderung AZ 00066666 auf einen Betrag von 5100 Euro. Der unterzeichnende Schuldner nimmt den Teilerlass an. Unter der Voraussetzung, dass der genannte Betrag innerhalb einer Zahlungsfrist von drei Monaten nach Zeichnung des Vertrages vollständig auf das Konto der Gläubigerin Village-Bank, KoNr. 4444, BLZ 000111, gezahlt wird, verzichtet die Gläubigerin auf den weitergehenden Forderungsbetrag. Nebenkosten (Gerichts-, Anwalts-, Mahnkosten) sind von dem Erlass miterfasst. Die Gläubigerin wird nach vollständigem Erhalt der vereinbarten Zahlungen die vollstreckbare Ausfertigung des Schuldtitels aushändigen, eine Erledigungsmeldung an die SCHUFA und eine Löschungsbewilligung für das Schuldnerverzeichnis veranlassen.

Frankfurt am Main, 3. November 2004
Unterschrift Schuldner:
Unterschrift Gläubigerin:

k) Der Zahlungsplan bei unbekannten Gläubigern

Es kann sein, dass sich der Schuldner nicht mehr an alle Gläubiger erinnert. Um bei einer außergerichtlichen Einigung auch unbekannte Gläubiger miteinzubeziehen, sollte diesen die Möglichkeit eines Beitritts zum Schuldenbereinigungsplan eingeräumt werden. In einem solchen Fall ist folgender Zusatz, der dem Vergleichsschreiben angefügt wird, sinnvoll:

»Sollten nach Verabschiedung des vorgelegten Plans weitere Gläubiger Forderungen geltend machen, die bereits bis zum gegenwärtigen Zeitpunkt bestanden haben, so wird diesen die Möglichkeit eröffnet, dem Plan beizutreten.
Sie werden anteilsmäßig nach der Höhe ihrer Forderung berücksichtigt, der Anteil der übrigen Gläubiger reduziert sich entsprechend. Dies gilt nicht für den Fall, in dem der Schuldner die Forderungen der betreffenden Gläubiger bei der Aufstellung des Plans vorsätzlich oder grob fahrlässig nicht berücksichtigte. Im Übrigen wird versichert, dass derzeit keine weiteren Gläubiger bekannt sind.«

4. Unterschiedliche Schuldenbereinigungspläne bei verschiedenen Personengruppen

Aus den Einkommensverhältnissen der Schuldner ergibt sich, dass den Gläubigern unterschiedliche Zahlungspläne angeboten werden. Vorausgesetzt ist bei allen aufgeführten Beispielen, dass kein nennenswertes Vermögen vorhanden ist.

a) Beispielsfall: Ein mitverpflichteter Ehegatte

Nicht nur Heinz Becker, sondern auch seine Ehefrau hatte seinerzeit den Kreditvertrag bei der Village-Bank unterschrieben. Da Frau Becker somit ebenfalls verpflichtet ist (man nennt dies gesamtschuldnerische Haftung), wird in diesem Fall Herr Becker versuchen, einen Schuldenerlass auch für seine Gattin zu erhalten. Sollte Hilde Becker einen eigenen Verdienst haben, dann müsste entsprechend den Beträgen, die bei ihr pfändbar sind, das Vergleichsangebot von Herrn Becker erhöht werden. Wenn die Gläubiger dieses Vergleichsangebot ablehnen, muss Frau Becker ein eigenes Insolvenzverfahren einleiten. Sollte Hilde Becker weitere Schulden bei anderen Gläubigern haben, für die ihr Ehegatte nicht einstehen muss, so werden auch diese im eigenen Antrag der Ehefrau aufgenommen.

Wenn also beide Ehegatten bei demselben Gläubiger Schulden haben, muss der pfändbare Anteil des Gehalts, das der Ehepartner bezieht, in den Vergleichsvorschlag miteinbezogen werden. Der Schuldner sollte darauf bestehen, dass der Gläubiger auch seine Ehefrau aus der Mithaftung entlässt, sofern ein entsprechender Vergleich zustande kommt. Lehnt der Gläubiger ab, dann muss der Ehepartner einen eigenen Antrag stellen. Die Insolvenzordnung sieht einen gemeinsamen Antrag auf eine Restschuldbefreiung von Familienangehörigen nicht vor.

b) Beispielsfall: Eine nichteheliche Lebensgemeinschaft

Herbert Hase ist allein stehend. Er lebt mit seiner Freundin zusammen, aber erst nach einer Heirat würde diese als unterhaltsberechtigte Person in der Pfändungstabelle berücksichtigt werden. So ergibt sich bei 1329,38 Euro Monatsgehalt aus Spalte 0 der Tabelle der stolze pfändbare Betrag von 273 Euro. Das sind auf Dauer von 6 Jahren fast 20000 Euro. Da die gesamte Schuldsumme 10226 Euro beträgt, würden vor Ablauf der gesetzlichen Frist in einem Insolvenzverfahren die vollständigen Schulden abgetragen. Ein Vergleichsvorschlag auf der Grundlage der InsO wäre nur dann sinnvoll, wenn Herr Hase heiraten und Kinder bekommen sollte. Grundsätzlich gilt also bei nicht verheirateten Paaren, dass der Partner bei der Berechnung der pfändbaren Beträge nicht als unterhaltsberechtigte Person berücksichtigt werden kann.

c) Beispielsfall: Ein Selbständiger

Max Maus ist Maler und hat sich selbständig gemacht. Grundlage seiner pfändbaren Beträge ist der Einkommenssteuerbescheid des letzten Jahres. Aus seinem Kümmernisbetrieb hat er allerdings auf den Monat umgerechnet nur ein Nettoeinkommen von 767 Euro erzielen können. Sofern er weiterhin kaum Erträge aus seinem Kleinstbetrieb bekommt, kann er sich nun nicht auf das Insolvenzrecht berufen und überhaupt keine pfändbaren Beträge abführen.

Er müsste gemäß § 295 Abs. 2 InsO mindestens so viel zahlen, wie sich aus einem normalen Arbeitsverhältnis laut Tarifvertrag ergeben würde. Chancen, dass die Gläubiger seinen geringeren Verdienst und damit auch seine minimalen Zahlungsraten annehmen, hat Herr Maus dann, wenn er nachweist, dass er (beispielsweise wegen seines Alters von 59 Jahren) keine Tätigkeit mehr ausüben kann, bei der er mehr verdienen würde.

Herr Maus kann allerdings nicht am Verbraucherinsolvenzverfahren teilnehmen. Aktive Kleinunternehmer und Freiberufler müssen unabhängig von der Zahl ihrer Gläubiger am Regelinsolvenzverfahren teilnehmen. Siehe auch unter dem Stichwort »Gewerbetreibende«, S. 128 und »Regelinsolvenzverfahren«, S. 131f.

d) Beispielsfall: Ein Student

Stefan Schlupe, Jurastudent, hat die Insolvenzordnung gelesen. Da er nur BAföG erhält, glaubt der Schlauberger, seinen Gläubigern nichts anbieten zu müssen und dennoch von den Schulden befreit zu werden. Die Gläubiger werden seinen Erlassantrag zurückweisen: »Ein Blick ins Gesetz erspart viel Geschwätz«, halten sie ihm vor, denn nach § 295 Abs. 1 InsO müsse er auf Dauer von 6 Jahren arbeiten, wenn er wirklich eine Restschuldbefreiung wolle. Herrn Schlupe wird geraten, nach seinem Studium dann einen Zahlungsplan vorzulegen, wenn er in Lohn und Brot stehen würde.

Ein Student kann einen Zahlungsplan auf der Grundlage der InsO erst dann vorlegen, wenn er arbeitet.

e) Beispielsfall: Ein(e) Alleinerziehende(r)

Suse Sausig kann auf lange Zeit nur eine Teilzeitarbeit annehmen. Als allein erziehende Mutter mit einem kleinen Kind verdient sie 1350 Euro netto und erhält zusätzlich unpfändbares Erziehungsgeld. Vom Lohn sind nach der Pfändungstabelle (Spalte 1) 35 Euro monatlich pfändbar.

Sofern eine Pfändung ausgebracht wird, könnte es sein, dass die erwerbsfähige allein erziehende Frau Sausig aufgrund des durch die Pfändung verminderten Einkommens Arbeitslosengeld II (Leistungen nach SGB II) beziehen müsste. Zur Sicherung des Existenzminimums und als Schutz vor Pfändungen kann nun bei Suse Sausig nach Artikel 21 SGB II der pfändungsfreie Teil des Einkommens gem. § 850 Abs. 1a ZPO angehoben werden. Bei einer vorliegenden Pfändung muss der Schuldner hierzu einen Antrag auf Anhebung der Pfändungsfreigrenze beim Amtsgericht seines Wohnorts stellen. Aussichtsreich ist dies bei Alleinerziehenden oder Familien mit mehreren Kindern, außerdem bei Schuldnern, die eine hohe Miete oder andere außergewöhnliche Belastungen zu tragen haben. Ein Muster eines solchen Antrags finden Sie auf Seite 66.

Hat ein Gläubiger vor einem Insolvenzverfahren eine Abtretung beim Arbeitgeber offengelegt, dann sollte der Schuldner seinen Bedarf auf Arbeitslosengeld II bei einer Schuldnerberatung oder beim Sozialamt bescheinigen lassen (Formular im Anhang, S. 205f.) und die Gläubiger bitten, diesen anzuerkennen. Suse Sausig hat ihrem Gläubiger folgenden Brief geschrieben:

....

Anerkennung meines Bedarfs auf Arbeitslosengeld II/Schuldenregulierung auf der Grundlage der Insolvenzordnung
Ihr Zeichen:

Sehr geehrte Damen und Herren,
leider kann ich Ihre Forderung nicht zurückzahlen, da ich zahlungsunfähig bin.
Ich bin allein erziehende Mutter und verdiene z.Zt. 1350 Euro netto. Um eine Klage bei Gericht zu vermeiden, bitte ich, den laut beigefügter Bescheinigung des Sozialamtes errechneten Bedarf auf Arbeitslosengeld II von 1354 Euro mir gemäß § 850 f ZPO als Freibetrag zu belassen.
An pfändbaren Beträgen fallen jährlich bei Zahlung des Weihnachtsgeldes 102 Euro an. Ich bitte Sie, bei Zahlung der jeweils gemäß §§ 850 c, f ZPO pfändbaren Beträge auf Dauer von 6 Jahren mir meine restlichen Schulden zu erlassen, bei Ablehnung Ihrerseits werde ich ein Insolvenzverfahren beantragen und auch dort meinen Bedarf geltend machen.

Mit freundlichen Grüßen

Anlage: Bedarfsberechnung

Wenn der Gläubiger den Bedarf bei einer offen gelegten Lohnabtretung nicht anerkennt, sollte Suse Sausig zum Gericht gehen. Einzelne Gerichte erlauben wie bei Pfändungen einen direkten Antrag beim Vollstreckungsgericht, andere halten ein Prozessgericht für zuständig (siehe auch S. 124). Möglicherweise muss Frau Sausig einen Antrag auf ein Insolvenzverfahren stellen, denn bei einer Gesamtschuld von ca. 30000 Euro werden sich die Gläubiger kaum auf ihren Vergleichsvorschlag einlassen: Sie bietet den Gläubigern 715 Euro – zahlbar in 6 Jahresraten – an, denn in einem gerichtlichen Verfahren würden lediglich etwa 102 Euro jährlich an pfändbaren Beträgen bei Zahlung des Weihnachtsgeldes anfallen. Eine Einkommensverbesserung über ihren Bedarf von 1354 Euro hinaus ist nicht in Sicht.

In einem gerichtlichen Insolvenzverfahren ist die Möglichkeit, die Pfändungsfreigrenze gem. § 850f. ZPO ausdrücklich vom Gesetzgeber berücksichtigt worden (§ 36 InsO). Neuere Urteile, die eine Anhebung der Freigrenze auch bei Lohnabtretungen erlauben, sind im Anhang auf Seite 124 angeführt.

f) Beispielsfall: Eine kinderreiche Familie

Herr Schulze bekommt einen Nettolohn von 1300 Euro und unterhält eine vierköpfige Familie. Da die Kinder noch klein sind, ergibt sich auf Dauer von 6 Jahren kein pfändbarer Betrag, der in einem Insolvenzverfahren abgeführt werden müsste. Herr Schulze steht bei seiner ehemaligen Hausbank mit 25000 Euro in der Kreide, weitere Verbindlichkeiten stehen nicht an. Er würde dem Geldinstitut zur Ablösung seiner Schulden allenfalls einen geringfügigen Vergleichsbetrag anbieten. In der Regel fallen bei einer kinderreichen Familie keine pfändbaren Beträge auf Dauer von 6 Jahren an. Herr Schulze schreibt folgenden Brief an seine ehemalige Hausbank:

....

Entschuldung unter Berücksichtigung der Einbringungsmöglichkeiten Ihrer Forderung auf der Grundlage der Insolvenzordnung

Ihr Zeichen:

Sehr geehrte Damen und Herren,

ich habe bei Ihnen Schulden in Höhe von insgesamt ca. 2500 Euro. Da ich meine Ehefrau und meine drei Kinder im Alter von zwei, drei und sechs Jahren unterhalten muss, ergeben sich derzeit bei einem Lohn von monatlich 1300 Euro netto zzgl. Kindergeld keine abzutretenden Beträge. Ich erhalte kein Weihnachtsgeld und habe kein verwertbares Vermögen, meine Ehefrau hat keinen eigenen Verdienst.

Ich möchte mich mit Ihnen außergerichtlich über die Abzahlung meiner Schulden einigen. Sollte dies nicht möglich sein, werde ich ein Insolvenzverfahren beantragen. Da ich mit keinerlei nennenswerten Einkommensverbesserungen zu rechnen habe, erhalten Sie voraussichtlich während der Verfahrenslaufzeit keine oder nur geringe pfändbare Beträge.

Ich bitte Sie daher, folgenden Entschuldungsplan zu akzeptieren, eine Verteilungsberechnung auf der Grundlage der Insolvenzordnung ist in Anlage beigefügt:

Als Gläubigerin erhalten Sie die gemäß §§ 850 c, f ZPO pfändbaren Beträge ab 1.7.2005 auf Dauer von 6 Jahren; sie werden meinen jeweiligen Einkommensverhältnissen angepasst.

Unter der Voraussetzung, dass auf den weitergehenden Forderungsbetrag verzichtet wird, verpflichte ich mich, pfändbare Beträge, die auf Dauer von 6 Jahren ggf. anfallen, am jeweiligen Jahresende zu überweisen, Einkommensnachweise vorzulegen und Änderungen meiner Einkommens- und Familienverhältnisse Ihnen unverzüglich mitzuteilen.

Mit freundlichen Grüßen

g) Beispielsfall: Bezieher von vorübergehend geringem Einkommen (Arbeitslosengeld I und II)

Hans Hurtig ist arbeitslos und kann nachweisen, dass er derzeit trotz aller Bemühungen keine Stelle bekommt. Da er in der Zukunft möglicherweise wieder Arbeit erhält, wird er auf Dauer von 6 Jahren die zu erwartenden abzutretenden Beträge den Gläubigern anbieten. Wenn Herr Hurtig Arbeitslosengeld I (im Regelfall 12 Monate ab Beginn der Arbeitslosigkeit) bezieht, werden nach Pfändungstabelle erst ab einem Nettoeinkommen von 939,99 Euro monatlich pfändbare Beträge anfallen. Das für Erwerbsfähige gezahlte Arbeitslosengeld I ist in vielen Fällen nicht pfändbar, da nur ein geringfügiges Einkommen vorliegt. Wenn Arbeitslose unterhaltsberechtigte Personen (Ehefrau, Kinder) haben, erhöht sich die Pfändungsgrenze noch.

Sofern dennoch das Arbeitslosengeld pfändbar ist, kann der pfändungsfreie Teil des Einkommens gem. § 850f Abs. 1a ZPO angehoben werden, wenn der Schuldner (bei Erwerbsfähigen) Leistungen des SGB II (Arbeitslosengeld II) beziehen müsste.

Wenn der Schuldner Arbeitslosengeld II bezieht, dann können bei einer Pfändung diese Leistungen gem. Artikel 21 SGB II ebenso durch einen Antrag auf Anhebung der Pfändungsfreigrenze vor einem Zugriff eines Gläubigers geschützt werden.

Hans Hurtig schreibt daher folgenden Brief an die Stadt-Bank:

> ....
> Entschuldung unter Berücksichtigung der Einbringungsmöglichkeiten Ihrer Forderung auf der Grundlage der Insolvenzordnung
> Ihr Zeichen:
>
> Sehr geehrte Damen und Herren,
> ich habe Schulden bei fünf verschiedenen Gläubigern in Höhe von insgesamt ca. 20000 Euro. Die von Ihnen vertretene Forderung beträgt 10000 Euro; dies entspricht einem Anteil von 50% der gesamten Verbindlichkeiten. Bei einer Unterhaltspflicht für meine fünfjährige Tochter ergeben sich derzeit bei einem Arbeitslosengeld von monatlich 800 Euro netto keine abzutretenden Beträge. Trotz intensiver Bemühungen habe ich noch keinen Arbeitsplatz gefunden. Dennoch bitte ich Sie, folgenden Entschuldungsplan zu akzeptieren, eine Verteilungsberechnung auf der Grundlage der Insolvenzordnung ist in Anlage beigefügt: Als vorrangige Abtretungsgläubigerin erhalten Sie die gemäß §§ 850 c, f ZPO pfändbaren Beträge ab 1.7.2004 auf Dauer von 2 Jahren. Sie werden meinen jeweiligen Einkommensverhältnissen angepasst.
> Auf Dauer von weiteren 4 Jahren erhalten Sie den Betrag, der nach Quote Ihrer Forderung in Höhe von 50% Ihnen anteilsmäßig an den gemäß §§ 850 c, f ZPO pfändbaren Beträgen zusteht.
> Unter der Voraussetzung, dass auf den weitergehenden Forderungsbetrag verzichtet wird, verpflichte ich mich, die pfändbaren Beträge Ihnen auf Dauer von 6 Jahren am jeweiligen Jahresende zu überweisen und Einkommensnachweise vorzulegen, Änderungen meiner Einkommens- und Familienverhältnisse unverzüglich mitzuteilen, jede zumutbare Arbeit anzunehmen und Vermögen, das durch Erbschaft erworben wird, zur Hälfte des Wertes anteilig herauszugeben.
>
> Mit freundlichen Grüßen

Die Stadt-Bank wird über diesen Entschuldungsplan wenig begeistert sein. Hans Hurtig ist jedoch verpflichtet, eine Einigung zu versuchen, ehe er die Eröffnung des Insolvenzverfahrens beantragen kann. Erst wenn die Gläubiger seinen Vergleichsvorschlag ablehnen, kann er einen Antrag auf Eröffnung eines Insolvenzverfahrens stellen. Wie anfangs beschrieben, kann das gerichtliche Verfahren nur betrieben werden, wenn zuvor ein außergerichtlicher Einigungsversuch unternommen wurde (s. S. 27f.).

Bei einem vorübergehend geringen Einkommen, bedingt z.B. durch Arbeitslosigkeit, wird ein so genannter **Zahlungsplan mit Besserungsoption** aufgestellt. Nach einem solchen Plan können Zahlungen nur dann erfolgen, wenn das Einkommen durch Arbeitsaufnahme innerhalb einer Laufzeit von 6 Jahren verbessert werden kann und pfändbare Beträge anfallen.

h) Beispielsfall: Bezieher von dauerhaft geringem Einkommen

Franz Brause bezieht Sozialhilfe. Aufgrund einer Behinderung ist er arbeitsunfähig. Er ist nicht in der Lage, auch nur kurzfristig am Tag zu arbeiten und kann daher kein Arbeitslosengeld II, das lediglich für erwerbsfähige Hilfebedürftige und ihre Angehörige vorgesehen ist, beziehen. Stattdessen erhält er Leistungen nach dem SGB XII in Form von Sozialhilfe. Sozialhilfe ist gem. § 17 SGB XII nicht pfändbar. Sofern Franz Brause Grundsicherung erhält, die außer bei Erwerbsminderung auch im Alter ab dem 65. Lebensjahr gezahlt wird, ist er ebenfalls unpfändbar, denn auch die Grundsicherung zählt zur Sozialhilfe.

Es ist egal, wie hoch die ausgezahlte Sozialhilfe ist: Sie ist in jedem Fall unpfändbar (s. S. 37).

Der Sozialhilfeempfänger Franz Brause müsste den Gläubigern plausibel aufzeigen, dass er auch langfristig Sozialhilfe in Anspruch nehmen muss, in unserem Beispiel, weil er dauerhaft wegen einer Erkrankung arbeitsunfähig ist. Herr Brause stellt folgenden **Erlassantrag** an die Gläubiger:

....
Erlassantrag
Ihr Zeichen:

Sehr geehrte Damen und Herren,
leider kann ich Ihre Forderung auch langfristig nicht abtragen, da ich nicht mehr erwerbsfähig sein kann und nur ein geringes Einkommen in Höhe von ... Euro beziehe. Ein Einkommensnachweis ist in Anlage beigefügt.
Aufgrund der vorliegenden wirtschaftlich schwierigen Situation können auch kleine Teilbeträge zur Schuldablösung nicht gezahlt werden. Ich bitte Sie daher, die Schulden vollständig zu erlassen.
Vorsorglich weise ich darauf hin, dass bei Ablehnung gemäß § 305 InsO ein Antrag auf Eröffnung eines Insolvenzverfahrens gestellt werden wird. Im Rahmen der Insolvenzordnung kann eine Restschuldbefreiung auch dann erteilt werden, wenn aufgrund von geringen Einkünften sich keine abzutretenden Beträge ergeben.

Mit freundlichen Grüßen

Bezieher von niedrigen Renten, Langzeiterkrankte und Langzeitsozialhilfeempfänger können also einen Antrag auf Erlass sämtlicher Schulden stellen, sofern absehbar ist, dass auch langfristig keine pfändbaren Beträge anfallen.

i) Beispielsfall: Ein Bürge

Für Sven Sorglos war es Ehrensache gewesen, für seinen guten Freund Kurt zu bürgen. »Dir kann nix passieren, ich hab' ja ein gutes Einkommen«, diese Worte von Kurt hatten Sven beruhigt. Kurt übernahm sich jedoch mit einer hohen Kreditaufnahme total, ein riesiger Schuldenberg wurde angehäuft. Kurt wird ein Insolvenzverfahren beantragen und ist nach Abschluss schuldenfrei. Die ortsansässige Sparkasse, die im Verfahren nur ein Bruchteil ihrer Forderung erhalten hat, wird sich nun an Sven Sorglos halten. Der hatte sich beim Abschluss des Kreditvertrages als Bürge zur Verfügung gestellt. Sven muss nun leider erfahren, dass er von Kurt sein schönes Geld nicht mehr zurückerhalten kann. Ein Bürge kann sich nicht mehr an den Schuldner halten, wenn dieser in einem Insolvenzverfahren eine Restschuldbefreiung erlangte. Der Schuldner Kurt wird gegenüber Rückgriffsansprüchen des Bürgen Sven in gleicher Weise befreit wie gegenüber den Insolvenzgläubigern (§ 301 Abs. 2 InsO). Sven Sorglos bleibt deshalb nichts anderes übrig, als dem Geldinstitut einen außergerichtlichen Vergleichsvorschlag zu machen und ggf. ein eigenes Insolvenzverfahren zu beantragen.

Hatte die Bank jedoch seinerzeit versäumt, Herrn Sorglos rechtzeitig auf den Zahlungsrückstand von Kurt hinzuweisen, bevor sie den Kredit kündigte, dann könnte Sven vor Gericht ziehen. Immerhin hätte er ja damals durch Übernahme der noch fälligen Kreditraten vermeiden können, es überhaupt zu einem Insolvenzverfahren kommen zu lassen, wenn ihn die Sparkasse rechtzeitig informiert hätte. In solchen Fällen sollte ein Anwalt zu Rate gezogen werden, der Kenntnis von der aktuellen Rechtsprechung zur Bürgschaft hat.

j) Beispielsfall: Ein Unterhaltsschuldner

Theo Tunichtgut hat zwar zwei Kinder in die Welt gesetzt, aber dann seine Allerliebste im Stich gelassen und das Weite gesucht. Neben einem Sack voll Schulden sind auch zahlreiche Unterhaltsschulden bei ihm aufgelaufen, bis ihn schließlich die Anwältin seiner Kinder, Frau Recht, gehörig in die Pflicht nimmt.

Theo kann nun versuchen, sich über die Rückzahlung der Schulden nicht nur mit seinen anderen Gläubigern, sondern auch mit Frau Recht zu einigen. Die **Unterhaltsrückstände** sind Schulden wie andere Verbindlichkeiten. Er wird daher auch der Anwältin ein Vergleichsangebot zukommen lassen, da er mittlerweile doch im Guten die Angelegenheit regeln möchte. Wenn Frau Recht allerdings sein Zahlungsangebot ablehnt und den gesamten Rückstand eintreiben will, kann Herr Sorglos ein Insolvenzverfahren beantragen.

Eine Restschuldbefreiung könnte Herr Sorglos allerdings wegen einer vorsätzlich begangenen unerlaubten Handlung gem. § 302 InsO nicht erlangen. Dagegen kann **laufender Unterhalt** nicht am Verfahren teilnehmen (§ 40 InsO). Pech für Theo, denn nun können neue Unterhaltsschulden entstehen, die er nach einem erfolgreichen Insolvenzverfahren abzutragen hat.

Um den laufenden Unterhalt zu bekommen, kann die Anwältin nun im so genannten **Vorrechtsbereich** bis zum Existenzminimum des Schuldners pfänden. Dies bedeutet, dass ein Unterhaltsgläubiger höhere Beträge als ein normaler Gläubiger pfänden kann. Da aber auf diesem Weg nur ein Bruchteil der anfallenden monatlichen »Vergnügungssteuer« von Theo beizutreiben ist, hat die clevere Anwältin Herrn Tunichtgut gefragt, ob er nicht freiwillig den laufenden Unterhalt für seine Kinder zahlen wolle. Theo ist einverstanden: Ihm ist lieber, wenn seine Kinder mehr Geld bekommen als die übrigen Gläubiger. Die abzuführenden pfändbaren Beträge richten sich nämlich nach der Zahl der zu unterhaltenen Personen, bei Theo sind dies seine beiden Kinder. Herr Tunichtgut verdient als ungelernter Arbeiter knappe 1278,25 Euro, die übrigen Gläubiger müssen sich mit den pfändbaren Beträgen von 5,11 Euro pro Monat zufrieden geben, die an sie verteilt werden; sie ständen sich viel besser, wenn Theo keine Kinder unterhalten würde und sind darüber erbost.

Bei Unterhaltsrückständen oder bei zu zahlendem laufendem Unterhalt sollte ein Anwalt oder eine Schuldnerberatung herangezogen werden, um die Unterhaltszahlungen auch im Rahmen eines außergerichtlichen Vergleichs zu berücksichtigen.

Laufender Unterhalt kann durch eine **Abtretung** abgesichert werden. Ob eine solche Abtretung vorrangig in einem Insolvenzverfahren bedient werden kann, ist z.Zt. umstritten. Eine solche Abtretung kann wie folgt formuliert werden:

Abtretungsvertrag
zur Sicherung von Unterhaltszahlungen
zwischen
Name: Geb.-Datum
Adresse:
als Unterhaltspflichtige/-r und Sicherungsgeber/-in
und
Name:
gesetzlich vertreten durch:
Adresse:
als Unterhaltsberechtigte/-r und Sicherungnehmer/-in
Zur Sicherung laufender von mir zu erbringender Unterhaltsleistungen/eines Unterhaltsrückstandes in Höhe von ... Euro trete ich folgende Einkommensanteile, Sozialleistungen und Vermögenswerte unwiderruflich ab:

- die nach §§ 850 c, f ZPO pfändbaren Anprüche auf Arbeitseinkommen, Abfindungen, Weihnachtsgelder und einmalige Zulagen;
- die jetzigen und künftigen Ansprüche auf Geldleistungen gemäß §§ 19, 21–25 und 29 SGB I gegenüber dem jeweils zuständigen Sozialleistungsträger, soweit diese gemäß §§ 53 und 54 SGB I übertragbar und pfändbar sind;
- sämtliche Ansprüche aus Versicherungen (insbesondere Guthaben/Rückkaufwert aus einer Kapitallebensversicherung), aus Spar-/Bausparverträgen sowie aus der Anlage vermögenswirksamer Leistungen, soweit diese pfändbar sind.

Die genannte Sicherheit ist auf die Höhe der gewährten Leistungen beschränkt. Der sozialhilferechtliche Bedarf bzw. Bedarf nach SGB II des Sicherungsgebers wird bei Offenlegung gewahrt. Der mit der Abtretung gesicherte oben genannte Betrag verringert sich anteilig um Tilgungsleistungen des/der Unterzeichnenden bis zur Offenlegung bzw. Rückübertragung aus dieser Abtretungserklärung. Die weitere Übertragung der Rechte aus dieser Abtretung bedarf der Zustimmung des/der Sicherungsnehmers/in. Nach vollständiger Rückzahlung werden die Rechte aus der vorliegenden Vereinbarung an den Sicherungsgeber rückübertragen, ohne dass es einer weiteren Abrede bedarf.

Der/die Sicherungsnehmer/-in nimmt die Sicherungsabtretung an.
Ort, Datum, Unterschrift Sicherungsgeber/-in:
Ort, Datum, Unterschrift Sicherungsnehmer/-in:

k) Beispielsfall: Ein Schuldner, der vorsätzlich eine unerlaubte Handlung begangen hat

Bruno Bösewicht muss wegen einer Schlägerei, die er anzettelte, Schmerzensgeld zahlen. Er wurde wegen Schwarzfahren zu einer Geldstrafe verurteilt, außerdem wurde er als rasanter Autofahrer beim Falschparken und Überfahren von Rotlicht erwischt. Als Arbeitgeber eines kleinen Betriebes zahlte er für einen Angestellten keinen Krankenkassenbeitrag. Bei all diesen Forderungen würde in einem späteren Gerichtsverfahren keine Restschuldbefreiung erteilt werden. Falls der Gläubiger diese Forderung im Insolvenzverfahren anmeldet, muss er erklären, dass die Forderung aus einer vorsätzlich unerlaubten Handlung stammt. Denn von der Restschuldbefreiung sind Schadensersatzpflichten aus einer vorsätzlich begangenen unerlaubten Handlung (z.B. wegen Diebstahl, Betrug, Steuerhinterziehung oder Unterschlagung) ausgenommen (§ 302 Nr. 1 InsO). Voraussetzung ist, dass eine solche Ausnahme von einer Restschuldbefreiung vom jeweiligen Gläubiger im Insolvenzverfahren beantragt und vom Gericht bestätigt wird. Weiterhin werden Geldstrafen, Geldbußen und Ordnungsgelder ebenfalls nicht von einer Restschuldbefreiung umfasst (§ 302 Nr. 2 InsO).

Möglicherweise wird ein Gläubiger einen Schuldner auch anzeigen, wenn dieser beispielsweise zum Zeitpunkt einer Warenbestellung nachweislich nicht zahlen konnte und dennoch eine Bestellung aufgab. Ob dabei tatsächlich Betrug in Betracht kommt oder ob es sich nur um einen Einschüchterungsversuch eines Gläubigers handelt, wird im Zweifel durch einen Anwalt oder eine Schuldnerberatung zu klären sein. Sollte die betreffende Forderung tatsächlich von einer Restschuldbefreiung ausgenommen sein, dann wird diese in einen Verteilungsplan mit aufgenommen. Es bleibt aber eine Restforderung übrig, die der Schuldner in seinem Zahlungsangebot berücksichtigen muss. Folgendes Schreiben ist daher sinnvoll:

> ....
> Vergleichsangebot auf der Grundlage der Insolvenzordnung
> Ihr Zeichen:
>
> Sehr geehrte Damen und Herren,
> bezüglich Ihrer Forderung teile ich Ihnen mit, dass ich diese in einem Schuldenbereinigungsplan mit einbezogen habe. Sie erhalten anteilsmäßig nach Höhe Ihrer Quote die gemäß §§ 850c, f ZPO pfändbaren Beträge auf Dauer von 6 Jahren. Ihre berechtigte Forderung könnte an einem Insolvenzverfahren teilnehmen. Sie würden nach Verteilungsberechnung ... Euro erhalten. Da Ihre Forderung jedoch gemäß § 302 InsO von der Erteilung einer Restschuldbefreiung ausgenommen ist, biete ich Ihnen zur Tilgung außerdem zusätzliche Raten in Höhe von ... Euro an, die ich Ihnen ab ... (Datum) zusichere.
>
> Mit freundlichen Grüßen

5. Wichtige Ratschläge für Vergleichsverhandlungen

Um Vergleichsverhandlungen mit Gläubigern erfolgreich zu bestehen, ist es ratsam, eine Checkliste anzuwenden und zu prüfen, ob folgende Hinweise im konkreten Fall umsetzbar sind:

- Lassen Sie von Fachleuten die Gläubigerforderungen überprüfen: Sind Kosten und Zinsen richtig berechnet worden? Ist die Forderung ganz oder teilweise verjährt? Ist die Abtretung rechtsgültig?
- Zahlen Sie nicht, wenn Ihr Einkommen unterhalb der Sozialhilfegrenze liegt.
- Zahlen Sie Raten nur dann an einen Gläubiger, wenn eine Einigung mit allen Gläubigern erreicht wurde.
- Verwerten Sie vorhandenes Vermögen, falls die Vergleichsverhandlungen scheitern sollten und ein Insolvenzverfahren eingeleitet werden muss. Bilden Sie Rücklagen, um mögliche Zahlungsengpässe zu überbrücken.
- Lassen Sie bei hohen Mieten und anderen Belastungen die abzutretenden Beträge herabsetzen.
- Lassen Sie die Verteilung der pfändbaren Beträge in einem Zahlungsplan von Fachleuten aufstellen.

- Ergänzen Sie Ihren Zahlungsplan mit einer Gleitklausel, damit die Ratenhöhe an veränderte Einkommen angepasst werden kann (Anpassungsklausel).
- Überprüfen Sie die Vergleichsvorschläge der Gläubiger.
- Prüfen Sie, ob Zwangsvollstreckungsmaßnahmen einzelner Gläubiger drohen. Nutzen Sie Schutzmöglichkeiten und treffen Sie entsprechende Vorkehrungen.
- Teilen Sie den Gläubigern mit, dass bei Scheitern der Verhandlungen ein Gerichtsverfahren eingeleitet wird.
- Weisen Sie darauf hin, dass in einem Insolvenzverfahren keine Zwangsvollstreckungsmaßnahmen zulässig sind.
- Heben Sie hervor, dass die den Gläubigern entstehenden Anwalts- und sonstigen Kosten nicht vom Schuldner ersetzt werden müssen.
- Informieren Sie eine Gläubigerminderheit, die Ihre Vergleichsvorschläge noch ablehnt, dass eine Gläubigermehrheit Ihren Vergleichsvorschlägen bereits zugestimmt hat. Weisen Sie darauf hin, dass das Insolvenzgericht die bisher fehlende Zustimmung der restlichen Gläubiger ersetzen kann.

Sollten Gläubiger Ihre Vergleichsvorschläge ablehnen und Ihnen unzumutbare Vorschläge unterbreiten, werden auf den Seiten 72 bis 78 weitere Hinweise für Nachverhandlungen gegeben.

III. Zwangsvollstreckung und außergerichtlicher Vergleich

1. Laufende Vergleichsverhandlungen

In der Vergangenheit war es so, dass ein Gläubiger so lange die pfändbaren Beträge erhalten konnte, bis die Forderung einschließlich aller Zinsen und Kosten restlos abbezahlt war. Er musste nur nach dem so genannten Windhundprinzip rechtzeitig vor den anderen Gläubigern seinen »Rang« sichern: Entweder konnte er eine rechtsgültige Abtretung vorweisen oder er hatte das Glück, zuerst einen Pfändungsbeschluss an den Arbeitgeber zustellen zu lassen. Nach der neuen Insolvenzordnung nun muss ein Gläubiger sich die pfändbaren Beträge mit seinen Mitkonkurrenten teilen. Bis zur Eröffnung eines Insolvenzverfahrens kann er allerdings noch einen Pfändungsbeschluss erwirken oder – sofern vorhanden – eine Lohnabtretung offenlegen. Es ist daher ratsam, die Gläubiger zu bitten, während der Zeit der außergerichtlichen Vergleichsverhandlungen keine Vollstreckungsmaßnahmen zu ergreifen:

....
Vergleichsverhandlungen auf der Grundlage der Insolvenzordnung
Ihr Zeichen:

Sehr geehrte Damen und Herren,
aufgrund meiner hohen Gesamtverschuldung kann ich derzeit Ihre Forderung nicht zahlen. Ich werde jedoch Ihnen und den übrigen Gläubigern in Kürze nach den Vorschriften der Insolvenzordnung einen Schuldenbereinigungsplan, in dem auf der Grundlage meines Einkommens Zahlungsvorschläge unterbreitet werden, zukommen lassen. Ich bitte Sie, während der Zeit der Vergleichsverhandlungen keine Vollstreckungsmaßnahmen zu ergreifen, insbesondere deshalb, um meinen Arbeitsplatz nicht zu gefährden.

Mit freundlichen Grüßen

Wichtig:
Informieren Sie den Arbeitgeber vorab, dass Vergleichsverhandlungen mit den Gläubigern geführt werden und dass im Fall ihres Scheiterns Antrag auf Eröffnung eines Insolvenzverfahrens gestellt werden wird.

Ein Informationsblatt zur Insolvenzordnung für den Arbeitgeber ist im Anhang auf Seite 196f. beigefügt.

2. Bereits bestehende Pfändungen

Hatte ein Gläubiger schon vor einer außergerichtlichen Einigung das Einkommen gepfändet, dann sollte er aufgefordert werden, die Vollstreckung spätestens bei erfolgreichem Abschluss der Vergleichsverhandlungen einzustellen.

Lässt der Gläubiger dennoch die Pfändung nicht einstellen, dann kann versucht werden, durch gerichtlichen Beschluss eines Vollstreckungsgerichtes die Zwangsvollstreckungsmaßnahmen gemäß § 765 a Absatz 4 ZPO vorübergehend aussehen zu lassen. Wenn es innerhalb von drei Monaten zu einer außergerichtlichen Einigung kommt oder das Verfahren eröffnet wird, dann verliert die Pfändung rückwirkend ihre Wirksamkeit. Der Schuldner sollte durch Vorlage der Bescheinigung einer geeigneten Person oder Stelle nachweisen, dass er auf der Grundlage eines Plans eine außergerichtliche Einigung mit seinen Gläubigern versucht. Einzelne Gerichte haben eine befristete Einstellung der Pfändung bejaht, so z.B. AG Elmshorn, 60M 1961/98 in VuR 2000, S. 352, eine befristete Einstellung bei offen gelegter Abtretung bejaht das AG Frankfurt/M. (83M 11732/2000).

Folgender Antrag an das Vollstreckungsgericht sollte bei einer Lohnpfändung vorab eines Verfahrens gestellt werden:

> ....
> Vollstreckungsschutz gemäß § 765 a ZPO, Pfändung, AZ: ...
>
> Ich beantrage die Aussetzung der Pfändung auf Dauer von drei Monaten gemäß § 765 a ZPO. Ich möchte aufgrund meiner hohen Überschuldung eine außergerichtliche Einigung mit allen Gläubigern erreichen, bei Scheitern wird ein Antrag auf Eröffnung eines Insolvenzverfahrens gestellt werden.
> Ein besonderes Schutzbedürfnis des Gläubigers, der die Vollstreckung betreibt, ist nicht gegeben, da seine Forderung anteilsmäßig in einem Verteilungsplan berücksichtigt wird. Ich bitte daher, durch ein zeitlich auf drei Monate begrenztes Vollstreckungsmoratorium eine gerichtliche Einigung mit allen Gläubigern zu ermöglichen und ggf. die notwendigen Verfahrenskosten zur Durchführung des Insolvenzverfahrens zu sichern.

Sollten die Einigungsverhandlungen nach drei Monaten noch nicht abgeschlossen sein, weil z. B. die Gläubigerantwort auf ein Vergleichsangebot noch aussteht, dann kann ein erneuter Antrag an das Gericht gestellt werden, die Aussetzung der Vollstreckungsmaßnahme um weitere drei Monate zu verlängern.

Sobald aber ein Antrag auf Eröffnung eines Insolvenzverfahrens gestellt wurde, kann das Gericht alle Zwangsvollstreckungen, zum Beispiel Pfändungen oder Gerichtsvollzieherbesuche, einstellen lassen. Angebracht ist deshalb der Hinweis, dass bei Ablehnung des Zahlungsangebots ein Insolvenzverfahren beantragt wird. Folgendes Schreiben kann der Schuldner an den pfändenden Gläubiger richten:

> ....
> Vergleichsvorschlag zur Ablösung der vorliegenden Verbindlichkeiten
> Ihr Zeichen:
>
> Sehr geehrte Damen und Herren,
> derzeit werden Ihnen aufgrund eines ausgebrachten Pfändungs- und Überweisungsbeschlusses (einer offen gelegten Abtretung) pfändbare Beträge in Höhe von ... Euro monatlich zugeteilt. Auf der Grundlage eines Schuldenbereinigungsplanes möchte ich sämtliche Schulden ablösen. Im Fall des Scheiterns der Vergleichsverhandlungen wird ein Antrag auf Eröffnung eines Insolvenzverfahrens gestellt werden, um eine Restschuldbefreiung zu erlangen.
> Bitte beachten Sie, dass Vollstreckungsmaßnahmen vom Gericht auf Antrag für die Dauer von drei Monaten ausgesetzt werden können, wenn der Schuldner durch Vorlage der Bescheinigung einer geeigneten Person oder Stelle nachweist, dass er auf der Grundlage eines Plans eine außergerichtliche Einigung mit seinen Gläubigern versucht. Ein solcher Antrag wird bei Ablehnung

meines Vergleichsangebotes gestellt werden. Weiterhin weise ich Sie darauf hin, dass ab Antragstellung gemäß § 21 Abs. 2 InsO eingestellt werden können und auf Dauer des Verfahrens gemäß § 89 Abs. 2 InsO unzulässig sind, und von Ihnen ein aufwändiges und kaum lukratives Verteilungsverfahren in Kauf genommen werden muss. In meinem Vergleichsangebot (in Anlage beigefügt) habe ich die Beträge, die Sie bis zum Beginn eines Insolvenzverfahrens und während eines Verfahrens bekommen, berücksichtigt.

Mit freundlichen Grüßen

Anlage: Vergleichsangebot

Möglicherweise geht der Gläubiger auf ein Vergleichsangebot nicht ein und pfändet unbeeindruckt weiter. Zur Absicherung der Existenz kann die **Pfändungsfreigrenze angehoben** und ein Antrag an das zuständige Amtsgericht gestellt werden.

- Bezieht der Schuldner eine Rente oder ist aus sonstigem Grund nicht erwerbsfähig, dann könnte es ein, dass er aufgrund einer Pfändung Sozialhilfe (Leistungen nach SGB XII) beziehen müsste.
  Nach Artikel 34 SGB XII kann (ab 1.1.2005) der pfändungsfreie Teil des Einkommens gem. § 850f Abs. 1a ZPO angehoben werden.
- Bezieht der Schuldner hingegen Arbeitseinkommen oder ist erwerbsfähig (Bezug von Arbeitslosengeld I), dann könnte es ein, dass er aufgrund einer Pfändung Arbeitslosengeld II (Leistungen nach SGB II) beziehen müsste. Nach Artikel 21 SGB II kann (ab 1.1.2005) der pfändungsfreie Teil des Einkommens gem. § 850f Abs. 1a ZPO angehoben werden.
- Wenn der Schuldner bereits Arbeitslosengeld II bezieht, dann können bei einer Pfändung diese Leistungen gem. Artikel 21 SGB II durch einen Antrag auf Anhebung der Pfändungsfreigrenze vor einem Zugriff eines Gläubigers geschützt werden.

Wichtig ist, dass bei allen Pfändungs- und Überweisungsbeschlüssen – also nicht nur bei dem Gläubiger, der zuerst eine Pfändung ausgebracht hatte – ein Antrag beim Amtsgericht gestellt werden muss. Es ist daher sinnvoll, sich vom Arbeitgeber die vorliegenden Pfändungsbeschlüsse und deren Aktenzeichen auflisten zu lassen. Ein Antrag an die zuständige Vollstreckungsabteilung des Amtsgerichts kann wie folgt abgegeben werden:

An das Amtsgericht
Vollstreckungsabteilung

Anhebung des pfändungsfreien Betrages gemäß § 850 f ZPO
Az.:

Aufgrund des beigefügten Pfändungs- und Überweisungsbeschlusses bitte ich, den pfändungsfreien Betrag anzuheben, mir den Bedarf
- gem. SGB XII als Sozialhilfeempfänger bzw.
- gem. SGB II als Erwerbsfähiger

als Freibetrag zu belassen und die in Anlage beigefügten Belastungen zu berücksichtigen. Bis zur rechtskräftigen Entscheidung über meinen Antrag beantrage ich, die Zwangsvollstreckung ohne Festsetzung einer Sicherheitsleistung einstweilen einzustellen.

Unterschrift

Anlage:
- Bescheinigung des Bedarfs gem. SGB XII (bei Sozialhilfeempfängern) oder gem. SGB II (bei Erwerbsfähigen)
- Einkommensnachweis
- Pfändungs- und Überweisungsbeschluss
- Meldebescheinigungen bzw. Nachweis über alle Haushaltsmitglieder
- Mietvertrag, Mietbelege, Nachweis der Heizungskosten
- ggf. Nachweise über sonstige hohe Belastungen (Fahrtkosten; Krankenkost: ärztliches Attest und Belege)

Pfändet ein öffentlich-rechtlicher Gläubiger, z.B. das Finanzamt, dann kann ein solcher Antrag nicht bei Gericht gestellt werden. Stattdessen sollte der Schuldner sich den pfändungsfreien Bedarf nach SGB XII oder nach SGB II vom Sozialamt oder von der Agentur für Arbeit bescheinigen lassen und der Behörde mit der Bitte, diesen bei laufender Pfändung zu beachten, zusenden. Die Ämter sind aufgrund ihrer jeweiligen Abgaben- oder Vollstreckungsordnung verpflichtet, den Sozialbedarf anzuerkennen. Werden aufgrund einer offen gelegten Abtretung die pfändbaren Beträge vom Arbeitgeber abgeführt, wird entweder ein Vollstreckungs- oder ein Prozessgericht den Antrag auf Anhebung der Pfändungsfreigrenze annehmen (s. S. 122f.).

Anders sieht es aus, wenn der Schuldner Sozialleistungen (z.B. Rente) bezieht: Hier ist der sozialhilferechtliche Bedarf bereits von Amts wegen zu berücksichtigen. Bekommt dennoch der Abtretungsgläubiger die pfändbaren Beträge vom Sozialleistungsträger zugeteilt, dann genügt es, wenn der Schuldner eine **Bedarfsbescheinigung** dem Träger der Sozialleistungen vorlegt (s. dazu auch S. 205f.).

Bei einer Kontenpfändung von Sozialleistungen (Arbeitslosengeld I und Arbeitslosengeld II, Rente, Sozialhilfe) muss die Bank den gesamten Betrag innerhalb von 7 Tagen auszahlen, wenn ein Nachweis vorgelegt wird. Eine Gesetzesänderung sieht künftig statt 7 Tagen einen Zeitraum von 14 Tagen vor. Bei einer Kontenpfändung des Gehalts wird dagegen die Bank das Konto sperren und nach 2 Wochen das gepfändete Guthaben an den Gläubiger überweisen. Daher muss der Schuldner schnell handeln. Er wird umgehend einen **Freigabeantrag** bei Gericht stellen und den Rechtspfleger bitten, die kontenführende Bank per Fax von der Entscheidung zu benachrichtigen:

> An das Amtsgericht
>
> Freigabeantrag gemäß § 850 k ZPO
> Auf das Konto bei der ... Bank, KontoNr. ... gehen lediglich Arbeitseinkommen und Kindergeld ein (Kontoauszüge und Einkommensbelege in Anlage beigefügt), die einer Pfändung aufgrund des vorliegenden Pfändungs- und Überweisungsbeschlusses, Az. ... unterliegen. Aufgrund § 850 k ZPO bitte ich, die gemäß §§ 850 c, f ZPO pfändungsfreien Einkommensanteile freizugeben. Bis zur Entscheidung über meinen Antrag bitte ich, die Zwangsvollstreckung ohne Festsetzung einer Sicherheitsleistung gemäß § 732 Abs. 2 ZPO einstweilen einzustellen und umgehend das kontoführende Geldinstitut zu informieren.
>
> Unterschrift

Wird ein Konto gepfändet, und hat ein Schuldner offensichtlich weder Vermögen noch pfändbares Einkommen (z.B. bei geringer Rente oder Dauerbezug von Sozialhilfe), dann kann auch eine Kontenpfändung gemäß § 765 a ZPO auf Antrag beim Amtsgericht ganz aufgehoben werden. Eine solche Zwangsvollstreckung bedeutet nur eine besondere Härte für den Schuldner und führt zu keinem wirtschaftlichen Erfolg beim Gläubiger, so haben zahlreiche Gerichte entschieden (siehe Stichwort Kontenpfändung Seite 129f.). Nach dem Entwurf (Stand 09/2004) eines Gesetzes zur Änderung der InsO, des Kreditwesengesetzes und anderer Gesetze wird gem. Art. 11 § 55 SGB I geändert: Wenn auf ein Konto überwiegend Sozialleistungen eingehen, dann ist eine Pfändung auf Antrag aufzuheben. Die Aufhebung wird 3 Monate nach Antrag wirksam.

Gesetzesiniativen zum Schuldnerschutz bei Kontenpfändungen

Derzeit (Stand 09/2004) liegt ein Gesetzesentwurf vor, die Problematik der Kontenpfändung gesetzlich neu zu regeln. (Der aktuelle Stand bzgl. eines Gesetzes kann über Schuldnerberatungsstellen oder Verbraucherzentralen erfragt werden.)

Die an eine Pfändung von Kontoguthaben geknüpfte Sperrung des Kontos sowie die im Weiteren drohende und oftmals ausgesprochene Kündigung der Geschäftsbeziehung durch das Geldinstitut hat für den Schuldner und seine Angehörigen schwerwiegende Folgen. Um Kontenpfändungen rückgängig zu machen, gehen viele Schuldner Zahlungsvereinbarungen gegenüber den Gläubigern ein, die sie selbst nicht halten können bzw. die sie in eine Notlage bringen.

In einer wachsenden Zahl von Einzelfällen haben Gerichte daraus die Schlussfolgerung gezogen, dass sich eine solche Pfändung als sittenwidrige Härte darstellen kann.

Ein Gesetzesentwurf sieht daher folgende Gesetzesänderungen vor:

Es bleibt stets für den Zahlungszeitraum (in der Regel ein Monat) der Betrag der laufenden Gehaltszahlung auf dem Konto stehen. Nur ein überschießender Betrag über 930 Euro wird von dem Verfügungsverbot der Pfändung betroffen und darf nach Ablauf von 14 Tagen an den Gläubiger ausbezahlt werden. Das heißt, dieser Betrag steht als Freibetrag sofort und dauerhaft bis zum nächsten Gehaltseingang auf dem Konto zur Verfügung.

Die Höhe dieses Freibetrages wird von der Bank anhand der Höhe der laufenden regelmäßigen Gehaltszahlungen bestimmt. Das Gehalt ist in der Regel gepfändet bzw. kann jederzeit auch gepfändet werden. Es entspricht daher meist bereits dem unpfändbaren Minimum. Hierzu gibt es Regelungen bei der Gehaltspfändung, die den Bedarf, die Unterhaltsberechtigten und andere Faktoren berücksichtigen. Wo dies auf Schwierigkeiten stößt, kann der Gepfändete Einkommensnachweise vorlegen oder es kann ersatzweise ein Freibetrag, etwa bei Selbständigen nach den selben Regelungen durch das Gericht bestimmt werden.

Ist die Höhe des Freibetrages nicht sofort bestimmbar, bleibt zunächst der absolute Mindestfreibetrag gemäß § 850c ZPO (zur Zeit 930 Euro) etwa für Lastschriften frei zur Verfügung. Der Freibetrag wird dann schnellstmöglich bestimmt.

Die Regelung entbürokratisiert das Verfahren ohne Schutzlücken entstehen zu lassen. Die Berechnung des Freibetrages erfolgt im wesentlichen über die Pfändung der Einkommensquelle, da dort einerseits die erforderlichen Daten zur Berechnung des Freibetrages verfügbar sind, andererseits der Gläubiger ohnehin nicht mehr pfänden kann, als unter Beachtung des Freibetrages auf dem Konto eingeht. Ist oder wird der Lohn gepfändet, würde jede aufwendige Neuberechnung auch nur zum Ergebnis kommen, dass nichts von diesem Kontoeingang an den Gläubiger ausgekehrt werden kann.

Nebeneffekt des Verfahrens ist, dass ein Arbeitseinkommen eines Familienangehörigen auf einem Konto mit mehreren Verfügungsberechtigten zunächst für einen Zahlungszeitraum in gleicher Weise genutzt werden kann. Eine Reduzierung des Verfahrens auf das erforderliche Maß schafft:

- Kostenersparnisse bei Staat, Kreditwirtschaft und überschuldetem Verbraucher,
- wahrt die Rechte der Gläubiger und
- unterbindet missbräuchliche Pfändungen ins Leere, die oft als reines Druckmittel gegenüber dem Überschuldeten eingesetzt werden.

3. Neue Pfändungen

Wenn ein Gläubiger eine Vollstreckungsmaßnahme (z.B. eine Pfändung) während des außergerichtlichen Einigungsversuches (ab Übersendung eines Planes an den Gläubiger) ausbringt, gilt dies als Verweigerung zur Zustimmung zu einer außergerichtlichen Schuldenbereinigung. In einem solchen Fall kann eine anerkannte Stelle oder ein Anwalt bescheinigen, dass der außergerichtliche Einigungsversuch gescheitert ist.

4. Guthabenschutz durch Wechsel des Geldinstitutes

Wenn der Schuldner bei seiner kontenführenden Bank ein Darlehen zurückzahlen muss, behält das Geldinstitut oft recht hohe Raten zur Kreditrückzahlung ein. Diese Beträge fehlen dem Schuldner, wenn er sich außergerichtlich mit allen Gläubigern (also nicht nur mit seiner Hausbank) einigen möchte.

Ist die Bank nicht mit einer wesentlichen Verringerung der Raten einverstanden, sollte der Schuldner die Bank auffordern, zu kündigen. Der Schuldner sollte ein Konto bei einem anderen Geldinstitut eröffnen. Hat er eine negative SCHUFA, wird er allerdings keinen Dispositionskredit mehr erhalten, sondern es wird ihm ein so genanntes **Guthabenkonto** eingeräumt werden. Das bedeutet, dass er nur über die Gelder, die tatsächlich auf dem Konto sind, verfügen kann.

Ein Guthabenkonto erhält der Schuldner bei vielen Geldinstituten, insbesondere bei Sparkassen – im Zweifel hilft eine Schuldnerberatung weiter.

Ein Kontenwechsel ist auch dann sinnvoll, wenn das Konto weit über den Dispositionskredit überzogen wurde und die Bank keine Miete mehr überweist oder Barauszahlungen sperrt. Das Geldinstitut ist jedoch gemäß § 394 BGB verpflichtet, die nach der Pfändungstabelle unpfändbaren Einkommensanteile (vgl. S. 201ff.) auszuzahlen. Bei Weigerung sollte eine Schuldnerberatung oder ein Anwalt eingeschaltet werden.

Darüber hinaus steht der pfändbare Anteil des Lohns, den die kontenführende Bank einbehalten (aufrechnen) darf, nicht mehr zur Verfügung, wenn er bereits abgetreten wurde. Im Regelfall liegt bereits eine Lohnabtretung einer Bank vor. Wenn dies nicht der Fall ist, wird sinnvollerweise eine Abtretung nach Abschluss von außergerichtlichen Vergleichen zugunsten aller vorhandenen Gläubiger gezeichnet. Auch im gerichtlichen Verfahren steht der pfändbare Teil einer kontenführenden Bank nicht mehr zur Verfügung, die entsprechenden Gelder bekommt ein Treuhänder vorab vom Arbeitgeber überwiesen (s. S. 109f.).

Das Geldinstitut kann mit folgendem Schreiben auf den Sachverhalt hingewiesen werden:

....
Kto.Nr.:

Sehr geehrte Damen und Herren,
im laufenden Monat wurden Barauszahlungen und Überweisungen von meinem Konto nur teilweise vorgenommen. Eine Aufrechnung von meinem eingehenden Einkommen kann gemäß § 394 BGB nur vorgenommen werden, wenn das Einkommen pfändbar ist. Der pfändbare Teil meines Einkommens wurde jedoch bereits an alle Gläubiger zur Tilgung der gesamten Schulden abgetreten und steht Ihnen nicht mehr zur Verfügung.
Um eine Feststellungsklage zu vermeiden, bitte ich, das gegenwärtige und zukünftig eingehende Gehalt freizugeben. Ihre vorliegenden Verbindlichkeiten werden von meinem Vergleichsvorschlag vom ... auf der Grundlage der künftigen Insolvenzordnung miterfasst.

Mit freundlichen Grüßen

5. Die treuhänderische Abtretung

Liegt weder ein Pfändungsbeschluss eines Gläubigers noch eine rechtsgültige Abtretung älteren Datums vor, kann der Schuldner sich bis zu einem erfolgreichen Abschluss der außergerichtlichen Vergleichsverhandlungen schützen: Er kann bereits vor einem Insolvenzverfahren durch eine treuhänderische Abtretung den pfändbaren Teil seines Einkommens dem Zugriff der Gläubiger entziehen. Dies ist dann sinnvoll, wenn der Arbeitgeber Abtretungen grundsätzlich oder nachträglich anerkennt. Ein Muster eines solchen Vertrages ist im Anhang auf Seite 198 aufgeführt.

Hinweis:
Suchen Sie sich eine Vertrauensperson, die eine Treuhänderschaft übernimmt, zum Beispiel einen Betriebsrat oder Pfarrer, dem das pfändbare Einkommen abgetreten werden sollte. Es wird allen Gläubigern zur Schuldentilgung zur Verfügung gestellt.

Wenn kein ehrenamtlicher Treuhänder gefunden wird, kann auch im außergerichtlichen Vergleich ein vom Gericht in anderen Verfahren tätig werdender Treuhänder beauftragt werden. Die dann von den pfändbaren Beträgen abgezogenen Kosten, die ein Treuhänder wie im gerichtlichen Verfahren beanspruchen wird, werden möglicherweise die Gläubiger akzeptieren: Sie haben ja die Gewissheit, dass ihr Anteil an den pfändbaren Beträgen ihnen auf Dauer der gesamten Laufzeit richtig berechnet und ordnungsgemäß zugeteilt wird. Adressen von Treuhändern erhalten Sie von einer Schuldnerberatungsstelle.

Wurden die Vergleiche erfolgreich abgeschlossen, wird der Treuhänder aufgrund eines Schuldenbereinigungsplans die Beträge verteilen. In der Rechtsprechung wird dies als zulässig angesehen, sofern eine Gleichbehandlung aller Gläubiger gesichert und eine Rückübertragung an den Schuldner ausgeschlossen ist.

6. Ausschluss von Lohnabtretungen durch den Arbeitgeber

In vielen Fällen hat ein Schuldner bereits eine Lohnabtretung (zum Begriff siehe Seite 79), die in Kreditverträgen enthalten ist, unterzeichnet. Der Arbeitgeber kann allerdings Lohnabtretungen ausschließen oder von seiner nachträglichen Zustimmung abhängig machen. Dies ist in manchen Arbeitsverträgen bereits so festgehalten. Ein Ausschluss einer Lohnabtretung hat den Vorteil, dass ein Abtretungsgläubiger dann nicht mehr vorrangig die pfändbaren Teile des Einkommens erhalten werden wird. Vielmehr werden alle Gläubiger gleichrangig nach Höhe Ihrer Forderung anteilsmäßig bedient. Außerdem können die Verfahrenskosten ab Eröffnung des Verfahrens vorrangig aus den pfändbaren Beträgen beglichen werden, wenn kein Abtretungsgläubiger zuerst bedient werden muss. Auch bei geringfügigen pfändbaren Beträgen können gestundete Gerichts- und Treuhänderkosten noch im Lauf des Verfahrens abgetragen werden.

IV. Ablehnung der Vergleichsvorschläge durch die Gläubiger und Nachverhandlungen

1. Prüfung der Zahlungsaufforderungen der Gläubiger

Im außergerichtlichen Einigungsversuch kann es nun sein, dass einzelne Gläubiger die Angebote des Schuldners ablehnen und auf wesentlich höheren Ablösesummen bestehen. Bevor es die Insolvenzordnung gab, konnte ein Gläubiger sich mit der Beitreibung 30 Jahre lang Zeit lassen, sofern er einen Vollstreckungstitel bei Gericht erwirkt hatte. »Was heute nicht ist, das bekomme ich morgen«, nach diesem Motto beharrten viele Gläubiger auf Abzahlungsvorschlägen, die der Schuldner mit seinem vorhandenen Einkommen erst bei langer Laufzeit erfüllen konnte. Andere Gläubiger setzten auf Einschüchterung, drohten mit dem Gericht.

Auch Heinz Becker hatte in der Vergangenheit dem Gerichtsvollzieher, der häufig »Gast« bei ihm war, kleine Geldbeträge mitgegeben, um erst einmal Ruhe zu haben. Um Schulden »loszuwerden«, erledigte er vorab kleinere Forderungen. Sein Motto, »die Schulden der Reihe nach abbezahlen«, hat ihm jedoch nicht viel genützt. Das Geld, das er vorab den Gläubigern gab, hätte er besser ansparen sollen: Möglicherweise hätte er mit dem angesparten Betrag ein zusätzliches Vergleichsangebot machen können. Nun steht Heinz Becker ohne Ersparnisse dumm da: »Hätte ich doch bloß dem breitschultrigen Eintreiber vom Inkassodienst nicht mein sauer verdientes Geld damals gegeben« – diese Erkenntnis kommt zu spät! Heinz Becker bekam nun kurz vor In-Kraft-Treten der Insolvenzordnung einen Brief vom Inkassobüro Teufel:

> ....
> Unser Zeichen: AZ007
>
> Sehr geehrter Herr Becker,
> leider führten in der Vergangenheit unsere Zahlungserinnerungen nicht zum Ausgleich des vorliegenden Rückstandes. Eine Übergabe der Angelegenheit an unsere Anwälte lässt sich vermeiden, wenn innerhalb der nächsten 4 Wochen der Betrag von 1533 Euro auf unser Konto eingeht. Zögern Sie nicht, denn wir ermäßigen unsere derzeitige Forderung um 50 % des fälligen Gesamtbetrages.
>
> Mit freundlichen Grüßen

»Das ist doch ein bombiges Angebot«, freute sich Heinz Becker, muss sich jedoch von seiner Ehefrau Hilde belehren lassen, dass er auf keinen Fall 1533 Euro aufbringen könne. Eine Schuldnerberatung habe errechnet, dass das Inkassobüro Teufel in einem Insolvenzverfahren nur 705 Euro insgesamt bekäme. Herr Becker teilt dies postwendend dem Gläubiger mit und bietet an, diese Summe als einmaligen Ablösebetrag zu zahlen.

Wichtig:
Vorsicht ist also bei Lockangeboten von Gläubigern, insbesondere von Inkassodiensten, geboten. Die Schuldner sollten sich nicht unter Druck setzen lassen, sondern auf die zur Verfügung stehenden abtretbaren Beträge hinweisen und bei Ablehnung des Vergleichsvorschlages ein Insolvenzverfahren beantragen.

2. Ablehnung der Altfallregelung

Der Schuldner sollte in seinem Vergleichsvorschlag eine sechsjährige Laufzeit der Zahlungen ansetzen. Eine verkürzte Laufzeit von 5 Jahren, die sog. Altfallregelung, galt nur bei Verfahren, die bis zum 1.12.2001 eröffnet wurden. Eine Verkürzung der Wohlverhaltensphase auf fünf Jahre ist in Insolvenzverfahren, die ab dem 1.12.2001 eröffnet worden sind, nicht mehr möglich – entsprechende Vergleichsvorschläge werden daher von Gläubigern abgelehnt werden.

3. Ablehnung wegen Zweifel an der Richtigkeit der Angaben zu Einkommen und Vermögen

Es kann sein, dass die Gläubiger von einem wesentlich höheren Einkommen ausgehen oder vermuten, dass ihnen Vermögen verschwiegen wurde: Der große Mercedes vor der Haustür, das Aktienpaket, das Wochenendhaus im Grünen – wenn ein Schuldner dies alles nicht hat, kann er beruhigt den Gläubigern eine **eidesstattliche Versicherung** anbieten. Es steht im Ermessen des Gläubigers, nach einem erfolglosen Pfändungsversuch ein solches Verfahren zu beantragen. Viele Schuldner haben davor unbegründete Angst: Bei Gericht werden lediglich Einkommen und Vermögen erfasst, die Angaben müssen der Wahrheit entsprechen. Kommt der Schuldner der Ladung des Gerichts zur Abgabe einer eidesstattlichen Versicherung allerdings nicht nach, kann der Gläubiger Haftbefehl beantragen.

Nach Ablegung der eidesstattlichen Versicherung erhält der Gläubiger eine Kopie des Fragebogens, der Eintrag bei Gericht hat drei Jahre lang Gültigkeit. Wenn ein Schuldner nichts zu verbergen hat, kann er getrost den Gläubigern seine Vermögensverhältnisse offenlegen und eine eidesstattliche Versicherung anbieten. Er kann z.B. folgenden Brief schreiben:

....
Schuldenregulierung
Ihr Zeichen:

Sehr geehrte Damen und Herren,
leider haben Sie mein Vergleichsangebot abgelehnt. Bevor ich nunmehr ein Insolvenzverfahren mit dem Ziel, eine Restschuldbefreiung zu erlangen, einleiten werde, bitte ich Sie nochmals, mein Zahlungsangebot zu prüfen und anzunehmen. Ich besitze kein Vermögen, ein höherer pfändbarer Ertrag wird sich nicht ergeben, da ich in absehbarer Zeit in Rente gehe. Ich bin bereit, auf Ihre Kosten eine eidesstattliche Versicherung abzulegen, um zu belegen, dass meine Angaben der Wahrheit entsprechen.

Mit freundlichen Grüßen

4. Ablehnung durch eine Gläubigerminderheit

Hat bereits eine Gläubigermehrheit dem Vergleichsvorschlag zugestimmt, sollte dies einem allzu hartnäckigen Gläubiger mitgeteilt werden. Weigert er sich weiterhin und betreibt eine geringfügigere Forderung als seine Konkurrenten, dann kann seine Ablehnung im gerichtlichen Schuldenbereinigungsplanverfahren ersetzt werden, sofern der Richter ein solches Verfahren einleitet. Dies hat zur Folge, dass der ablehnende Gläubiger nunmehr das Angebot des Schuldners annehmen muss – ob es ihm passt oder nicht!

In einem Insolvenzverfahren nennt man die **Gläubigermehrheit** auch **Kopf- und Summenmehrheit**. Die Gläubigermehrheit muss höhere Forderungen als die Gläubigerminderheit haben.

Folgendes Schreiben kann an Gläubiger, die einem Vergleich nicht zustimmen wollen, gerichtet werden:

....
Vergleichsvorschlag zur Ablösung der vorliegenden Verbindlichkeiten
Ihr Zeichen:

Sehr geehrte Damen und Herren,
leider konnten Sie den von mir angebotenen Vergleichsvorschlag nicht akzeptieren. Ich würde gern einer außergerichtlichen Einigung im Wege eines Vergleichs den Vorzug geben, weise allerdings darauf hin, dass im Fall eines Scheiterns der Verhandlungen ein Antrag auf Eröffnung eines Insolvenzverfahrens gemäß der Vorschriften der §§ 305ff. InsO gestellt werden wird. Bei Durchführung des Schuldenbereinigungsverfahrens ersetzt das Insolvenzgericht gemäß § 309 Abs. 1 InsO Einwendungen eines Gläubigers gegen einen vorgelegten Schuldenbereinigungsplan durch eine Zustimmung, wenn eine Kopf- und Summenmehrheit der Gläubiger den Plan annimmt. Im vorliegenden Fall ist dies anzunehmen, da eine Mehrheit der übrigen Gläubiger bereits einer vergleichsweisen Ablösung der Verbindlichkeiten zugestimmt hat. Die zustimmenden Zuschriften sind in Anlage beigefügt.
Ich gehe davon aus, dass Sie ein aufwändiges Insolvenzverfahren vermeiden möchten und bitte um nochmalige Überprüfung Ihrer Entscheidung.

Mit freundlichen Grüßen

Anlage: Vorliegende Einverständniserklärungen der Gläubiger

5. Ablehnung durch einen vorrangigen Gläubiger – Information der vergleichsbereiten Gläubiger

Es kann nun sein, dass ein Gläubiger trotz Nachverhandlungen auf höheren Zahlungen beharrt. In diesem Fall sollten weitere Gläubiger, die einem Vergleich bereits zugestimmt haben, über den Sachstand informiert werden.

....
Vergleichsvorschlag zur Ablösung der vorliegenden Verbindlichkeiten
Ihr Zeichen:

Sehr geehrte Damen und Herren,
ich bedauere, Ihnen derzeit kein Angebot, die vorliegende Forderung abzulösen, unterbreiten zu können. Ein vorrangiger Gläubiger erhält derzeit noch die pfändbaren Einkommensanteile, eine vergleichsweise Einigung ist nicht möglich. Pfändbare Sachwerte sind nicht vorhanden, Vollstreckungsversuche Ihrerseits werden auf lange Zeit fruchtlos sein. Bitte haben Sie Verständnis, dass aufgrund meiner wirtschaftlichen Situation und der Gesamthöhe der Schulden Ratenzahlungen nicht erfolgen können. Ich werde in Kürze zur Ablösung der Schulden einen Zahlungsplan allen Gläubigern vorlegen und bei Ablehnung sobald wie möglich ein Insolvenzverfahren beantragen. Ich bitte, die Angelegenheit bis dahin zum Ruhen zu bringen.

Mit freundlichen Grüßen

6. Ablehnung von zumutbaren Vergleichsangeboten – Rechtsmissbrauch?

Ein Gläubiger, der beharrlich alle vernünftigen Vergleichsangebote verweigert, handelt möglicherweise rechtsmissbräuchlich. Rechtsmissbrauch ist anzunehmen, wenn das Scheitern eines fairen Vergleichs dem Schuldner hohen Schaden zufügt, wenn er z.B. droht, durch Pfändungen seinen Arbeitsplatz zu verlieren, ehe er ein Insolvenzverfahren zu seinem Schutz einleiten kann. Bei drohendem Arbeitsplatzverlust aufgrund von Lohnpfändungen kann gemäß § 765 a ZPO beantragt werden, die Zwangsvollstreckung einzustellen, insbesondere dann, wenn ein künftiges Insolvenzverfahren angestrebt wird. Der Schuldner sollte anwaltliche Hilfe in Anspruch nehmen.

7. Ablehnung wegen Vorwurfs des Betruges

Es kann sein, dass der Gläubiger dem Schuldner mit einer Anzeige wegen Betruges droht und einen Vergleich ablehnt, da es sich um eine vorsätzlich begangene unerlaubte Handlung handele, für die es keine Restschuldbefreiung gibt (siehe auch Seite 60f.).

Ob tatsächlich Betrug in Betracht kommt, wenn ein Schuldner zum Zeitpunkt einer Warenbestellung nachweislich nicht zahlen konnte und dennoch eine Bestellung aufgab, oder ob es sich nur um einen Einschüchterungsversuch eines Gläubigers handelt, wird im Zweifel durch einen Anwalt oder eine Schuldnerberatung zu klären sein. Sollte ein solcher Vorwurf nicht zutreffen, dann kann dem Gläubiger folgendes Schreiben zugesandt werden:

....

Vergleichsvorschlag zur Ablösung vorliegender Verbindlichkeiten
Ihr Zeichen:

Sehr geehrte Damen und Herren,
Sie teilten mir vor kurzem mit, dass Sie meinen Vergleichsvorschlag ablehnen und sich eine Anzeige wegen Betruges gegen mich vorbehalten. Meines Erachtens liegen die erforderlichen Tatbestände, die zu einer Verurteilung wegen Betruges gemäß § 263 StGB führen könnten, nicht vor.
Bitte beachten Sie, dass der erforderliche Vorsatz, den Kreditgeber zu schädigen, zu keinem Zeitpunkt gegeben war. Tatsächlich habe ich zum Zeitpunkt der Kreditaufnahme die ernsthafte Absicht gehabt, den Kredit zurückzuzahlen.
Nach Vertragsabschluss wurden zunächst die vereinbarten Raten gezahlt. Die Zahlungseinstellung erfolgte erst später, da ich arbeitslos wurde. Dieses Ereignis war nicht vorhersehbar.

Um den Tatbestand eines Kreditbetruges zu erfüllen, hätte ich nach Auskunft einer Schuldnerberatung über Tatsachen, die meine Kreditwürdigkeit betreffen, wahrheitswidrige Angaben machen müssen. Tatsächlich jedoch wurde mein Einkommen wahrheitsgemäß angegeben.

Mit freundlichen Grüßen

8. Sichere Zuteilung der jeweiligen Beträge durch einen Treuhänder im außergerichtlichen Vergleich

In Nachverhandlungen sollte der Schuldner immer darauf hinweisen, dass im Fall des Scheiterns eines außergerichtlichen Vergleichs ein Antrag auf Eröffnung eines Insolvenzverfahrens gestellt werden wird. Eine außergerichtliche Einigung hat für Schuldner und Gläubiger Vorteile: Für den Schuldner entfallen Gerichtsgebühren eines Verfahrens, die bei Stundung der Kosten nach der Wohlverhaltenszeit gezahlt werden müssen, der Gläubiger spart Anwaltskosten usw., die er in einem Verfahren dem Schuldner nicht in Rechnung stellen kann, sondern selbst bezahlen muss. Weiterhin wird in den Vergleichsvorschlägen berücksichtigt, dass der Gläubiger bei einer möglichen Einkommenssteigerung anteilsmäßig höhere Beträge erhält. Auch auf diesen Punkt sollte der Schuldner hinweisen. Viele Gläubiger lehnen dennoch den außergerichtlichen Vergleich ab, da sie nicht sicher sind, ob sie tatsächlich auf Dauer der langen Laufzeit die zugesicherten Beträge erhalten. Andere wiederum bezweifeln, dass der Schuldner in der Lage ist, bei verändertem Einkommen die Verteilungsquoten richtig zu berechnen. Hier kann ein Treuhänder nützlich sein, der sicherstellt, dass die pfändbaren Beträge den Gläubigern zukommen (Näheres dazu im Kapitel III, 5. Die Treuhänderische Abtretung, S. 70).

....

Vergleichsvorschlag zur Ablösung der vorliegenden Verbindlichkeiten
Ihr Zeichen:

Sehr geehrte Damen und Herren,
leider konnten Sie den von mir angebotenen Vergleichsvorschlag nicht akzeptieren.
In meinem Ihnen bereits zugesandten Schuldenbereinigungsplan wurden mögliche Einkommensverbesserungen auf die Dauer der gesamten Laufzeit des Vergleichs bereits zu Ihren Gunsten berücksichtigt. Bei einer solchen Einkommenssteigerung erhalten Sie nach Höhe Ihres Anteils an den pfändbaren Beträgen eine höhere Auszahlung!
Zu Ihrer Sicherheit hat sich der für mich zuständige Lohnbuchhalter meiner Firma, Herr Sorgfalt, bereit erklärt, die jeweiligen Verteilungsquoten meinem wechselnden Einkommen anzupas-

sen und zu garantieren, dass Ihr Anteil an den pfändbaren Beträgen Ihnen auf Dauer der gesamten Laufzeit ordnungsgemäß zugeteilt wird.
Ich würde gerne einer außergerichtlichen Einigung im Wege eines Vergleichs den Vorzug geben, weise allerdings darauf hin, dass im Fall eines Scheiterns der Verhandlungen ein Antrag auf Eröffnung eines Insolvenzverfahrens gestellt werden wird, um eine Restschuldbefreiung zu erlangen.
In diesem Zusammenhang bitte ich zu berücksichtigen, dass gemäß § 310 InsO Gläubiger gegen den Schuldner keinerlei Anspruch auf Erstattung der Kosten haben, die bei Durchführung eines Schuldenbereinigungsplanverfahrens entstehen, und dass sich Ihre Anteile an den pfändbaren Beträgen, die im Rahmen des Verfahrens abgeführt werden, noch um Treuhändergebühren und um Verfahrenskosten verringern werden.

Mit freundlichen Grüßen

V. Was ist zu tun, wenn alle Gläubiger zustimmen?

Wenn alle Gläubiger einem außergerichtlichen Vergleichsangebot zustimmen, muss der Schuldner regelmäßig und pünktlich zahlen, sonst »platzen« die Vergleiche. Dies kann zur Folge haben, dass ein Gläubiger erneut Zwangsvollstreckungsmaßnahmen einleitet. Daher sind auf Dauer der Vergleichslaufzeit einige Punkte zu beachten:

1. Einhaltung ausgehandelter Vergleiche

Kehren wir noch einmal zu unserem Schuldner Heinz Becker zurück. Er hatte Glück: Alle Gläubiger waren einsichtig und stimmten seinen Vergleichsvorschlägen zu. Zunächst zahlte Heinz regelmäßig und pünktlich die ausgehandelten Beträge. Doch dann musste er unbedingt seiner Angetrauten einen teuren Wintermantel, Kleider und Schmuck kaufen und konnte deswegen seine Schulden nicht mehr abbezahlen. Einige Zeit später machte er ein langes Gesicht, als er einen Brief von der Village-Bank las:

....
Laufende Ratenzahlungen
Unser Zeichen:

Sehr geehrter Herr Becker,
leider sind Sie seit einiger Zeit mit Ihren fälligen Raten in Rückstand geraten und haben diese trotz wiederholter Mahnung nicht beglichen. Daher sehen wir den ausgehandelten Vergleich als hinfällig an, werden die Gesamtforderung abzüglich geleisteter Zahlungen wieder geltend machen und uns Zwangsvollstreckungsmaßnahmen vorbehalten.

Mit freundlichen Grüßen

Herr Becker denkt mit Grausen an die restlichen 18000 Euro, die er nun der Village-Bank zahlen muss, und an seinen alten Bekannten, den Gerichtsvollzieher. Wenn Heinz Becker nun keinen annehmbaren Zahlungsvorschlag dem Gläubiger vorlegen kann, den die Bank akzeptiert, dann wird diese den Lohn pfänden. Herr Becker kann dann die anderen ausgemachten Raten nicht mehr zahlen. Alle mühsam ausgehandelten Vergleiche werden hinfällig und Heinz Becker muss von neuem versuchen, sich mit seinen Gläubigern zu einigen.

2. Absicherung durch Lohnabtretung

Um die ausgehandelten Vergleiche abzusichern, sollte ein Schulder den pfändbaren Teil seines Gehaltes an einen Treuhänder (s. S. 109) abtreten, der die Verteilung der Gelder sichert. Steht kein Treuhänder zur Verfügung, dann sollten die pfändbaren Beträge direkt zugunsten der vergleichsbereiten Gläubiger abgetreten werden. Dies ist sinnvoll, weil ein zusätzlicher Gläubiger, der vom Schuldner »vergessen« wurde, auftauchen und Pfändungsmaßnahmen ergreifen könnte.

Was ist eine **Lohnabtretung**? Dieser Begriff war für Heinz Becker neu. Eine Schuldnerberatung klärte ihn auf: Wenn ein Schuldner eine Lohnabtretung unterzeichnet, ist er einverstanden, dass der Gläubiger bei Zahlungsschwierigkeiten (Verzug) seine Forderung direkt beim jeweiligen Arbeitgeber einziehen kann. Lohnabtretungen müssen bestimmte Anforderungen erfüllen, um wirksam zu sein. Vor allem Lohnabtretungen, die vor 1992 unterzeichnet wurden, aber auch Abtretungen späteren Datums sind nach geltender Rechtsprechung oft ungültig und müssen daher nicht bedient werden. Im Anhang auf Seite 197f. finden Sie eine Checkliste. Mit dieser Liste kann geprüft werden, ob eine Lohnabtretung den Anforderungen, die die Rechtsprechung des BGH an rechtsgültige Abtretungsklauseln stellt, genügt. Es lohnt sich, vorliegende Verträge durch eine Schuldnerberatung oder einen Anwalt überprüfen zu lassen. Im Hinblick auf das Insolvenzrecht – Abtretungen werden in den ersten 2 Jahren bevorzugt behandelt (s. S. 41) – kann es wichtig sein, bestimmte Gläubigerforderungen durch eine Abtretung abzusichern, vor allem rückständige Unterhaltsansprüche von Kindern und ehemaligen Ehepartnern, Mietrückstände und private Darlehen.

Heinz Becker zum Beispiel hatte bereits 1988 Geld von seinem Vater erhalten und nicht beglichen. Der Haussegen stand schief, weil Heinz das überfällige Geld, das mittlerweile 2556 Euro beträgt, nicht zurückzahlen konnte. Hätte der Vater Anton Becker damals bei Abschluss des privaten Darlehens eine rechtsgültige Abtretungserklärung von seinem Sohn unterzeichnen lassen, könnte eine solche Abtretung offengelegt werden und wäre in einem Insolvenzverfahren vorrangig vor der Abtretung der Village-Bank, die jüngeren Datums ist. Schade – in unserem Beispiel hat Senior Becker keine Abtretung in der Hand.

Eine solche Erklärung hätte z.B. so aussehen können:

Abtretungserklärung

Hiermit erklärt der/die Unterzeichnende
Name: Heinz Becker
Geb.-Datum: 12.12.1950
Adresse: Heinestr. 13, 60322 Frankfurt/M.
zur Sicherung eines am 10.1.1988 gewährten Darlehens in Höhe von 2556 Euro folgende pfändbaren Einkommensanteile und Sozialleistungen an Herrn Anton Becker, Eichhörnchenpfad 1, 65933 Frankfurt/M. unwiderruflich abzutreten:

- die nach §§ 850 c, f ZPO pfändbaren Ansprüche auf Arbeitseinkommen, Abfindungen, Weihnachtsgelder und einmalige Zulagen,
- die jetzigen und künftigen Ansprüche auf Geldleistungen gemäß §§ 19, 21–25 und 29 SGB I gegenüber dem jeweils zuständigen Sozialleistungsträger, soweit diese gemäß §§ 53 und 54 SGB I übertragbar und pfändbar sind.

Die genannte Sicherheit ist auf die Höhe des gewährten Darlehens beschränkt. Die Sicherheit wird nur in Anspruch genommen, wenn der Unterzeichnende mit der Tilgung der Forderung in Verzug gerät und mindestens zwei Monatsraten offen sind.
Vereinbart werden zur Rückzahlung des Darlehens Monatsraten in Höhe von 154 Euro, zahlbar ab 1.2.1989.
Der mit der Abtretung gesicherte oben genannte Betrag verringert sich anteilig um Tilgungsleistungen des Unterzeichnenden bis zur Offenlegung bzw. Rückübertragung aus dieser Abtretungserklärung. Nach vollständiger Rückzahlung werden die Rechte aus der vorliegenden Vereinbarung an den Sicherungsgeber rückübertragen, ohne dass es einer weiteren Abrede bedarf.

Frankfurt, den 10.1.1988
Unterschrift des Sicherungsgebers: Heinz Becker
Unterschrift des Sicherungsnehmers: Anton Becker

3. Vermeidung von Zahlungsengpässen

Falls möglich, sollte mit dem Arbeitgeber eine Vereinbarung getroffen werden, Gläubigerraten vorab vom Arbeitslohn des Schuldners zu begleichen und ihm den restlichen Betrag des Gehaltes zu überweisen. Verhindert wird somit, dass die nötigen Gläubigerzahlungen bei fehlender Kontendeckung von der kontenführenden Bank nicht ausgeführt und die vereinbarten Vergleiche dann hinfällig werden.

Um zu vermeiden, dass vereinbarte Raten nicht gezahlt werden können, und um eine erneute Verschuldung zu verhindern, sollte ein **Haushaltsplan** aufgestellt werden: Die monatlichen Einnahmen werden allen Ausgaben gegenübergestellt. Überflüssiges sollte zudem gestrichen werden. Ein Muster eines Haushaltsplans ist im Anhang auf Seite 208 aufgeführt. Heinz Becker zum Beispiel verkaufte erst nach beständigem Drängen seiner Gattin den betagten Ford. Das Vehikel war ein Fass ohne Boden, das ständig zusätzliche Kosten verursachte. Mürrisch stimmte er auch der Kündigung der Glasbruchversicherung zu und kündigte die Mitgliedschaft im Buchklub.

Sicherlich ist es für manchen Schuldner hart, über einen langen Zeitraum auf einen Teil seines Einkommens zu verzichten. Dennoch führt kein Weg daran vorbei, während des Zeitraumes der Entschuldung sparsam zu leben und überflüssige Ausgaben zu vermeiden. Andernfalls kann allzu schnell eine vereinbarte Schuldentilgung wie ein Kartenhaus zusammenbrechen: Können vereinbarte Vergleichsraten nicht gezahlt werden, muss der Schuldner versuchen, neue Vergleiche abzuschließen. Dazu sollte er sofort Kontakt mit den Gläubigern aufnehmen und neue Vereinbarungen aushandeln. Ansonsten drohen Vollstreckungsmaßnahmen wie Pfändungen und Gerichtsvollzieherbesuche.

Stimmen einzelne Gläubiger den erneuten Vergleichsangeboten nicht mehr zu, muss das gerichtliche Verfahren beschritten werden. Auch hier bleibt dem Schuldner nichts anderes übrig, als noch einmal von vorn anzufangen: Bisherige Zeiten der Schuldentilgung im außergerichtlichen Vergleich werden ihm nicht angerechnet.

D. Das gerichtliche Verfahren

I. Der Eröffnungsantrag

1. Schuldnerberatungsstelle als »geeignete Stelle« im Sinne der InsO

Trotz der vielen Versuche von Heinz Becker, sich mit allen Gläubigern zu einigen, lehnte als einziger Gläubiger das Inkassobüro Teufel bis zum Schluss einen außergerichtlichen Vergleich ab. Heinz Becker muss also das Insolvenzverfahren durchführen lassen.

Doch so einfach geht das nicht. Herr Becker kann nicht einfach zum Amtsgericht an seinem Wohnort gehen und das gerichtliche Verfahren beantragen. Zuständig für die Durchführung des Insolvenzverfahrens sind ein oder mehrere Amtsgerichte als Insolvenzgerichte im jeweiligen Landgerichtsbezirk.

Nachdem Herr Becker das für ihn zuständige Insolvenzgericht ausfindig gemacht hat, erhält er dort die Auskunft, Voraussetzung eines Verfahrensantrags sei neben einem sorgfältig ausgefülltem Antragsformular eine Bescheinigung über den außergerichtlichen Einigungsversuch durch eine »**geeignete Person oder geeignete Stelle**«, also zum Beispiel einen Anwalt, einen Notar oder eine anerkannte Schuldnerberatungsstelle. Er lässt sich einen Termin bei der Schuldnerberatung geben.

Die **Schuldnerberatungsstelle** ist nach Landesrecht als geeignete Stelle i.S.d. § 305 Abs. 1 Nr. 1 InsO anerkannt. Ihre Aufgabe ist es, verschuldete Bürger über das vorgeschriebene außergerichtliche Insolvenzverfahren aufzuklären, Hilfestellungen zu geben, Schuldenbereinigungspläne aufzustellen und mit Gläubigern auf der Basis eines Schuldenbereinigungsplanes zu verhandeln. Dieses Verhandlungsergebnis muss die Schuldnerberatungsstelle dokumentieren. Es gibt eine gesetzliche Verpflichtung der Vorlage des im außergerichtlichen Vergleich gescheiterten Planes und eine Pflicht, die Gründe des Scheiterns durch eine anerkannte Stelle darlegen zu lassen (§ 305 Abs. 1 InsO). Wichtig ist, dass die Beratungsstelle das Scheitern außergerichtlicher Einigungsversuche im vorgeschriebenen Antragsformular bescheinigt und dies dem Insolvenzgericht mit dem Antrag auf Eröffnung des Insolvenzverfahrens vorlegt (s. S. 139). Des Weiteren hat die Schuldnerberatungsstelle die Aufgabe, Beratung, Unterstützung und Begleitung bei der Antragstellung im gerichtlichen Insolvenzverfahren und gegebenenfalls auch bei der Durchführung des Restschuldbefreiungsverfahrens, der so genannten **Wohlverhaltensphase**, bis zur endgültigen Entscheidung über die Restschuldbefreiung sicherzustellen. Die Schuldnerberatungsstelle ist auch berechtigt, den Schuldner in einem gerichtlichen Schuldenbereinigungsplanverfahren zu vertreten. Dadurch ist in der Regel für den Schuldner kein persönliches Erscheinen beim Insolvenzgericht notwendig.

Nur die nach Landesrecht anerkannten Schuldnerberatungsstellen haben die für dieses Aufgabenspektrum notwendige Rechtsberatungs- und Vertretungsbefugnis. Dabei beschränkt sich das Hilfeangebot nicht nur auf den rechtlichen oder hauswirtschaftlichen Bereich. Auch die soziale Beratung und Unterstützung als (Über-)lebenshilfe für die gesamte Dauer des Verfahrens gehört ebenfalls zur Aufgabe der Beratungsstelle.

Über die nächstgelegenen Beratungsstellen informieren die Insolvenzgerichte, die Sozial- und Jugendämter und die Wohlfahrtsverbände.

2. Antragstellung

Zuerst muss Herr Becker ein umfangreiches Antragsformular ausfüllen, denn im Insolvenzverfahren herrscht Formularzwang. Dieses **Formular** (s. S. 139 ff.) ist in jeder anerkannten Schuldnerberatungsstelle erhältlich. Das Antragsformular, das dem Insolvenzgericht eingereicht werden muss, erhält als Deckblatt den Eröffnungsantrag sowie den Restschuldbefreiungsantrag.
Als Anlage sind begefügt:
In Anlage 1 einen Personalbogen mit Angaben zur Person, in Anlage 2 eine Bescheinigung über das Scheitern des außergerichtlichen Einigungsversuchs (diese wird von einer Schuldnerberatungsstelle oder einem Anwalt ausgefüllt), in Anlage 3 eine Abtretungserklärung (die pfändbaren Einkommensanteile werden an einen Treuhänder abgetreten, vorhandene Lohnabtretungen müssen angegeben werden) und in Anlage 4 eine Übersicht über Vermögen und Einkommen. Anlage 5 besteht aus einen umfangreichen Vermögensverzeichnis, in Anlage 6 werden alle Gläubiger mit ihren Forderungen aufgelistet und Anlage 7 führt einen Schuldenbereinigungsplan für das gerichtliche Verfahren auf. Anwälte und Schuldnerberatungsstellen haben PC-Programme, die zeitsparend

das umfangreiche Antragsformular bearbeiten. Weiterhin besteht die Möglichkeit, einen Antrag auf Stundung zu stellen, wenn der Schuldner die anfallenden Verfahrenskosten nicht aufbringen kann – Näheres siehe Kapitel 4.

Wenn das Gericht die Unterlagen erhalten hat, wird zunächst geprüft, ob ein Schuldenbereinigungsplanverfahren durchgeführt werden soll. Entscheidet der Schuldner oder sein Vertreter, dass ein solcher gerichtlicher Einigungsversuch sinnvoll und erfolgreich ist, dann wird der Schuldenbereinigungsplan und eine Vermögensübersicht den Gläubigern vom Insolvenzgericht zugestellt. Auf die Zustellung des Gläubiger- und des Forderungsverzeichnisses wird verzichtet. Das Gläubiger- und Forderungsverzeichnis können die Gläubiger bei Gericht einsehen (§ 307 Abs. 1 InsO). Die förmliche Zustellung des Schuldenbereinigungsplanes und einer Vermögensübersicht an die Gläubiger durch das Gericht ist weiterhin vorgeschrieben. Heinz Becker ist verpflichtet, Abschriften des Schuldenbereinigungsplanes und eine Vermögensübersicht in der erforderlichen Anzahl dem Gericht unverzüglich einzureichen (§ 306 Abs. 2 InsO). Da bei Antragstellung noch nicht feststeht, ob ein Schuldenbereinigungsplanverfahren durchgeführt wird, ist es sinnvoll, die Abschriften nachzureichen.

a) Bescheinigung über das Scheitern des Einigungsversuches

Um überhaupt einen Antrag auf Eröffnung des Insolvenzverfahrens stellen zu können, muss nach dem Gesetz die »geeignete Person oder Stelle« – bei Heinz Becker also die anerkannte Schuldnerberatungsstelle – die bisherigen Einigungsversuche dokumentieren und das Scheitern der Vergleichsverhandlungen mit den Gläubigern bescheinigen. Die Anlage 2 des Antrags wird daher nicht vom Schuldner, sondern von der bescheinigenden Stelle oder Person ausgefüllt. Dazu muss der außergerichtliche Einigungsplan vorgelegt werden und die wichtigsten Gründe des Scheiterns dargestellt werden. Dabei ist unbedingt zu beachten, dass diese Versuche – so wie es Herr Becker getan hat – auf der Basis eines Schuldenbereinigungsplanes und ohne Benachteiligung oder Besserstellung einzelner Gläubiger unternommen wurden (vgl. hierzu die Ausführungen auf Seite 39f.). Empfehlenswert ist es deshalb, wenn die Verhandlungsangebote sich an dem gerichtlichen Insolvenzverfahren orientieren, damit kein Gläubiger den Eindruck erhält, seine Forderung würde im gerichtlichen Verfahren besser behandelt werden als außergerichtlich. Heinz Becker hat sich an diesem Vorgehen orientiert, die Bescheinigung kann nach Durchsicht der vorgelegten Kopien des bisherigen Schriftwechsels erstellt werden. Wie eine solche Bescheinigung aussieht, sehen Sie auf Seite 160.

Jetzt ist auch Eile geboten: Der Antrag auf Eröffnung des Verfahrens muss innerhalb von sechs Monaten nach dem Scheitern des außergerichtlichen Einigungsversuches, also nach dem Eingang des ersten Ablehnungsschreibens, und nicht etwa erst nach dem Ausstellen der Bescheinigung beim Insolvenzgericht gestellt werden.

b) Einkommens- und Vermögensverzeichnis

Gemeinsam mit einer Schuldnerberatungsstelle füllt Herr Becker zunächst im Antragsformular die Anlage 4 aus: Sie enthält eine Kurzübersicht über vorhandenes Vermögen und Einkommen, die monatlichen Einkünfte müssen mit Nettobeträgen eingetragen, eventuelle Pfändungen und Lohnabtretungen (Sicherungsrechte von Gläubigern) werden aufgelistet.

Ergänzt werden diese Angaben in Anlage 5, dem Verzeichnis des vorhandenen Vermögens und Einkommens. Anlage 5 enthält Ergänzungsblätter, die nur beigefügt werden müssen, wenn der Schuldner folgende Vermögenswerte besitzt:

- Guthaben auf dem Konto des Schuldners, Wertpapiere, Darlehen: Anlage 5A
- Wertgegenstände, Fahrzeuge: Anlage 5B
- eigene Forderungen, z.B. aus Lebensversicherungsverträgen, Steuererstattungsansprüchen, Schadensfällen, Rechte aus Erbfällen: Anlage 5C
- Grundstücke, Eigentumswohnungen: Anlage 5D
- Aktien, Beteiligungen an Gesellschaften: Anlage 5E
- immaterielles Vermögen, z.B. Urheberrechte, Patentrechte; Sonstiges Vermögen: Anlage 5F.

Laufendes Einkommen, also Lohn/Gehalt, Arbeitslosengeld, Rente, aber auch zusätzliche ergänzende Leistungen wie Kindergeld und Wohngeld müssen in Anlage 5G eingetragen werden, die Anlage 5G ist also in jedem Fall beizufügen.

Anlage 5H muss nur dann beigelegt werden, wenn Gläubiger Sicherungsrechte (z.B. Lohnabtretungen) haben oder Pfändungen ausgebracht wurden.

Anlage 5J wird dann beigefügt, wenn Angehörige zu versorgen sind: Ehegatten und Kinder werden hier eingetragen; außerdem werden die Wohnkosten genannt.

Anlage 5K betrifft Schenkungen des Schuldners in den letzten vier Jahren vor Verfahrenseröffnung oder den Verkauf von wesentlichen Wertgegenständen an nahestehende Personen in den letzten zwei Jahren vor Verfahrenseröffnung. Herr Becker wird darauf hingewiesen, dass alle Einkünfte, Sparguthaben, Anteile an Haus- oder Grundbesitz, Lebensversicherungen usw. angegeben und belegt werden müssen. Herr Becker muss zwar lediglich die Richtigkeit und Vollständigkeit seiner Angaben versichern. Um Rückfragen des Gerichtes zu vermeiden, ist es jedoch günstiger, wenn alle Einkünfte, Sparguthaben, Anteile an Haus- oder Grundbesitz, Lebensversicherungen etc. nicht nur angegeben, sondern auch belegt werden. Ist das Verzeichnis unvollständig, gibt's keine Restschuldbefreiung! Herr Becker hat aber – zu seinem Bedauern – keinerlei Besitz. Er braucht daher neben der Anlage 4 und dem Deckblatt zur Anlage 5 nur die Ergänzungsblätter 5G, 5H und 5J auszufüllen.

Im Ergänzungsblatt 5G trägt er sein Gehalt sowie das Kindergeld ein und fügt als Anlage die letzten beiden aktuellen Gehaltsbescheinigungen und den Kindergeldbescheid bei.

Pfändungen hat er keine, doch muss er die Lohnabtretung der Village-Bank in Ergänzungsblatt 5H eintragen und als Anlage den Kreditvertrag, in dem die Abtretung enthalten ist, beilegen. Sofern der Arbeitgeber die Lohnabtretung ausschließt, ist dies unbedingt aufzuführen, um Rückfragen des Treuhänders zu vermeiden. Zur Sicherheit füllt Herr Becker dennoch das Ergänzungsblatt 5H aus. Es könnte sein, dass er im Lauf des langen Verfahrens den Arbeitgeber wechselt und die neue Firma Lohnabtretungen anerkennt.

Im Ergänzungsblatt 5J trägt Heinz Becker Wohnkosten und wiederkehrende Verpflichtungen ein: Das sind Unterhaltsverpflichtungen für seine Ehefrau und sein Kind. Da Frau Becker und das Kind im gemeinsamen Haushalt wohnen, trägt Herr Becker als Unterhaltsleistung »Naturalunterhalt« ein, als eigene Einnahmen der Unterhaltsempfänger wird das Kindergeld angegeben.

c) Gläubigerverzeichnis und Forderungsaufstellung

Neben dem Einkommens- und Vermögensverzeichnis muss Herr Becker dem Insolvenzgericht eine vollständige Gläubigerliste samt Forderungsaufstellung vorlegen – Die Schuldnerberatungsstelle hat in Anlage 6 bereits mit Hilfe eines PC-Programms alle Gläubiger und ihre Forderungen aufgelistet. Das Verzeichniss können Sie auf Seite 160 sehen.

Die vier Gläubiger von Heinz Becker wurden mit Aktenzeichen und Anschrift in die Gläubigerliste übertragen und die ursprünglichen Hauptforderungen, die geltend gemachten Kosten und Zinsen sowie die Gesamtforderungen eingetragen. Die Schuldnerberatungsstelle geht mit Herrn Becker die einzelnen Verbindlichkeiten durch. Wichtig ist, dass alle offenen Gläubigerforderungen, auch kleine Forderungen, die nicht gezahlt werden konnten, im Gläubigerverzeichnis enthalten sind.

Auch ein offener »Dispo«, ein Dispositionskredit der Kontenführenden Bank, der nicht zurückgezahlt werden kann, ist eine Verbindlichkeit, die aufgeführt werden muss.

Sofern ein oder mehrere Gläubiger im Besitz einer Lohnabtretung sind (regelmäßig ist eine Abtretung in einem Kreditvertrag enthalten), muss diese im Gläubigerverzeichnis angegeben werden.

Die Beratungsstelle überprüft anhand der vorgelegten Unterlagen, ob er tatsächlich die von den Gläubigern vorgebrachten Forderungen auch anerkennen muss. Er wird darauf hingewiesen, dass laufende Zinsen nach vier Jahren verjähren können, dass möglicherweise zu hohe Verzugszinsen berechnet wurden usw. Herr Becker muss auch nur die notwendigen Kosten der Zwangsvollstreckung akzeptieren. Zusätzliche Belastungen wie Mahngebühren, Kontoführungsgebühren, Schreib- und Kopierkosten usw. können nicht geltend gemacht werden, wenn bereits pauschalierte Verzugszinsen nach dem Verbraucherkreditgesetz, so wie beispielsweise von der Village-Bank, berechnet werden.

Die Unterlagen der Forderung von Dr. Kalk, vertreten durch das Inkassobüro Teufel, die übrigens kostenfrei zur Durchführung des Insolvenzverfahrens übersandt werden müssen, werden Herrn Becker genau erklärt: Die Inkassokosten sind möglicherweise unnötig entstanden, weil in der Forderungsbearbeitung danach doch ein Rechtsanwalt eingeschaltet wurde; sie könnten dann bestritten werden. Häufig sind die Inkassokosten zu hoch angesetzt. Unnötige Ausgaben wie z.B. wiederholte Einwohnermeldeamtsanfragen müssen auch nicht anerkannt werden. Letztlich wird die Rechtsposition der Gläubiger geprüft: Ist eine Forderung bereits tituliert, liegt ein Pfändungs- und Überweisungsbeschluss vor oder ist die formularmäßige Sicherungsabtretung der Village-Bank rechtsgültig?

Die dringend zu empfehlende rechtliche Überprüfung von Forderungen können z.B. Rechtsanwälte, Verbraucherzentralen usw. übernehmen; die Schuldnerberatungsstelle hilft hier weiter. Falls Forderungen nicht zu überprüfen sind, nicht korrekt durch die Gläubiger angemeldet wurden oder insgesamt unklar sind, sollte dies im Antragsformular vermerkt werden. (z.B. »nicht angemeldet«, »nicht nachgewiesen« oder auch »Einrede der Verjährung«).

Alle Angaben in dieser Liste müssen gegebenenfalls belegt werden können. Sollten Forderungen bestritten werden, muss notfalls erst bei Gericht geklärt werden, wie hoch die tatsächlichen Schulden Herrn Beckers sind. Das kann aber dauern und kostet Geld. Deshalb hat Herr Becker alle Unterlagen zu seinen Schulden, also Verträge, Rechnungen, Mahnungen, Kündigungsschreiben, Vollstreckungsbescheide usw. aufgehoben. Nach eingehender Prüfung bleibt es bei Herrn Becker bei seiner schon im außergerichtlichen Vergleichsverfahren vorgelegten Gläubigerliste.

Wichtig:
Eine Lohnabtretung, die in aller Regel in einem Kreditvertrag enthalten ist, muss im Antragsformular in Anlage 3 angegeben werden.
Eine Kopie der Abtretungserklärung sollte – sofern nicht mehr vorhanden – vom jeweiligen Gläubiger angefordert werden.
Sofern eine Lohnabtretung nicht angegeben wird, kann dies u.U. eine Versagung der Restschuldbefreiung (wegen grob fahrlässiger unvollständiger Angaben im Gläubigerverzeichnis) zur Folge haben.

Wichtig:
Falls Sie zur Deckung der Verfahrenskosten ein Darlehen z.B. des Arbeitgebers, eines Verwandten oder Bekannten oder von einer Stiftung erhalten haben, tragen Sie diese Forderung ebenfalls mit in die Gläubiger- und Forderungsliste ein. Dieses Darlehen sollte durch eine Abtretung gesichert sein. Damit kann auch diese Unterstützung zumindest teilweise zurückgezahlt werden. Der Restbetrag des Darlehens, der während des Verfahrens nicht abgetragen werden konnte, bleibt bestehen: Zinslose Darlehen zur Deckung der Verfahrenskosten sind von einer Restschuldbefreiung ausgenommen (§ 302 InsO), sie gelten als Masseverbindlichkeit und werden vorrangig zurückgeführt. Es sollte daher mit einer Beratungsstelle gesprochen werden, ob ein Darlehen in Anspruch genommen werden sollte. Möglicherweise werden die Kosten ohnehin durch die anfallenden pfändbaren Beträge gedeckt, sofern ein Stundungsantrag gestellt wird.

d) Erklärung über die Richtigkeit und Vollständigkeit der Angaben

Mit dem Erstellen des Einkommens- und Vermögensverzeichnisses sowie der Gläubiger- und Forderungsliste ist es noch nicht getan. Herr Becker muss in Anlage 4 schriftlich versichern, dass die Verzeichnisse vollständig und richtig erstellt wurden. Wenn hier bewusst oder grob fahrlässig unrichtige oder unvollständige Angaben gemacht wurden, gibt's ebenfalls keine Restschuldbefreiung, sondern möglicherweise sogar eine Strafanzeige. Glücklicherweise hat Herr Becker bereits bei seinen außergerichtlichen Einigungsversuchen penibel darauf geachtet.

Wichtig:
Stellen Sie möglichst alle Unterlagen zu den Zahlungsverpflichtungen aktualisiert zusammen, halten Sie eine Einkommens- und Vermögensaufstellung bereit und vereinbaren Sie mit dem Arbeitgeber den Abtretungsausschluss. Damit kann einem möglichen Eröffnungsantrag eines Gläubigers gelassen entgegengesehen werden.

e) Schuldenbereinigungsplan

Die Schuldnerberatungsstelle geht mit Herrn Becker den bereits seinen Gläubigern vorgelegten, letztlich aber vom Inkassobüro Teufel doch nicht angenommenen Schuldenbereinigungsplan durch. Änderungen am Plan sind nicht notwendig, so dass er in das Formular (s. Anhang, S. 161f.) übertragen werden kann.

Alle Forderungen haben in dieser Form Bestand. Die Village-Bank verfügt zusätzlich noch über eine rechtsgültige Sicherungsabtretung: Sie könnte für zwei Jahre alle Abtretungbeträge allein bekommen, die anderen Gläubiger gingen während dieser Zeit leer aus. Herr Becker wird darauf aufmerksam gemacht, dass Abtretungen bei seinem Arbeitgeber gemäß § 399 BGB ausgeschlossen sein können (vgl. ausführlich Seite 71 f.). Bei Herrn Becker trifft dies aber nicht zu, die Village-Bank ist im Vorteil.

Wichtig:
Klären Sie ab, ob Abtretungen nach § 399 BGB ausgeschlossen sind. Falls nicht, regen Sie Betriebsvereinbarungen an, informieren Sie Gewerkschaften zu ihren Tarifvertragsverhandlungen, ergänzen Sie Ihren Arbeitsvertrag. Nur dadurch kann sichergestellt werden, dass alle Gläubiger im Rahmen der Insolvenzordnung gleichbehandelt werden und die Verfahrenskosten gesichert sind.

Zur Sicherheit berechnet die Schuldnerberatungsstelle noch, ob Familie Becker durch eine Offenlegung der Abtretung, die der Treuhänder erhält, ergänzende Leistungen des Arbeitslosengeldes II beziehen müsste, da ansonsten das Existenzminimum nicht gewährleistet wäre. Nach Artikel 21 SGB II kann in diesem Fall der pfändungsfreie Teil des Einkommens gem. § 850f Abs. 1a ZPO angehoben werden. In Anlehnung an die Rechtsprechung des Bundesverfassungsgerichtes, nach der das Existenzminimum nicht unterschritten werden darf, wird der Berechnungsbogen ausgefüllt. Der sozialhilferechtliche Bedarf gemäß § 850f ZPO wird gemäß § 36 InsO vom Insolvenzgericht festgelegt.

Bei Heinz Becker trifft dies aber nicht zu. Er muss die pfändbaren Beträge nach der Pfändungstabelle (s. Anhang, S. 201 ff.) seinen Gläubigern zur Verfügung stellen. Wäre dies nicht der Fall, würde die Schuldnerberatungsstelle in den Schuldenbereinigungsplan einen Passus aufnehmen, nach dem der Familie Becker zumindest der Bedarf nach SGB II zu belassen ist:

»Dem Schuldner und seiner Familie ist gemäß beigefügter Bedarfsbescheinigung (s. S. 205 f.) der Betrag zu belassen, der sich aus der analogen Anwendung der Vorschriften des § 850 f ZPO bzw. des § 850 d ZPO ergibt. Zur Vermeidung eines gerichtlichen Verfahrens akzeptieren die Gläubiger diese Berechnungsgrundlage und verzichten auf eine dagegen gerichtete Einrede.«

Wichtig:
Erstellen Sie immer einen genauen Haushaltsplan mit detaillierter Aufstellung aller Ausgaben und Einnahmen (s. Anhang, S. 208) und eine »Bedarfsberechnung«. Mit diesen Angaben können auf den Einzelfall zugeschnittene variable Schuldenbereinigungspläne nachvollziehbar begründet werden.

f) Antrag auf Restschuldbefreiung

Herr Becker muss auf dem Antragsformular noch gesondert auf dem Deckblatt des Antrags (unter II: Restschuldbefreiungsantrag) die Restschuldbefreiung beantragen. Er wird in Anlage 3 zum Eröffnungsantrag eine Erklärung beifügen, dass er seine pfändbaren Einkommensteile an einen Treuhänder abtritt (s. Anhang, S. 144). Sofern ein Gläubiger einen Antrag auf Eröffnung eines Insolvenzverfahrens stellt, muss der Schuldner ebenfalls einen Antrag auf Restschuldbefreiung in Verbindung mit einem eigenem Eröffnungsantrag stellen. Er muss innerhalb von drei Monaten die nötigen Verzeichnisse dem Gericht vorlegen.

Sollte auf Antrag des Schuldners eine Einigung bei Gericht im Schuldenbereinigungsplanverfahren nicht zustande kommen, ist Herr Becker gezwungen, das Restschuldbefreiungsverfahren, die so genannte Wohlverhaltensperiode von sechs Jahren, zu durchlaufen.

g) Antrag auf Stundung der Verfahrenskosten

Sofern ausreichendes Vermögen vorhanden ist, wird Heinz Becker die voraussichtlichen Verfahrenskosten aufbringen können. Wenn er dafür kein Vermögen zur Verfügung stellen könnte, müsste er die Stundung der Kosten beantragen. Die ihn betreuende Beratungsstelle überschlägt die anfallenden Kosten, prüft die zu erwartenden pfändbaren Beträge und berät Heinz Becker bei der Frage, ob es ratsam sei, einen solchen Stundungsantrag zu stellen. Näheres siehe Kapitel 4.

3. Kosten

a) Ermittlung des Gegenstandswertes

Um die aufzubringenden Kosten des Insolvenzverfahrens abschätzen zu können, ist zuerst die Ermittlung des »Gegenstandswertes« nach dem Wert der Insolvenzmasse zu ermitteln. Zur Insolvenzmasse zählen die möglichen Abtretungsbeträge während der Phase des gerichtlichen Insolvenzverfahrens und das eventuell noch vorhandene und vom Treuhänder zu verwertende Vermögen. Danach bemessen sich u.a. die Gebühren und die Verfahrenskosten.

Heinz Becker hat ein Nettoeinkommen von 1840,68 Euro. Laut der Pfändungstabelle (s. Anhang, S. 201 ff.) wären damit bei Heinz Becker, der ja noch gegenüber seiner Ehefrau und seinem Kind unterhaltsverpflichtet ist, monatlich voraussichtlich 151,34 Euro pfändbar. Einmal angenommen, das Insolvenzverfahren würde 12 Monate dauern, so ergäbe sich ein Betrag von 1816,13 Euro. Allerdings können aus dieser Summe nicht die Gerichtskosten gedeckt werden, denn die Abtretungsbeträge werden von der Village-Bank kassiert und stehen nicht zur Deckung von Gerichtskosten zur Verfügung. Erst wenn die Abtretung nach Ablauf von zwei Jahren ungültig wird, können die anfallenden pfändbaren Beträge zur Deckung der Gerichtskosten verwendet werden.

b) Antragsgebühr

Nach dem Gerichtskostenverzeichnis muss Herr Becker eine halbe Antragsgebühr entrichten (Gebührentatbestand Nr. 4110). Viele Insolvenzgerichte verzichten aber auf die Einzahlung dieser Antragsgebühr und erheben sie erst mit den Kosten des Verbraucherinsolvenzverfahrens. Falls einer der Gläubiger einen Antrag auf Eröffnung des Verfahrens stellt – wozu er selbstverständlich das Recht hat – ist eine Mindestgebühr von 102 Euro fällig (Gebührentatbestand Nr. 4111).

c) Veröffentlichungskosten

Zusätzlich zur Antragsgebühr kommen noch die Kosten für die Zustellung der Unterlagen an die Gläubiger. Falls das Insolvenzverfahren mit der anschließenden Wohlverhaltensperiode eröffnet wird, fallen insbesondere die Veröffentlichungskosten ins Gewicht, denn das Insolvenzverfahren wird öffentlich bekannt gegeben. Dies hat aber auch Vorteile: Durch die Veröffentlichung der Verfahrenseröffnung werden alle Gläubiger – auch die bislang nicht bekannten – von einer Restschuldbefreiung mit erfasst. Im Gegensatz zu den außergerichtlichen oder gerichtlichen Vergleichsversuchen kann hier kein Gläubiger »vergessen« werden. Die jeweiligen Beträge sind von der Anzahl der Gläubiger und der eingereichten Unterlagen abhängig; sie können örtlich differieren. Die Veröffentlichungskosten sollen durch das Änderungsgesetz der Insolvenzordnung ermäßigt werden: Das Gericht kann für die vorgeschriebenen Veröffentlichungen entweder ein für amtliche Bekanntmachungen bestimmtes Blatt (Bundesanzeiger) oder auch das Internet nutzen (§ 9 Abs. 1 InsO). Die Veröffentlichungskosten werden nach Angaben des Bundesjustizministeriums ab 2002 im Durchschnitt künftig 250 Euro betragen. Die durchschnittlichen Kosten für die Zustellungen werden auf 60 Euro geschätzt. Kopierkosten fallen bei den Gerichten nicht mehr an, da der Schuldner verpflichtet ist, eine ausreichende Zahl von Abschriften beizufügen.

d) Verfahrenskosten

Sollte es tatsächlich zur Durchführung des Insolvenzverfahrens mit der anschließenden Wohlverhaltensphase und der Restschuldbefreiung kommen, muss Herr Becker die 2½fache Gebühr für das Verfahren aufbringen (Gebührentatbestand Nr. 4120). Die Durchführung des Verfahrens auf Gläubigerantrag kostet drei Gebühren (Gebührentatbestand Nr. 4130).

Wenn das Restschuldbefreiungsverfahren durchgeführt wird, sollen mit diesen Gebühren alle Gerichtskosten abgedeckt sein. Allerdings wird bei jedem zusätzlichen Verfahrenszug, zum Beispiel das Einlegen eines Rechtsmittels, der sofortigen Beschwerde, eine volle Gebühr entsprechend des Gegenstandswertes fällig. Die Erteilung der Restschuldbefreiung wird ebenfalls kostenpflichtig öffentlich bekanntgemacht.

e) Treuhändergebühren

Heinz Becker fragt seine Schuldnerberatungsstelle, ob noch weitere Kosten auf ihn zukommen können.

Tatsächlich muss er bei der Durchführung des Insolvenzverfahrens noch sicherstellen, dass die Gebühren für den Treuhänder gedeckt sind. Falls Vermögen (z.B. eine Kapitallebensversicherung oder ein Auto) vorhanden ist, wird der Treuhänder als Verwalter tätig: Er hat das Vermögen zu verwerten und die erzielten Beträge zur Insolvenzmasse hinzuzuzählen und auf die Gläubiger zu verteilen. Dafür erhält er eine Gebühr von 15 % dieser Beträge, mindestens aber 255 Euro. In Einzelfällen – so wie bei Herrn Becker, wo nichts mehr zu verwerten ist – vermindert das Insolvenzgericht diese Mindestgebühr auf 102 Euro. Allerdings sind die 15 %ige Auslagenpauschale und die Mehrwertsteuer bei gewerblichen Treuhändern zusätzlich noch einzukalkulieren. Wenn Forderungen strittig sind und erst durch das Insolvenzgericht festgestellt werden, kostet es pro Forderung nochmal 10 Euro zusätzlich.

Der Treuhänder erhält im Regelfall bei einem Abtretungsbetrag bis 25000 Euro während der Wohlverhaltensperiode 5 % der jährlichen Abtretungssumme, mindestens aber 102 Euro. Bei einem Gesamtabtretungsbetrag von 25000 Euro bis 50000 Euro erhält der Treuhänder 3 %.

Zu den Treuhändergebühren kommen noch die notwendigen Auslagen (z.B. für Fahrtkosten, Vermögensverwertung) des Treuhänders, die Herr Becker ebenfalls erstatten muss, hinzu. Falls der Treuhänder die so genannten Obliegenheiten im Auftrag der Gläubiger überwachen soll (s. S. 111 f.), erhält er einen vom Gericht festgelegten Stundensatz, den die Gläubiger – und nicht

Herr Becker – aufzubringen haben. Allerdings soll dieses »Nebeneinkommen« nicht seine gesamten Gebühren übersteigen.

Einen kleinen Trost hat aber die Beratungsstelle: Im formellen Restschuldbefreiungsverfahren erhält Heinz Becker vom Treuhänder im fünften Jahr der Laufzeit von seinem jährlichen Abtretungsbetrag 10 % erstattet, im sechsten Jahr erhält er 15 % zurück (»Durchhalteprämie«, siehe auch Seite 40). Dies gilt grundsätzlichallerdings nur dann, wenn die Verfahrenskosten gezahlt wurden. Wurde dagegen ein Stundungsantrag gestellt und ist ein Teil der Gerichts- und Treuhänderkosten noch offen, so werden diese vorrangig beglichen. In diesem Fall bekommt der Schuldner nur dann eine Rückerstattung, wenn sein Einkommen nicht den nach den Sätzen der Beratungshilfe gemäß § 115 Abs. 1 ZPO errechneten Betrag übersteigt (§ 292 Abs. 1 S. 3 InsO).

Es kann sein, dass auch in den ersten beiden Jahren der Treuhänder die pfändbaren Beträge einzieht und an den vorrangigen Abtretungsgläubiger überweist. Es kann aber auch sein, dass die Village-Bank bei Gericht beantragt, dass die Pfändungsbeträge weiterhin direkt vom Arbeitgeber an den Abtretungsgläubiger überwiesen werden. Dann werden von den pfändbaren Beträgen keine Treuhändergebühren abgezogen. Allerdings ist der Treuhänder vom Gericht bereits bestellt, er könnte also seine Mindestgebühr vom unpfändbaren Einkommen von Heinz Becker fordern.

Wenn sich das Einkommen von Herrn Becker aber in der Regellaufzeit des Verfahrens erhöht, vor allem aber, wenn er eine Erbschaft erhält, steigen damit die jährlichen Abtretungsbeträge und damit natürlich auch die Vergütung für den Treuhänder.

Von einer möglichen Erbschaft muss Herr Becker immerhin die Hälfte an den Treuhänder abführen, entsprechend steigen die Gebühren. Herr Becker rechnet aber nicht damit, jemals etwas zu erben.

f) Anwaltskosten

Wenn dem Schuldner die Verfahrenskosten gestundet werden, dann kann auf Antrag ein Rechtsanwalt beigeordnet werden, wenn dies dem Gericht erforderlich erscheint (§ 4 a Abs. 2 InsO).

Der Schuldner muss in einem solchen Fall die Kosten des Anwalts nicht zahlen, sie werden von der Landeskasse übernommen. Nach derzeitiger überwiegender Rechtsprechung wird jedoch eine Beiordnung eines Anwalts nur in wenigen Ausnahmefällen von den Gerichten befürwortet (siehe Stichwort Beiordnung eines Anwalts).

Nach Angaben des Bundesjustizministeriums können folgende Kosten anfallen:

Für die Vertretungen im Insolvenzverfahren fallen nach § 73 BRAGO 0,5 Gebühren an, wobei als Gegenstandswert der Wert der Insolvenzmasse zugrunde zu legen ist (§ 77 Abs. 1 BRAGO). In massearmen Verfahren würde dies eine Gebühr von 13 Euro zur Folge haben. Für den Antrag auf Erteilung der Restschuldbefreiung wird dem Anwalt nach § 74 BRAGO eine volle Gebühr gewährt, wobei der Gegenstandswert nach § 77 Abs. 3 BRAGO i.V.m. § 8 Abs. 2 Satz 2 BRAGO unter Berücksichtigung des wirtschaftlichen Interesses des Auftraggebers nach billigem Ermessen zu bestimmen ist. In masselosen Verfahren wird der Gegenstandswert auf 4090 Euro festzusetzen sein, wofür nach § 74 Abs. 1 Satz 1 BRAGO eine Gebühr in Höhe von 207 Euro anfallen würde. Addiert man hierzu noch die Auslagenpauschale und Umsatzsteuer, so ergibt sich ein Betrag von 279 Euro.

4. Wenn die Kosten nicht gedeckt sind

Ein Antrag auf Eröffnung des gerichtlichen Verfahrens müsste vom Gericht abgewiesen werden, wenn die Verfahrenskosten voraussichtlich nicht ausreichen. Bei Herrn Becker sind dies wegen der geringen Anzahl der Gläubiger und des verhältnismäßig niedrigen Gegenstandswertes überschaubare Beträge, die er aufbringen kann. Damit steht seinem Antrag auf Eröffnung des Verfahrens nichts mehr im Weg.

Was aber müsste ein Schuldner tun, wenn er die Kosten nicht aufbringen kann?

An Stelle einer Prozesskostenhilfe wird als Verfahrenskostenhilfe eine Verfahrenskosten**stundung** gewährt: Die Verfahrenskosten (einschließlich der Gebühren für den Treuhänder und ggf. für die anwaltliche Vertretung vor dem Insolvenzgericht) können auf Antrag gestundet werden, wenn der Schuldner nicht in der Lage ist, aus der Masse (seinem noch vorhandenen Vermögen) oder aus seinen laufenden pfändbaren Einkünften diese Kosten aufzubringen (§ 4 a InsO). Das Gericht prüft, ob die während der Zeit des Insolvenzverfahrens anfallenden pfändbaren Beträge voraussichtlich zur Kostendeckung ausreichen werden.

Die Kosten werden bis zur Erteilung der Restschuldbefreiung gestundet.

- Eine Stundung der Kosten bedeutet, dass zuerst aus den möglichen Verteilungsbeträgen des Schuldners die Kosten der Staatskasse zurückerstattet werden. Der Schuldner muss zur Kostendeckung sein Vermögen und seine pfändbaren Beträge während des Insolvenzverfahrens und während der sechsjährigen Wohlverhaltenszeit zur Verfügung stellen. Die gestundeten Kosten können somit durch Abführung entsprechender Beträge durch den Treuhänder ganz oder teilweise beglichen werden.

- Auch neues Vermögen, das nicht den Insolvenzgläubigern zugute kommt (z.B. die Hälfte der Erbschaft), muss für die Verfahrenskosten eingesetzt werden. Erst wenn die Kosten vollständig bezahlt sind, werden die dann noch zur Verfügung stehenden Beträge auf die Insolvenzgläubiger verteilt.
- Die Stundung wird nur auf Antrag gewährt, der mit der Beantragung der Erteilung der Restschuldbefreiung verbunden sein soll. Der Stundungsantrag ist im Antragsformular mit enthalten.
- Die Stundung umfasst die Gerichtsgebühren, die Auslagen des Schuldenbereinigungsplan-/Insolvenzverfahrens und die Treuhändervergütung. Der Treuhänder und Insolvenzverwalter hat einen Anspruch gegen die Landeskasse, wenn seine Kosten durch die Insolvenzmasse nicht oder nur ungenügend gedeckt sind. Dies bedeutet, dass die Vergütungsforderung des Treuhänders von der Staatskasse gezahlt wird (§ 63 Abs. 2 InsO). Sobald der Schuldner pfändbares Vermögen erwirbt, sind die Verfahrenskosten vorrangig zu begleichen bzw. vom Treuhänder abzuführen.
- Die Stundung ist ausgeschlossen, wenn Versagungsgründe einer Restschuldbefreiung gemäß § 290 Abs. 1, Nr. 1 und 3 InsO vorliegen. Der Schuldner muss seinem Antrag eine Erklärung beifügen, ob solche Versagungsgründe vorliegen.
- Das Gericht kann gemäß § 4c InsO eine Stundung aufheben, wenn der Schuldner
  - vorsätzlich oder grob fahrlässig unrichtige Angaben gemacht oder Erklärung über seine persönlichen und wirtschaftlichen Verhältnisse nicht abgegeben hat,
  - die persönlichen oder wirtschaftlichen Voraussetzungen einer Stundung nicht erfüllt,
  - länger als 3 Monate mit der Zahlung einer Monatsrate oder eines sonstigen Betrages schuldhaft in Rückstand ist,
  - keine angemessene Erwerbstätigkeit ausübt und sich nicht um Arbeit bemüht,
  - keine Restschuldbefreiung erhält.
- Bei gerichtlicher Ablehnung der Stundung wird der Eröffnungsantrag mangels Deckung der Verfahrenskosten abgewiesen (§ 26 Abs. 1 Satz 1 InsO). Der Schuldner kann das Rechtsmittel der sofortigen Beschwerde gegen diese Entscheidung einlegen (§ 4c Abs. 2 InsO). Das Beschwerdegericht prüft dann, ob der Eröffnungsantrag zu Recht abgewiesen worden ist.

- Ein Anwalt kann auf Antrag des Schuldners in besonderen Verfahrenssituationen beigeordnet werden, wenn sie wegen der Schwierigkeit der Sach- und Rechtslage »erforderlich« erscheint. Voraussetzung der Beiordnung ist die Stundung der Gerichtskosten. Der beigeordnete Rechtsanwalt muss, wenn durch ihn weitere Kosten entstehen, beim Landgericht zugelassen sein, in dessen Bezirk das Insolvenzgericht liegt. Er kann seine Vergütung nicht gegenüber dem Schuldner geltend machen, sondern erhält seine Ansprüche nach § 121 BRAGO aus der Landeskasse.
- Die pfändbaren Beträge werden an die Gläubiger am Jahresende verteilt, sofern die gestundeten Verfahrenskosten berichtigt sind. Sind die Verfahrenskosten noch nicht berichtigt, werden Gelder an den Schuldner nur abgeführt, wenn sein Einkommen nicht den nach § 115 Abs. 1 ZPO errechneten Betrag (Einkommensgrenzen für die Beratungs-/Prozesskostenhilfe) übersteigt (§ 292 Abs. 1 Satz 3 InsO).
- Kann der Schuldner in der Wohlverhaltensperiode die Mindestvergütung des Treuhänders nicht aufbringen, kann er noch zu diesem Zeitpunkt eine Stundung beantragen (§ 54 Abs. 2 Satz 2 InsO).
- Die Kosten eines Regelinsolvenzverfahrens für ehemalige bzw. aktive Selbständige können ebenfalls gestundet werden.

Was passiert nun nach Ablauf der Stundungsfrist bis zur Erteilung der Restschuldbefreiung? Die gesetzliche Regelung zur Rückzahlung der gestundeten Beträge (§ 4b InsO) sichert dem Schuldner ein ausreichendes Einkommen. Er muss sich nicht neu verschulden, um die eventuell noch bestehenden Kosten zurückzuzahlen.

Wenn während des Insolvenzverfahrens und der sich anschließenden so genannten »Wohlverhaltensperiode« keine Beträge zu erwirtschaften sind, die eine Rückführung der Kosten zulassen, so wird die Stundung nach Erteilung der Restschuldbefreiung um weitere vier Jahre verlängert. Ist dann nach Ablauf von vier Jahren für den Schuldner aufgrund von geringem Einkommen immer noch keine Möglichkeit zur Bezahlung gegeben (z.B. wegen geringer Rente oder Dauerarbeitslosigkeit), so wird der gestundete Betrag erlassen.

Der Schuldner muss jedoch Folgendes beachten:

- Die Kosten werden nach Ablauf der Stundungsfrist beim Schuldner geltend gemacht.
- Der Schuldner hat die Möglichkeit, Ratenzahlungen zu beantragen, wenn er nach Erteilung der Restschuldbefreiung die Verfahrenskosten nicht aus seinem Einkommen zahlen kann.

Anhand der Tabelle des § 115 Abs. 1 Satz 4 ZPO ist vom zuständigen Rechtspfleger zu ermitteln, welche Raten der Schuldner aus seinem Einkommen aufzubringen hat. Diese Regelung entspricht der Prozesskostenhilfe.

- Die Dauer der Ratenzahlung wird entsprechend § 115 Abs. 1 Satz 4 ZPO auf höchstens 48 Monate beschränkt. Der Schuldner ist verpflichtet, dem Gericht seine für die Höhe der Monatsraten maßgeblichen persönlichen und wirtschaftlichen Verhältnisse anzuzeigen.

Damit besteht die Möglichkeit, für alle verschuldeten Menschen, unabhängig davon, ob sie die Verfahrenskosten aufbringen können oder nicht, eine Restschuldbefreiung ihrer alten Schulden zu erlangen.

Angenommen, Herr Becker konnte die veranschlagten Verfahrens- und Treuhänderkosten selbst aufbringen. Dann braucht er keinen Stundungsantrag zu stellen. Gleiches gilt, wenn Vermögen vorhanden ist und der Erlös ausreicht, um die Verfahrenskosten zu decken. Herr Becker braucht auch in diesem Fall keinen Stundungsantrag zu stellen. Hat Heinz Becker dennoch im Antragsbogen den Stundungsantrag angekreuzt, so wird nach Überprüfung das Gericht keine Stundung gewähren und Herrn Becker einen entsprechenden Bescheid geben.

5. Schutz vor Zwangsvollstreckungsmaßnahmen

Wie auch bei den außergerichtlichen Vergleichsversuchen ist bislang sein pfändbares Einkommen noch nicht so geschützt, dass es auf alle Gläubiger verteilt werden kann. Wer zuerst kommt, mahlt zuerst. Um die Gleichbehandlung aller Gläubiger sicherzustellen, beantragt er vorsorglich beim Insolvenzgericht die einstweilige Einstellung aller Zwangsvollstreckungen. So braucht er keine Angst mehr vor Pfändungen oder Gerichtsvollzieher zu haben. Allerdings wird dies nicht von allen Insolvenzgerichten so gesehen. Vielfach werden bisherige »ältere« Pfändungen nicht eingestellt, sondern lediglich neuere Pfändungsbeschlüsse, die während der Zeit des Schuldenbereinigungsplans von einem Gläubiger ausgebracht werden. Pfändungen, die in den letzten drei Monaten vor dem Eröffnungsantrag oder danach beantragt wurden, sind unwirksam (§ 312 Abs. 2 InsO in Verbindung mit § 88 InsO).

Hinweis:
Beantragen Sie bei der Antragstellung auf Eröffnung des Insolvenzverfahrens gleichzeitig die vorläufige Einstellung der Zwangsvollstreckung gemäß § 21 Abs. 2 InsO ohne Festsetzung einer Sicherheitsleistung. Sollten Gläubiger Heinz Becker auch nach Antragstellung eines Insolvenzverfahrens noch bedrängen, so kann dieser unter Beifügung einer Kopie des Deckblattes des Eröffnungsantrages die Antragstellung den Gläubigern mitteilen.

Sobald Heinz Becker vom Insolvenzgericht die Mitteilung erhält, dass ein Insolvenzverfahren eröffnet wurde, ist es sinnvoll, bei eventuellen Gerichtsvollzieherbesuchen dem Gerichtsvollzieher eine Kopie des Eröffnungsbeschlusses auszuhändigen bzw. hartnäckigen Gläubigern die Eröffnung mitzuteilen:

....
Eröffnung des Insolvenzverfahrens
Ihre Zeichen:

Sehr geehrte Damen und Herren,
meine Bemühungen, eine Einigung außergerichtlich mit allen Gläubigern auf Grundlage eines Schuldenbereinigungsplanes herbeizuführen, waren leider nicht erfolgreich.
Mittlerweile hat das Insolvenzgericht ... ein Insolvenzverfahren unter dem Aktenzeichen 810IK500B eröffnet und einen Treuhänder, Herrn Rechtsanwalt Schlau, Tel. ..., benannt. Dieser wird sich in absehbarer Zeit mit Ihnen in Verbindung setzen.

Mit freundlichen Grüßen

6. Kontenschutz im Insolvenzverfahren

Gem. §§ 115, 116 InsO erlöschen mit Eröffnung des Verfahrens alle Geschäftsbesorgungsverträge für den Schuldner, u.a. der Kontokorrentvertrag mit der kontoführenden Bank. Es gibt nun Geldinstitute, die das bisherige Konto des Schuldners weiterführen. Andere Banken teilen nach Eröffnung eines Insolvenzverfahrens durch einen Kunden diesem mit, dass das bisherige Konto nicht mehr verfügbar ist. Die Folge ist, dass Kontopfändungen wirkungslos sind, da das bisherige Konto nicht mehr existiert.

Das Geldinstitut kann auch bei einem eröffneten Insolvenzverfahren einen neuen Geschäftsbesorgungsvertrag mit dem bisherigen Kunden abschließen. Die bisherige Kontonummer kann beibehalten werden.

Die Bank benötigt dazu eine Freigabeerklärung bezüglich des Kontos vom Treuhänder.

Durch die Freigabeerklärung ist die Bank nicht verpflichtet, das Konto zu überprüfen, ob zur Insolvenzmasse gehörige Zahlungen eingehen (z.B. Schenkungen). Dieses Risiko liegt beim Treuhänder.

Sollte die Hausbank von Heinz Becker ihm nach Eröffnung seines Insolvenzverfahrens das Konto sperren, dann könnte er sofort dem vom Gericht benannten Treuhänder folgenden Brief schreiben:

....

Freigabeerklärung an die X-Bank / eröffnetes Insolvenzverfahren 810 IK/12

Sehr geehrter Herr Rechtsanwalt Treuhand,
Gem. §§ 115, 116 InsO erlöschen mit Eröffnung eines Insolvenzverfahrens alle Geschäftsbesorgungsverträge für den Schuldner, u.a. der Kontokorrentvertrag mit der kontoführenden Bank. Um einen neuen Geschäftsbesorgungsvertrag mit mir abschließen zu können, benötigt die kontenführende X-Bank, Hessenstr. 1, 60431 Frankfurt/M., Tel.Nr.: 00641–0, eine Freigabeerklärung bezüglich des Kontos vom Treuhänder. Ich bitte daher, diese Erklärung dem Geldinstitut umgehend zukommen zu lassen, da ich über keinerlei Geldmittel derzeit verfügen kann.

Mit freundlichen Grüssen

Es kann nun sein, dass das Konto zum Zeitpunkt der Insolvenzeröffnung im Soll ist. Mit Eröffnung des Insolvenzverfahrens erlischt die Verrechnungsbefugnis der Bank.

Die Bank darf eingehende Beträge nicht mit einem Sollsaldo verrechnen, sondern muss diesen als Insolvenzforderung anmelden und kann nur noch aus der Insolvenzmasse befriedigt werden.

Die Folge ist, dass die Bank nach Insolvenzeröffnung in der Regel nicht einen neuen Vertrag abschließen wird.

Sollte z.B. Heinz Becker bei seiner Hausbank auf seinem Konto einen »Dispo« in Anspruch genommen haben und sein Konto im Minus stehen, dann könnte er bei einem geringfügig überzogenem Betrag diesen ausgleichen und den Sollsaldo vor Insolvenzeröffnung auf Null zurückführen.

Sollte jedoch der Kontostand bereits so hoch überzogen ein, dass er nicht mehr auszugleichen ist, dann muss Heinz Becker die kontoführende Bank im außergerichtlichen Einigungsversuch wie jeden anderen Insolvenzgläubiger behandeln. Dies bedeutet, dass der »Dispo« als offene Forderung in der Gläubigerliste aufgeführt werden muss und auch die Hausbank einen Vergleichsvorschlag über die Rückführung des Dispositionskredites von Heinz Becker erhält. Ein solcher Einigungsversuch wird wahrscheinlich zu einer sofortigen Kündigung des Dispositionskredites und des Kontos führen, da die Hausbank nur einen Teil ihres offenen »Dispos« im Vergleichsverfahren erhalten soll.

Heinz Becker muss in einem solchen Fall ein neues Konto eröffnen, dass nur noch auf Guthabenbasis von einer anderen Bank geführt werden kann. Dazu ist nicht jedes Geldinstitut bereit. Adressen von Sparkassen oder Banken, die ein so genanntes Guthabenkonto führen, können bei einer Schuldnerberatungsstelle erfragt werden.

II. Das gerichtliche Schuldenbereinigungsplanverfahren

Der Rechtspfleger beim Insolvenzgericht stellt zuerst fest, ob alle Unterlagen vollständig sind. Sollten Unterlagen fehlen, müssen sie unverzüglich in maximal einem Monat nachgereicht werden. Bei einem Antrag auf Eröffnung eines Insolvenzverfahrens durch einen Gläubiger hat der Schuldner zunächst eine außergerichtliche Einigung zu versuchen. In diesem Fall muss er innerhalb von drei Monaten die erforderlichen Unterlagen dem Gericht vorlegen – eine sicherlich kurze Frist. Selbstverständlich kann nämlich auch jeder Gläubiger das Verfahren beantragen, um eine Befriedigung seiner Forderung im Rahmen der Insolvenzordnung zu erreichen.

Das Gericht prüft nun, ob ein Schuldenbereinigungsplanverfahren durchgeführt werden kann. Nach einem geplanten Entwurf zur Änderung der Insolvenzordnung (Stand 05/2004) muss der Schuldner ein Schuldenbereinigungsplanverfahren beantragen.

Ein Verzicht auf diese Verfahrensstufe ist sinnvoll bei Nullplänen, bei einer außergewöhnlichen Vielzahl von Gläubigern oder wenn bereits feststeht, dass eine Gläubigerzustimmung mehrheitlich nicht zu erlangen ist. In einem solchen Fall wird zeitsparend umgehend das Verfahren eröffnet. Es kann sinnvoll sein, in Ergänzung eines vorliegenden Antrages auf Eröffnung eines Insolvenzverfahrens zu erläutern, warum auf ein solches Verfahren verzichtet werden sollte. Folgende Schreiben kann der Schuldner dem Eröffnungsantrag beifügen und an das Insolvenzgericht senden:

....
Schuldenbereinigungsplanverfahren im Insolvenzverfahren

Sehr geehrte Damen und Herren,
In Ergänzung des vorliegenden Antrages auf Eröffnung eines Insolvenzverfahrens bitte ich Folgendes zu beachten: Der angebotene Schuldenbereinigungsplan wurde im außergerichtlichen Verfahren nicht akzeptiert, die Ablehnung ist eindeutig und unmissverständlich von den Gläubigern zum Ausdruck gebracht worden (siehe beigefügte Gläubigerschreiben in Anlage).
Es ist zu erwarten, dass in einem gerichtlichen Schuldenbereinigungsplanverfahren die genannten Gläubiger den vorzulegenden Bereinigungsplan weiterhin ablehnen. Ein wesentlich verändertes Zahlungsangebot kann aufgrund der vorliegenden wirtschaftlichen Verhältnisse nicht gemacht werden.
Da die Summe der Ansprüche der voraussichtlich weiterhin ablehnenden Gläubiger mehr als die Hälfte der Summe der Ansprüche der Gläubiger insgesamt beträgt, könnte das Insolvenzgericht in einem Verfahren gemäß § 309 Abs. 1 Insolvenzordnung die fehlende Zustimmung dieser Gläubiger nicht ersetzen.
Da die Durchführung eines gerichtlichen Schuldenbereinigungsplanverfahrens voraussichtlich nicht zum Erfolg führen wird, bitte ich, auf das Verfahren zu verzichten und das Insolvenzverfahren umgehend aufzunehmen.

Mit freundlichen Grüßen

Wenn ein Schuldenbereinigungsplanverfahren dagegen sinnvoll ist, kann der Schuldner folgendes Schreiben dem Eröffnungsantrag beifügen und an das Insolvenzgericht senden:

....
Schuldenbereinigungsplanverfahren im Insolvenzverfahren

Sehr geehrte Damen und Herren,
In Ergänzung des vorliegenden Antrages auf Eröffnung eines Insolvenzverfahrens bitte ich Folgendes zu beachten: Der angebotene Schuldenbereinigungsplan wurde im außergerichtlichen Verfahren nur von einer Kopf- und Summenminderheit der Gläubiger nicht akzeptiert, die Zustimmung der Mehrheit ist eindeutig und unmissverständlich von den betreffenden Gläubigern zum Ausdruck gebracht worden (siehe beigefügte Gläubigerschreiben in Anlage). Es ist zu erwarten, dass auch in einem gerichtlichen Schuldenbereinigungsplanverfahren diese Gläubiger dem vorzulegenden Bereinigungsplan zustimmen.
Da die Summe der Ansprüche der ablehnenden Gläubiger weniger als die Hälfte der Summe der Ansprüche der Gläubiger insgesamt beträgt, könnte das Insolvenzgericht in einem Verfahren gemäß § 309 Abs. 1 Insolvenzordnung die fehlende Zustimmung der ablehnenden Gläubiger ersetzen.
Da die Durchführung eines gerichtlichen Schuldenbereinigungsplanverfahrens voraussichtlich zum Erfolg führen wird, wird daher gebeten, das Verfahren gemäß §§ 306–309 InsO durchzuführen.

Mit freundlichen Grüßen

Bei Herrn Becker entscheidet der zuständige Richter, dass ein solches Schuldenbereinigungsplanverfahren durchgeführt wird, da die gesetzlichen Voraussetzungen vorliegen.

Das Insolvenzverfahren ruht nun für maximal drei Monate, um eine Entscheidung über den Schuldenbereinigungsplan zu erreichen. Das Insolvenzgericht versendet hierzu alle notwendigen Unterlagen an die Gläubiger, die den Plan außergerichtlich abgelehnt haben, und bittet sie um Stellungnahme zum vorgelegten Schuldenbereinigungsplan innerhalb eines Monats.

1. Zustimmung aller Gläubiger

Die Gläubiger können nun dem Plan zustimmen. Wenn sie innerhalb der Frist von einem Monat nicht antworten, so wird dies als Zustimmung gewertet.

Entscheidend ist in diesem Verfahrensabschnitt, dass im Schuldenbereinigungsplan kein Gläubiger Vorteile erhält oder benachteiligt wird; alle Gläubiger müssen so gestellt sein, wie in dem Restschuldbefreiungsverfahren vorgesehen. Das hat Herr Becker aber bereits im außergerichtlichen Einigungsversuch berücksichtigt.

Erhebt also kein Gläubiger Einwendungen gegen den Schuldenbereinigungsplan, so gilt er als angenommen. Das Insolvenzgericht stellt dies durch Beschluss fest. Dieser Beschluss hat die Wirkung eines Prozessvergleiches (§ 794 ZPO) und ist für alle Gläubiger und natürlich auch für Heinz Becker bindend. Die Anträge auf Eröffnung des Insolvenzverfahrens und ggf. auf Erteilung einer Restschuldbefreiung gelten als zurückgenommen, weitere Kosten – z.B. für einen Treuhänder – entstehen nicht.

2. Zustimmungsersetzung bei Ablehnung durch eine Gläubigerminderheit

Sollte immer noch ein Gläubiger dem Schuldenbereinigungsplan nicht zustimmen, so kann das Insolvenzgericht die fehlende Zustimmung ersetzen (§ 309 InsO). Voraussetzung ist aber, dass sich der sperrende Gläubiger (so genannter Akkordstörer) in der »Kopf- und Kapitalminderheit« befindet. Das bedeutet, dass dieser Gläubiger weniger als die Hälfte aller Forderungen vertritt (= **Kopfminderheit**) und zusätzlich seine Forderung weniger als die Hälfte der Gesamtverschuldung ausmacht (= **Kapitalminderheit**).

Dies trifft im Fall von Heinz Becker zu: Die Kapitalmehrheit wird von der Village-Bank vertreten. Da neben ihr auch noch Anton Becker und Dr. Bohrer dem Plan zustimmen, ist das Inkassobüro Teufel auch in der Kopfminderheit. Es weigert sich, dem Schuldenbereinigungsplan zuzustimmen, weil es noch zusätzlich Schreibkosten, Porto und Kopierkosten beansprucht. Herr Becker bestreitet diese Kosten als unnötig; er hat das Inkassobüro bereits bei der Anforderung von Unterlagen auf die geplante Regulierung im Rahmen der Insolvenzordnung hingewiesen (vgl. §§ 305 Abs. 2, 310 InsO).

Da sich das Inkassobüro Teufel also in der Kopf- und Kapitalminderheit befindet, ersetzt das Insolvenzgericht auf Antrag die fehlende Zustimmung gemäß § 308 InsO. Dies hat zur Folge, dass der Schuldenbereinigungsplan als von allen Gläubigern angenommen gilt. Das Insolvenzgericht stellt dies durch Beschluss fest. Der Beschluss hat die Wirkung eines Prozessvergleiches (§ 794 ZPO) und ist für alle Gläubiger und für Heinz Becker bindend. Auch im Übrigen hat er die gleichen Wirkungen wie der Beschluss, der auf die Zustimmung aller Gläubiger ergeht (s. S. 102): Die Anträge auf Eröffnung des Insolvenzverfahrens und ggf. auf Erteilung der Restschuldbefreiung gelten als zurückgenommen, es entstehen keine weiteren Kosten.

Wird der Schuldenbereinigungsplan – so wie vorgelegt – erfüllt, ist der Vergleich gültig; Herr Becker kann schuldenfrei werden.

3. Ablehnung durch eine Gläubigermehrheit

Angenommen, der Vater Anton Becker und die Village-Bank treten ihre Forderung ebenfalls an das Inkassobüro Teufel zum Einzug ab, so verfügt dieser Gläubigervertreter dann über die **Kopf- und Kapitalmehrheit** (vgl. hierzu die Ausführungen auf S. 104). Ein Schuldenbereinigungsplan kommt dann nicht mehr zustande, weil das Insolvenzgericht in diesem Fall die fehlende Zustimmung nicht ersetzen kann. Damit ist der Schuldenbereinigungsplan gescheitert, Heinz Becker muß das so genannte **vereinfachte Insolvenzverfahren** beschreiten.

III. Das vereinfachte Insolvenzverfahren

1. Eröffnungsbeschluss, Prüftermin und Schlusstermin

Wurden Einwendungen gegen den Schuldenbereinigungsplan von der Mehrheit der Gläubiger (**Kopfmehrheit**) oder von Gläubigern erhoben, deren Forderungen mehr als die Hälfte der Gesamtverschuldung betragen (**Kapitalmehrheit**), so wird das bislang ruhende Verfahren nach spätestens drei Monaten von Amts wegen wieder aufgenommen. Wenn ein Schuldenbereinigungsplanverfahren nicht beantragt wurde, kann das Verfahren unmittelbar mit der richterlichen Entscheidung beginnen – dies spart Zeit. Spätestens jetzt werden alle Einzelzwangvollstreckungen untersagt; der Vollstreckungsschutz gilt ab dem nächsten Folgemonat, die Treuhand- oder Wohlverhaltensphase beginnt.

Die Eröffnung des Insolvenzverfahrens wird öffentlich bekannt gemacht, um allen möglicherweise noch vorhandenen Gläubigern, die bislang noch nicht bekannt waren oder unwissentlich vergessen wurden, die Möglichkeit zu geben, sich an dem Verfahren zu beteiligen. Bei Heinz Becker trifft dies aber zum Glück nicht zu. Vor allem kommen aber nicht noch strittige Forderungen hinzu, die möglicherweise im Prüftermin erst langwierig und kostenintensiv geprüft werden müssten.

Das Gericht prüft, ob die Schulden von Heinz Becker aus einer selbständigen Tätigkeit stammen und ob er als Gewerbetreibender mehr als 19 Gläubiger hatte. Dies trifft auf Herrn Becker nicht zu. In einem solchen Fall hätte das Gericht ein Regelinsolvenzverfahren eingeleitet. Für ehemalige Selbständige ist das Verbraucherinsolvenzverfahren nur als Ausnahmeregelung gedacht, sofern weniger als 20 Gläubiger zum Zeitpunkt der Insolvenzantragsstellung vorliegen und dem Gericht bekannt werden. Ein Verbraucherinsolvenzverfahren ist bei ehemaligen Selbständigen weiterhin dann nicht möglich, wenn gegen den Schuldner Forderungen aus früheren oder gegenwärtigen Arbeitsverhältnissen (Forderungen von ehemaligen Arbeitnehmern, Sozialversicherungsträgern und Finanzämtern) bestehen (§ 304 InsO). Ehemalige Kleinunternehmer und aktive Freiberufler müssen dann am Regelinsolvenzverfahren teilnehmen.

Da Heinz Becker nicht selbständig war, spielt auch die Anzahl seiner Gläubiger keine Rolle: Das Verbraucherinsolvenzverfahren kann eingeleitet werden. Allerdings könnte es bei Heinz Becker problematisch werden, wenn er nur einen einzelnen Gläubiger vorweisen kann, z.B. nur die Verbindlichkeiten der Village-Bank.

Überwiegend wird zwar von den Insolvenzgerichten ein Verfahren auch dann eröffnet, wenn nur ein einzelner Gläubiger vorhanden ist. Ausdrücklich hat z.B. das AG Köln eine Zulässigkeit befürwortet (ZVI 2003,524). Einzelne Gerichte haben jedoch ein Insolvenzverfahren bei einem Forderungs-verzeichnis mit lediglich einem Gläubiger als unzulässig erachtet (LG Koblenz, 2 T 91/03,ZVI 11/03,669). Eine solche Ansicht ist jedoch als verfassungswidrig anzusehen (vgl. dazu Pape in ZVI 12/2003,625). Nehmen wir nun an, dass ein Gericht dennoch eine Eröffnung ablehnt, da Heinz Becker nur einen einzigen Gläubiger vorweisen kann. In diesem Fall sollte er zum Anwalt gehen, damit gegen eine solche ablehnende Entscheidung eines Insolvenzgerichtes unbedingt Rechtsmittel eingelegt werden kann.

Das Insolvenzgericht bestimmt jetzt einen **Prüftermin** und einen Treuhänder. Im Prüftermin prüft das Insolvenzgericht auf Antrag eines Gläubigers, ob die geltend gemachten Forderungen überhaupt einer Restschuldbefreiung unterliegen. Bereits bei der Forderungsanmeldung müssen die Gläubiger Tatsachen angeben, die eine vorsätzlich begangene unerlaubte Handlung des Schuldners ihrer Forderung zugrunde legen (§ 174 Abs. 2 InsO). Das Insolvenzgericht weist den Schuldner auf die Rechtsfolgen des § 302 InsO und die Möglichkeiten des Widerspruchs hin (§ 175 Abs. 2).

Wenn ein Gläubiger seine Forderung mit dem Zusatz »aus vorsätzlich begangener unerlaubter Handlung des Schuldners« beim Treuhänder anmeldet, muss der Schuldner bis zum Prüftermin Widerspruch einlegen, sofern er bestreitet, dass es sich um eine solche Forderung handelt.

Typischer Fall einer Forderung aus unerlaubter Handlung ist die Schadensersatzpflicht aus § 823 Abs. 1 BGB, zu den vorsätzlich begangenen strafbaren Handlungen können Körperverletzung, Diebstahl, Sachbeschädigung, aber auch Betrug, insbesondere Kreditbetrug und Steuerhinterziehung gehören. In einem Feststellungsverfahren vor dem Amtsgericht kann der Gläubiger bei Widerspruch des Schuldners die Feststellung der Forderung aus vorsätzlich begangener unerlaubter Handlung auf dem Klageweg erreichen.

Nicht alle Forderungen werden von einer Restschuldbefreiung erfasst. So unterliegen Verbindlichkeiten aus einer vorsätzlich begangenen unerlaubten Handlung des Schuldners genauso wie Geldstrafen, Geldbußen, Ordnungs- oder Zwangsgelder nicht einer Restschuldbefreiung. Allerdings können diese Verbindlichkeiten sehr wohl am Insolvenzverfahren teilnehmen – vielleicht reicht der Verteilungsbetrag aus, um wenigstens einen Teil dieser Schulden auszugleichen. Falls aber diese Forderungen im Insolvenzverfahren nicht vollständig beglichen werden, bleibt auch nach Erteilung der Restschuldbefreiung der restliche Betrag als Zahlungsverpflichtung übrig.

Auch hier hat Herr Becker Glück: Keine seiner Forderungen stammt aus einer Straftat, aus Schadensersatz oder sind Gerichts- und Anwaltskosten aus einem Strafverfahren. Das Insolvenzverfahren ist für Herrn Becker überhaupt das erste Mal, dass er etwas mit einem Gericht zu tun hat.

Der Treuhänder prüft jetzt zusammen mit den Rechtspflegern des Insolvenzgerichtes die angemeldeten Forderungen der Gläubiger dem Grunde und der Höhe nach, stellt die Rangfolge und vorhandene Sicherheiten fest (z.B. vorrangige Abtretung, Bürgschaften) und trägt die Zahlungsverpflichtungen in eine Liste ein. Diese Liste hat die Wirkung eines vollstreckbaren Titels. Wenn das anschließende Restschuldbefreiungsverfahren aus irgendeinem Grunde scheitern sollte, so kann daraus dann vollstreckt werden (vgl. § 178 Abs. 3 InsO). Nach Abschluss des Insolvenzverfahrens können keine neuen Forderungen mehr aufgenommen werden (§§ 174ff. InsO).

Wichtig:
Gerade im Insolvenzverfahren sollten die Schuldner gerichtsverwertbare Unterlagen vorlegen können. Dies ermöglicht ein zügiges Verfahren. Wenn die Höhe der angegebenen Forderungen z.B. nicht richtig ist und vom Treuhänder bestritten wird, dann muss ein zweiter Prüftermin angesetzt werden. Dies kostet Zeit. Dem Schuldner kommt dabei allerdings zugute, dass die Dauer des Insolvenzverfahrens bei der Wohlverhaltenszeit angerechnet wird.
Um die Phase des Insolvenzverfahrens zügig zu beenden, muss eine Schlussrechnung durch den Treuhänder erfolgen, sobald das Vermögen des Schuldners **mit Ausnahme eines etwaigen laufenden Einkommens** verwertet worden ist (§ 196 Abs. 1 InsO).

Im Schlusstermin entscheidet das Gericht, ob eine Restschuldbefreiung angekündigt werden kann. Voraussetzung ist, dass das Gericht nicht eine Versagung der Restschuldbefreiung auf Veranlassung eines Gläubigers oder von Amts wegen beschließt.

Versagungsgründe, die eine Restschuldbefreiung ausschließen, sind:

- Verurteilung wegen Konkurs- oder Insolvenzbetruges.
- Krediterschleichung mit vorsätzlich oder grob fahrlässig schriftlich gemachten unrichtigen oder unvollständigen Angaben über die wirtschaftlichen Verhältnisse. (Gleiches gilt auch für den Bezug öffentlicher Mittel wie z.B. Sozialleistungen und/oder deren Rückerstattung).
- Restschuldbefreiung, die innerhalb der letzten zehn Jahre vor dem Antrag auf Eröffnung des Insolvenzverfahrens erteilt oder wegen Verstoß gegen Obliegenheiten oder Insolvenzstraftaten versagt wurde.
- Unangemessen hohe Verschuldung, Verschwendung des Vermögens oder Verschleppung des Eröffnungsantrages im letzten Jahr vor der Eröffnung des Insolvenzverfahrens.
- Vorsätzliche oder grob fahrlässige unvollständige oder unrichtige Angaben im Einkommens- und Vermögensverzeichnis sowie in der Gläubiger- und Forderungsliste.

Voraussetzungen einer Versagung einer Restschuldbefreiung sind:
- Ein Antrag eines Insolvenzgläubigers und die Glaubhaftmachung des Versagungsgrundes im Insolvenzverfahren,
- vorsätzliches oder grob fahrlässiges Handeln des Schuldners.

Gegen den Gerichtsbeschluss kann als Rechtsmittel die sofortige Beschwerde eingelegt werden.

Die wichtigsten Entscheidungen der Insolvenzgerichte zu den einzelnen Versagungsgründen sind im Anhang unter dem Stichwort Versagung einer Restschuldbefreiung auf Seite 135 f. aufgeführt.

2. Insolvenzanfechtung

Die Schuldnerberatungsstelle hatte bereits mit Herrn Becker besprochen, ob das Risiko einer Insolvenzanfechtung besteht. Nach § 129 InsO können alle Rechtshandlungen des Schuldners, also u.a. Verträge, die Herr Becker vor Beantragung eines Insolvenzverfahrens mit anderen abgeschlossen hat und die einzelne Insolvenzgläubiger benachteiligen oder bevorzugen, durch einen Gläubiger im vereinfachten Insolvenzverfahren angefochten werden.

Anfechtbar sind solche Handlungen, wenn
- ein Gläubiger in den letzten drei Monaten vor Antragstellung eine Zahlung oder Sicherung auf seine Forderung erhalten hat und er von der Zahlungsunfähigkeit des Schuldners wusste oder
- ein Gläubiger keinen Anspruch auf Zahlung oder Sicherung in den letzten drei Monaten vor Antragstellung hatte und ebenfalls von der Zahlungsunfähigkeit wusste oder
- Gläubiger in den letzten drei Monaten vor Antragstellung unmittelbar benachteiligt wurden und dem Vertragspartner die Zahlungsunfähigkeit bekannt war.

Wenn der Schuldner mit einem Dritten vereinbart, dass Gläubiger vorsätzlich benachteiligt werden sollen und dann im Hinblick auf die Insolvenzordnung Verträge geschlossen werden, so sind diese Verträge zehn Jahre rückwirkend anfechtbar.

Beispiel:
Heinz Becker besitzt noch ein Baugrundstück, das er seinem Arbeitskollegen für 35000 Euro verkauft. Da er aber die Regelungen der Insolvenzordnung nutzen will, vereinbaren beide, dass der Kaufpreis erst nach Erteilung der Restschuldbefreiung fällig wird.

Schließt der Schuldner Verträge mit nahestehenden Personen, also mit Verwandten oder Lebenspartnern, die die Gläubiger unmittelbar benachteiligen, so sind diese rückwirkend anfechtbar,

- wenn bis zu zwei Jahren vor Antragstellung der Schuldner dafür Geld erhalten hat oder
- wenn der Vorsatz, einen Gläubiger benachteiligen zu wollen, nicht bekannt war.

Bis zu vier Jahren rückwirkend können unentgeltliche Leistungen, also Schenkungen des Schuldners, angefochten werden. Nicht anfechtbar sind dagegen gebräuchliche Gelegenheitsgeschenke von geringem Wert, z.B. zum Geburtstag.

Mit Herrn Becker wird besprochen, ob er in diesen Fristen irgend etwas getan hat, das einzelne Gläubiger bevorzugt oder benachteiligt. Aber Herr Becker war immer korrekt: Er hat weder eine wertvolle Münzsammlung verkauft und dieses Geld vorab schon einmal an seinen Vater bezahlt, noch hat er ihm eine fingierte Sicherungsabtretung gegeben. Herr Becker hat auch nicht seine Kapitallebensversicherung auf seine Ehefrau umschreiben lassen genauso wenig wie er die Provisionszahlungen auf ein Nummernkonto im Ausland eingezahlt hat. Herr Becker kam gar nicht auf solche Ideen, er hatte doch sowieso schon nichts mehr.

Heinz Becker kann also beruhigt in Anlage 4 zum Eröffnungsantrag versichern, er habe in den letzten 4 Tagen vor dem Antrag auf Eröffnung kein Geld oder Gegenstände verschenkt und in den letzten 2 Jahren keine Vermögensgegestände an nahestehende Personen veräußert.

Eine solche Erklärung muss im Antragsformular abgegeben werden.

Wichtig:
Bei drohender oder eingetretener Zahlungsunfähigkeit keine windigen Geschäfte machen, jegliche Vor- oder Nachteile für die Gläubiger vermeiden und kein evtl. noch vorhandenes Vermögen verschieben.

3. Treuhänder

a) Bestimmung eines Treuhänders

Bei der Eröffnung des vereinfachten Insolvenzverfahrens bestimmt das Gericht einen Treuhänder. Der **Treuhänder** muss eine für den Einzelfall geeignete natürliche Person sein, die unabhängig von Schuldner und Gläubigern ist. Damit können beispielsweise Inkassounternehmen, aber auch Schuldnerberatungsstellen keine Treuhänder sein. Dazu können sowohl der Schuldner, als auch die Gläubiger Vorschläge machen. Bei der Beantragung des Verbraucherinsolvenzverfahrens kann ein Treuhänder vorgeschlagen werden, z.B., ein pensionierter Bankdirektor, eine Rechtsanwältin/ein Rechtsanwalt etc. Allerdings wird in der Regel das Gericht nur denjenigen als Treuhänder benennen, der professionell seine Aufgaben erledigen kann und z.B. mit einem entsprechenden PC-Programm zur Verteilungsberechnung arbeitet. In aller Regel nehmen Anwälte die Aufgabe eines Treuhänders wahr. Das Gericht wird dem Schuldner bzw. seinem Vertreter nach Verfahrenseröffnung Namen und Anschrift des Treuhänders nennen. Der Schuldner sollte umgehend Kontakt mit dem bekannten Treuhänder aufnehmen.

b) Aufgaben des Treuhänders

Der Treuhänder hat das Vermögen, die so genannte **Insolvenzmasse**, zu verwerten und an die Gläubiger zu verteilen. Falls noch Werte vorhanden sind, wird der Treuhänder diese verkaufen; in der Regel dürfte aber bei verschuldeten Verbrauchern kein nennenswertes Vermögen mehr vorhanden sein. Er wird seine eigenen Auslagen, Gebühren und die Gerichtskosten decken. Ein Resterlös für die Gläubiger wird in der Zeit des Insolvenzverfahrens selten anfallen, da zuerst die Verfahrens- und Treuhänderkosten gedeckt werden müssen. Falls aber Pfandrechte (z.B. Eigentumsvorbehalt, Sicherungsübereignung, Grundbuchsicherung) vorhanden sind, kann nicht der Treuhänder, sondern nur der eigentliche Gläubiger diese Sicherung verwerten. Der Treuhänder kann aber beim Insolvenzgericht beantragen, dass von einer Verwertung, also dem Verkauf der Gegenstände, abgesehen wird, wenn der zu erwartende Preis vom Schuldner innerhalb einer festzusetzenden Frist bezahlt wird (§ 314 Abs. 1 InsO). Damit können im Einzelfall persönliche Erinnerungsgegenstände, Erbstücke oder Sammlungen gerettet werden. Der Treuhänder muss nach § 100 InsO dem Schuldner seinen notwendigen Unterhalt zur Verfügung stellen, dabei sind in der Regel die pfändungsfreien Beträge nach der Pfändungstabelle oder nach Anhebung der Pfändungsfreigrenze zu berücksichtigen. Zur Feststellung des tatsächlich pfändbaren und damit an den Treuhänder abzutretenden Betrages müssen entsprechende Anträge nicht an ein Vollstreckungsgericht, sondern an das Insolvenzgericht gestellt werden (§ 36 InsO). In der Regel kann dies die (verfahrensbeteiligte) Schuldnerberatungsstelle übernehmen.

Spätestens bei der Eröffnung des Insolvenzverfahrens hat der Schuldner eine schriftliche Erklärung abzugeben, in der er alle pfändbaren Einkommensbestandteile für die Dauer der Regellaufzeit von 6 Jahren an den Treuhänder abtritt. Der Treuhänder legt die **Abtretungserklärung** nun dem Arbeitgeber vor. Dieser ist ab sofort als Drittschuldner verpflichtet, die errechneten monatlichen Pfändungsbeträge entsprechend der Pfändungstabelle an den Treuhänder abzuführen. Der Treuhänder sammelt die Beträge auf einem Anderkonto und verteilt sie jeweils zum Jahresende unter Vorlage einer Abrechnung anteilig zur Höhe der Forderung an alle Gläubiger. Vorher allerdings entnimmt er noch seine Gebühren, gegebenenfalls auch noch seine Auslagenerstattung und die bisher gestundeten Verfahrenskosten. Erst ab dem fünften Jahr der Laufzeit der Abtretung bekommt auch der Schuldner eine »Durchhalteprämie« von diesem Konto erstattet. Dies gilt allerdings nur dann, wenn die Verfahrenskosten gedeckt sind. Wurde dagegen ein Stundungsantrag gestellt und ist ein Teil der Gerichts- und Treuhänderkosten noch offen, so werden diese vorrangig beglichen. In diesem Fall bekommt der Schuldner nur dann eine Rückerstattung, wenn sein Einkommen nicht den nach den Sätzen der Beratungshilfe errechneten Betrag übersteigt (§ 292 Abs. 1 S. 3 InsO).

Mit der Unterzeichnung der Abtretungserklärung zugunsten des Treuhänders in der Insolvenzordnung sind alle anderen Verfügungen wirkungslos. Einzige Ausnahme: Bereits bestehende rechtsgültige Abtretungen werden vorrangig für die Dauer von zwei Jahren in vollem Umfang bedient, danach verlieren auch sie ihre Wirkung.

Pfändungen sind ab der Verfahrenseröffnung und für die Dauer der Abtretungsphase ausgeschlossen. Einzig der Treuhänder verteilt die abgetretenen pfändbaren Einkommensbestandteile.

IV. Die Wohlverhaltensphase

1. Wohlverhaltensperiode

Herr Becker ist bereits durch die Schuldnerberatungsstelle informiert worden, er hat die Abtretungserklärung unterschrieben. Die 6-jährige Wohlverhaltensperiode (Treihandphase) beginnt bereits mit dem Eröffnungsbeschluss. Während dieser Zeit muss er den gesamten Unterhalt seiner Familie und – falls vorhanden – sonstiger Unterhaltsberechtigter (z.B. für ein nicht eheliches Kind) aus dem unpfändbaren Einkommensanteil bestreiten. Wäre noch rückständiger Unterhalt (vgl. S. 58f.) aufgelaufen, so wären diese Schulden wie alle anderen zu behandeln und in das Gläubiger- und Forderungsverzeichnis mitaufzunehmen. Hätte er dagegen laufenden Unterhalt (vgl. S. 59) beispielsweise für ein nicht eheliches Kind zu zahlen, so könnte diese Forderung nicht am Verfahren teilnehmen (vgl. § 40 InsO); die erforderlichen Beträge müsste Heinz Becker aus seinem unpfändbaren Einkommen aufbringen. Das trifft aber bei ihm nicht zu.

Herr Becker muss allerdings auch zur Kenntnis nehmen, dass zukünftige Schulden, die er während der Wohlverhaltensperiode macht, keinesfalls einer Restschuldbefreiung unterliegen. Sollte also die Waschmaschine den Geist aufgeben, so muss Herr Becker die Ersatzanschaffung in voller Höhe aus seinem unpfändbaren Einkommen bezahlen.

Der Treuhänder würde nun monatlich den pfändbaren Betrag entsprechend den Lohnabrechnungen vom Arbeitgeber erhalten. Damit könnte er ab Beginn der Wohlverhaltensperiode 5 % des Abtretungsbetrages als Gebühr für sich vereinnahmen. Bekanntermaßen hat aber die Village-Bank für zwei Jahre vorrangig Anspruch auf den vollständigen abgetretenen Betrag, der weiterhin direkt durch den Arbeitgeber von Heinz Becker für die Dauer von zwei Jahren überwiesen werden kann. Wenn Heinz Becker den Anspruch des Treuhänders auf die (Mindest-)Gebühr i.H.v. 102 Euro nicht aufbringen kann, dann kann dieser Betrag ebenso wie evtl. noch offene Gerichtskosten gestundet werden.

2. Obliegenheiten

In der Laufzeit der Abtretungserklärung, der so genannten Wohlverhaltensperiode, hat der Schuldner eine Reihe von **Obliegenheiten** zu erfüllen. So muss er unter anderem

- eine angemessene Erwerbstätigkeit ausüben und, wenn er ohne Beschäftigung ist, sich um eine solche bemühen und darf keine zumutbare Arbeit ablehnen,
- Erbschaften zur Hälfte dem Treuhänder übergeben,
- jeden Wechsel des Wohnsitzes und des Arbeitsplatzes sofort dem Insolvenzgericht und dem Treuhänder mitteilen,
- keine pfändbaren Einkommen oder Erbschaften verheimlichen,
- auf Verlangen des Gerichtes oder des Treuhänders alle Auskünfte zu den Obliegenheiten erteilen,
- Zahlungen nur an den Treuhänder leisten und keinen Gläubiger bevorteilen,
- bei selbständiger Tätigkeit so viel an den Gläubiger abführen, wie bei einer vergleichbaren abhängigen Beschäftigung pfändbar wäre.

Für Herrn Becker bedeutet dies, dass er für die Dauer von sechs Jahren grundsätzlich arbeiten muss. Selbst wenn es noch so schwer fällt, kann er seinen Arbeitsplatz nur wechseln, wenn er dafür stichhaltige Gründe (Gesundheit, Familie etc.) vorbringen oder wenn er mehr verdienen (und damit abtreten) kann und ohne Unterbrechung in einen neuen Arbeitsvertrag wechseln wird. Er darf aber nicht vergessen, dem Insolvenzgericht und dem Treuhänder den Wechsel seines Arbeitsplatzes rechtzeitig mitzuteilen. Sollte er unverschuldet arbeitslos werden (sein Arbeitgeber hat die Produktion verlagert und den Betrieb geschlossen, Heinz Becker wurde »freigesetzt« ...), so muss Herr Becker sich intensiv um Arbeit bemühen und darf keine zumutbare Arbeit ablehnen. Hier werden die sehr strengen Zumutbarkeitsgrundsätze des Unterhaltsrechtes zugrunde gelegt: Herr Becker müsste notfalls nachweisen, dass er sich täglich um Arbeit bemüht, Bewerbungen schreibt, auf Annoncen antwortet und Vorstellungstermine wahrnimmt. Sich einfach nur beim Arbeitsamt melden, reicht nicht aus. Wenn ihm eine Arbeit angeboten wird, muss er möglicherweise lange Anfahrtswege, ggf. sogar einen Umzug an den neuen Arbeitsort in Kauf nehmen, er muss auch Arbeiten unterhalb seines Ausbildungsstandes annehmen. Das wird hart, aber eine **Verletzung seiner Obliegenheiten** führt zur Versagung der Restschuldbefreiung und damit zur Beendigung des Restschuldbefreiungsverfahrens ohne Anrechnung der bisherigen Laufzeit. Eine solche vorzeitige Beendigung wird wiederum kostenpflichtig öffentlich bekannt gemacht, eine neue Chance auf ein Insolvenzverfahren hätte Herr Becker erst wieder in zehn Jahren.

Eine mögliche Obliegenheitsverletzung muss ein Gläubiger, der sich dadurch benachteiligt fühlt, innerhalb eines Jahres nach Bekanntwerden beim Insolvenzgericht glaubhaft machen und beantragen, dass die Restschuldbefreiung versagt wird (vgl. S. 140).

Herr Becker weiß, dass er über seine wirtschaftlichen Verhältnisse Auskunft geben muss, er wird im Verlauf der Wohlverhaltensperiode durch die Schuldnerberatungsstelle immer wieder darauf hingewiesen. Ansonsten hat er kein Erbe zu erwarten, in der jetzigen Situation wird er sich sicherlich auch nicht selbständig machen. Er muss nur darauf achten, dass er seinem Vater Anton nicht doch noch einen zusätzlichen Vorteil verschafft und ihm ein paar Mark zusteckt, sonst wäre alle Mühe vergebens gewesen. Jeder noch so geringe Verstoß gegen die Obliegenheiten gefährdet die Restschuldbefreiung!

3. Verteilungsplan

Herr Becker möchte wissen, wie das Geld, das sein Arbeitgeber an den Treuhänder überweist, auf seine Gläubiger aufgeteilt wird.

Nach Ablauf der vorrangigen Abtretung der Village-Bank sammelt der Treuhänder die abgetretenen Beträge auf einem »Anderkonto« und verteilt sie zum Jahresende anteilig zur Höhe der Forderungen an alle Gläubiger. Vorher hat er allerdings die ihm zustehende Gebühr (5 %, mindestens 102 Euro), die Vergütung für die Obliegenheitsüberwachung (mindestens 13 Euro pro Stunde, falls nicht vom Gericht anders festgesetzt), seine Auslagen sowie eventuell noch offene Verfahrenskosten abgezogen. Ab dem fünften Jahr der Abtretung an den Treuhänder wird auch noch die Erstattung an den Schuldner (Durchhalteprämie) entnommen. Der Treuhänder muss dazu jedem Gläubiger jährlich eine Abrechnung erstellen.

Bei Heinz Becker entstehen keine Vergütungen oder Auslagen, die Gläubiger haben auf die Obliegenheitsüberwachung verzichtet.

Die Beiträge, die die Gläubiger nach Höhe ihrer Quote nach Ablauf der vorrangigen Abtretungszeit der Village Bank von 2 Jahren erhalten, sind in der Verteilungsberechnung (Berechnung mit dem PC-Programm InsO-Manager) aufgeführt (siehe Tabelle auf folgender Seite).

Wie das Verteilungsverfahren geregelt ist, können Sie nochmals auf Seite 39ff. nachlesen.

Gerichtlicher Schuldenbereinigungsplan vom 1.3.2004 **Anlage 7A zum Eröffnungsantrag**

Antragsteller-/in: Heinz Becker

Neufall mit Abtretung
(Zahlungsunfähigkeit nach dem 1.1.1997)

Der Zahlungsplan beginnt ab dem 2. Monat nach Zustellung des Beschlusses, mit dem das Gericht feststellt, dass der Schuldenbereinigungsplan als angenommen gilt, an den Schuldner. Die Zahlungen erfolgen jeweils zum 1. des Monats.

		Zahlungs-zeitraum:	1. bis 24. Monat			25. bis 72. Monat		
Nr.	Name des Gläubigers	Forderung	mtl.	Aktualisierte Forderungen (nach Ablauf der vorrangigen Abtretung)	Quote von Gesamt-verschuldung (Neuquotierung)	mtl.	Gesamt-höhe des Tilgungs-angebots	Quote von Gläubiger-forderung
1	Village Bank	20452,00 €	146,00 €	16948,00 €	72,62%	106,00 €	8593,19 €	42,02%
2	Inkasso Teufel	3067,00 €		3067,00 €	13,14%	19,19 €	920,97 €	30,03%
3	Dr. Bohrer	767,00 €		767,00 €	3,29%	4,80 €	230,32 €	39,03%
4	Anton Becker	2556,00 €		2556,00 €	10,96%	15,99 €	767,52 €	30,03%
	Summe	26842,00 €	146,00 €	23338,00 €	100,00%	146,00 €	10512,00 €	

4. Soziale Schuldnerberatung

Die Schuldnerberatungsstelle bietet Herrn Becker an, auch bei allen sonstigen möglicherweise auftretenden Problemen mit ihm und seiner Familie nach Lösungswegen zu suchen. Gerade das lang andauernde Insolvenzverfahren mit der Wohlverhaltensperiode kann immer wieder zu Schwierigkeiten führen. Der eng gesteckte finanzielle Rahmen, die verschiedenen Obliegenheitsverpflichtungen, die Unsicherheit, ob tatsächlich die Restschuldbefreiung erteilt wird etc. kann eine Belastung für die Familie, für das soziale Umfeld werden. Nur wenn die gesamte Familie diese Entschuldungsphase durchhält, keine Vorwürfe oder gar Streit das Zusammenleben belasten, besteht Aussicht auf einen Schuldenerlass. Der Alltag muss neu geplant werden. Dabei können die Beratung und Unterstützung, die Vermittlung von sonstigen Hilfen durch die Sozialarbeiter/-innen der Schuldnerberatungsstelle hilfreich und nützlich sein. Vor allem aber können durch die vertrauensvolle Zusammenarbeit mögliche Krisen bereits in der Entstehung erkannt und bearbeitet werden. Bei rechtzeitiger Information aller Beteiligten (Treuhänder, Insolvenzgericht, Gläubiger) wird sicherlich Verständnis für eine veränderte soziale oder familiäre Situation aufgebracht werden.

5. Hauswirtschaftliche Beratung

Ein gewichtiger Teil der Neuorganisation der Familie Becker wird die hauswirtschaftliche Beratung sein. Die Schuldnerberatungsstelle wird versuchen, Einsparmöglichkeiten im Haushalt der Familie Becker zu finden, notwendige Ersatzanschaffungen zu planen, regelmäßig notwendige Ausgaben (Miete, Energie, Fahrtkosten, etc.) sicherzustellen und – falls nötig – zusätzliche Unterstützung zu organisieren. Entscheidend wird für die Familie Becker sein, dass sie von dem jetzt noch verbleibenden Einkommen ein Leben führen kann, das trotz aller Einschränkungen noch erträglich ist. Die Führung eines Haushaltsbuches, die ggf. monatliche Anpassung des Einnahme- und Ausgabenplanes (vgl. S. 208) sowie der jährliche Zahlungsterminplan für die regelmäßigen Zahlungen (Miete, Nebenkosten, Versicherungen etc.) können hier hilfreich sein.

Herr Becker ist zuversichtlich, er will das Ziel erreichen.

Hinweis:
Bei der Planung des Haushaltes, bei möglichen Einsparungen und bei der wirtschaftlichen Haushaltsführung geben Verbraucher- und Schuldnerberatungsstellen wertvolle Hinweise.

V. Die Restschuldbefreiung

1. Erteilung nach Ablauf der Regellaufzeit

Wenn die Regellaufzeit der Abtretungserklärung, die so genannte Wohlverhaltensperiode (vgl. S. 111), ohne Beeinträchtigung überstanden wurde, wird in einem mündlichen Schlusstermin (bei Herrn Becker schriftlich) durch das Insolvenzgericht auf Antrag des Treuhänders der Beschluss gefasst, dass eine **Restschuldbefreiung** erteilt wird. Damit sind alle Schulden, die im Prüftermin des Insolvenzverfahrens in die Forderungsliste aufgenommen wurden, erledigt. Dabei ist es unerheblich, wieviel auf die Gesamtforderung im Verlauf des Restschuldbefreiungsverfahrens gezahlt wurde.

Die Restschuldbefreiung wird nach sechs Jahren Wohlverhalten ausgesprochen. In Ausnahmefällen kann vor Ablauf der Regellaufzeit vom Gericht eine Restschuldbefreiung erteilt werden, z.B., wenn kein Gläubiger eine Forderung angemeldet hat (siehe Kap. V., 5: Die vorzeitige Erteilung der Restschuldbefreiung).

2. Wirkung

Alle Forderungen, die beim Prüftermin in das Verzeichnis aufgenommen wurden und nicht vollständig beglichen worden sind, werden erlassen, die Vollstreckungstitel werden wirkungslos. Wenn eine Restschuldbefreiung ausgesprochen wird, gilt diese auch gegenüber Gläubigern, die ihre Forderung im Insolvenzverfahren nicht angemeldet hatten. Sollten aber die Gläubiger Sicherungen gegenüber Mitschuldnern oder Bürgen haben, so gelten diese Sicherungen, genauso wie z.B. eine Grundbucheintragung, auch gegen die Mitverpflichteten weiter. Diese müssten dann die restliche Forderung begleichen, hätten aber keine Ansprüche mehr gegenüber dem ursprünglichen Schuldner.

Hätte also Frau Becker den Kredit bei der Village-Bank mitunterschrieben (vgl. S. 51), müsste sie jetzt den nicht gezahlten Rest des Kredites aufbringen oder ein eigenes, kostenintensives Insolvenzverfahren beantragen.

Sollte nach der Erteilung einer Restschuldbefreiung noch ein Gläubiger zusätzliche Zahlungen erhalten, so müssen diese nicht an den Schuldner zurückerstattet werden (§ 301 Abs. 3 InsO). Herr Becker könnte – falls vorhanden – seinem Vater noch Beträge auf die bereits erlassene Restschuld zukommen lassen, um den Hausfrieden wieder herzustellen. Kommt es aber zum Streit, kann er dieses Geld nicht mehr zurückfordern.

3. Widerruf

Für Heinz Becker ist immer noch nicht Schluss: Auch nach Erteilung der Restschuldbefreiung kann innerhalb eines Jahres jeder Gläubiger beim Insolvenzgericht den Widerruf beantragen, wenn er glaubhaft macht, dass er erst nach der Restschuldbefreiung Kenntnis von einem Obliegenheitsverstoß (s. S. 112) erlangte. Erst nach Ablauf dieses »Zitterjahres« ist Heinz Becker endgültig schuldenfrei.

4. Die Einstellung des Insolvenzverfahrens

a) Die Einstellung des Verfahrens wegen Wegfall des Eröffnungsgrundes

Ein Insolvenzverfahren kann grundsätzlich gem. § 212 InsO wegen Wegfall des Eröffnungsgrundes eingestellt werden. Heinz Becker könnte z.B. Vermögen erworben haben und kann damit seine Schulden insgesamt bezahlen. Die Einstellung des Verfahrens erfolgt nur auf Antrag des Schuldners und ist zulässig, wenn der Schuldner glaubhaft macht, dass der Eröffnungsgrund des Verfahrens nicht mehr vorliegt.

Das Gericht muss den Antrag auf Einstellung des Verfahrens veröffentlichen, die Insolvenzgläubiger können binnen einer Woche widersprechen. Der Schuldner muss darlegen, dass weder gegenwärtig noch in absehbarer Zukunft ein Eröffnungsgrund gegeben ist und er zahlungsfähig ist.

Das Gericht wird vom Schuldner eine Vermögensübersicht, einen Zahlungsplan und schlüssige Angaben der Geldbezugsquellen verlangen.

b) Die Einstellung des Verfahrens mit Zustimmung aller Insolvenzgläubiger

Weiterhin ist die Einstellung des Insolvenzverfahrens gem. § 213 InsO auf Schuldnerantrag mit Zustimmung aller Insolvenzgläubiger möglich.

Angenommen, ein Onkel von Heinz Becker würde ihm einen größeren Geldbetrag anbieten, dann könnte er z.B. allen Gläubigern einen Vergleich anbieten. Stimmen diese zu, dann wird er die für die Einstellung erforderlichen Zustimmungserklärungen der Gläubiger, die ihren Verzicht auf ein weiteres Verfahren unwiderruflich und bedingungsfrei erklärt haben müssen, mit seinem Antrag auf Einstellung bei Gericht einreichen.

Wird das Verfahren nach § 212 oder § 213 InsO eingestellt, dann steht jedem Insolvenzgläubiger das Recht der sofortigen Beschwerde zu.

c) Die Einstellung des Verfahrens bei Tod des Schuldners

Das Insolvenzverfahren kann auch durch den Tod des Schuldners vorzeitig beendet werden. In diesem Sonderfall wird allerdings keine Restschuldbefreiung erteilt, sondern entweder die Restschuldbefreiung versagt und das Verfahren vorzeitig beendet oder das Verfahren durch die Erben fortgesetzt, um Restschuldbefreiung zu erlangen. Nach anderer Ansicht müssten die Erben des Schuldners zum Zwecke ihrer Haftungsbeschränkung die Eröffnung eines Nachlassinsolvenzverfahrens beantragen. Die Erben könnten allerdings auch das Erbe insgesamt ausschlagen, sie müssten dann die Schulden des Verstorbenen nicht übernehmen.

5. Die vorzeitige Erteilung der Restschuldbefreiung

Es kann sein, dass kein Gläubiger seine Forderung, wie vorgeschrieben, im Insolvenzverfahren anmeldet. Möglicherweise haben diese Gläubiger kein Interesse an der weiteren Erledigung Ihrer Forderung, sind jedoch dennoch nicht dazu bereit, vorab eines Verfahrens durch Erlass auf die Forderung zu verzichten.

Der im Verfahren eingesetzte Treuhänder kann nun keine Beträge an Gläubiger verteilen, ein Verfahren macht keinen Sinn.

Die Insolvenzordnung sieht in diesem Fall eine vorzeitige Erteilung der Restschuldbefreiung vor Ablauf der Wohlverhaltenszeit nicht vor. Einzelne Insolvenzgerichte haben dennoch die Regelungslücke des Gesetzes im Interesse des Schuldners ausgefüllt:

a) Die vorzeitige Erteilung der Restschuldbefreiung wegen versäumten Forderungsnachweis seitens der Gläubiger

In Verbraucherinsolvenzverfahren, in denen von Gläubigern keine Forderungen angemeldet wurden, haben Insolvenzgerichte vor Ablauf der Wohlverhaltensperiode vorzeitig Restschuldbefreiung erteilt (AG Frankfurt/M., 810 IK 6/00 W810 IK 6/00W; AG Düsseldorf, ZinsO 2000,445; AG Münster, ZVI 5/03,230; LG Frankfurt/M., 2–09T 309/03, ZVI 6–7/03), AG Bremen, 40 IK 271/02, ZVI 11/03,608; AG Erfurt, 172 IK 9/03 in BAG-Informationen 4/2003). nicht möglich: AG Köln, 71 IK 1/00 Forum sb 12/06, LG Traunstein,

4 T 2025/03, ZVI 9/03,426; LG Oldenburg, 6 T 141/03, NZI 1/2004,44; AG Kiel, 24 IK 22/99,ZinsO 22/2003,1053

b) Die vorzeitige Erteilung der Restschuldbefreiung wegen vollständiger Befriedigung der Gläubiger

Ausnahmsweise kann bei vollständiger Befriedigung der Gläubiger vor Ablauf der Abtretungszeit eine Restschuldbefreiung vorzeitig ausgesprochen werden (AG Rosenheim, ZInsO 2001,48).

c) Die Ablehnung einer vorzeitigen Restschuldbefreiung während der Wohlverhaltensperiode bei Gläubigerbefriedigung

Einzelne Gerichte haben entschieden, dass eine vorzeitige Erteilung der Restschuldbefreiung vor Ablauf der Regellaufzeit von 6 Jahren nicht in Betracht kommen kann: (AG Köln, 71 IK 1/00, ZVI 2002,223; LG Traunstein, 4 T 2025/03, ZVI 9/03,426 LG Oldenburg, 6 T 141/03, NZI 1/2004,44).

d) Rechtsmittel bei Versagung einer vorzeitigen Restschuldbefreiung

Dem Schuldner steht gegen den Beschluss im Schlusstermin des Insolvenzverfahrens, mit dem eine Restschuldbefreiung versagt wird, die sofortige Beschwerde zu (§§ 6, 289 Abs. 2 Satz 1 InsO, 567ff. ZPO n. F.). Auch dem Gläubiger, der im Schlusstermin erfolglos beantragt hat, die Restschuldbefreiung zu versagen, steht die sofortige Beschwerde zu.

Anhang

1. Die wichtigsten Begriffe von A–Z mit aktueller Rechtsprechung*

Abtretung

Die Abtretung ist ein Vertrag, mit dem der pfändbare Teil des Einkommens an einen Gläubiger abgetreten wird. In einem Insolvenzverfahren wirken bereits bestehende Abtretungen auf Dauer von 2 Jahren ab dem ersten Monat nach Verfahrenseröffnung weiter. In dieser Zeit bekommt ausschließlich der Abtretungsgläubiger die pfändbaren Beträge. Voraussetzung ist, dass die Abtretung bestimmten Vorschriften genügt. Lohnabtretungen älteren Datums (vor 1991) sind in aller Regel ungültig. Der Bundesgerichtshof hat in mehreren Urteilen klargestellt, unter welchen Voraussetzungen eine Abtretung rechtswirksam ist (BGH NJW 1989, 2383 und NJW 1992, 2626; siehe hierzu auch die Checkliste, S. 197f.). Wird vom Gläubiger eine unwirksame Lohnabtretung offengelegt, ist er verpflichtet, dem Schuldner den entstandenen Schaden zu ersetzen (BGH NJW 1974, 2754).

Abtretungsphase oder Wohlverhaltenszeit

Kommt weder im außergerichtlichen Vergleich noch im gerichtlichen Verfahren eine vergleichsweise Einigung mit den Gläubigern über eine Schuldentilgung zustande, führt der Schuldner auf Dauer von 6 Jahren das pfändbare Einkommen an einen Treuhänder ab, der es an die Gläubiger verteilt.

---

* Stand: 2004.

Altfall

Die so genannte Altfallregelung gilt nur bei Verfahren, die bis zum 1. 12. 2001 eröffnet wurden. In Ausnahmefällen können Schuldner, die nachweislich vor dem 1. 1. 1997 zahlungsunfähig wurden, nach einer verkürzten Abtretungszeit von 5 Jahren von ihren Schulden befreit werden, da sie als Altfälle gelten.

Eine Verkürzung der Wohlverhaltensphase auf fünf Jahre nach der Übergangsvorschrift des Art. 107 EGInsO ist jedoch in Insolvenzverfahren, die ab dem 1. 12. 2001 eröffnet worden sind, nicht mehr möglich (BGH, Beschluss vom 21. Mai 2004 – IX ZB 274/03).

Anhebung der Pfändungsfreigrenze/Anerkennung des sozialhilferechtlichen Bedarfs bzw. Bedarfs nach SGB II im Insolvenzverfahren

Nach Änderung durch das InsOÄG erwähnt das Gesetz grundsätzlich die Anwendbarkeit des § 850f Abs. 1 ZPO auf insolvenzrechtliche Abtretungen und die Zuständigkeit der Insolvenzgerichte (§ 36 InsO).

Gem. Artikel 21 SGB II und Artikel 34 SGB XII kann ab 1. 1. 2005 der pfändungsfreie Teil des Einkommens gem. § 850f Abs. 1a ZPO angehoben werden, wenn der Schuldner, der nicht arbeitsfähig ist, aufgrund der Pfändung Leistungen des SGB XII (Sozialhilfe) oder (bei Erwerbsfähigen) Leistungen des SGB II (Arbeitslosengeld II) beziehen müsste:

Nach neuer Fassung des § 850f Abs. 1,a ZPO kann das Vollstreckungsgericht dem Schuldner auf Antrag von dem nach den Bestimmungen der §§ 850c, d, i ZPO pfändbaren Teil seines Arbeitseinkommens einen Teil belassen, wenn der Schuldner nachweist, dass bei Anwendung der Pfändungsfreigrenzen entsprechend der Anlage zu diesem Gesetz (zu § 850c) der notwendige Lebensunterhalt im Sinne des Dritten und Elften Kapitels des Zwölften Buches Sozialgesetzbuch oder nach Kapitel 3 Abschnitt 2 des Zweiten Buches Sozialgesetzbuch nicht gedeckt ist.

Neuere Urteile wenden § 850f ZPO vorab eines Insolvenzverfahrens ohnehin auch bei Abtretungen an: Im Rahmen einer Abtretung von Sozialleistungen (z.B. Rente) ist der sozialhilferechtliche Bedarf vom Träger der Sozialleistungen von Amts wegen zu berücksichtigen (BSG vom 23. 5. 1995 – 13 RJ 43/93). Bei Lohn/Gehalt ist nach folgenden Urteilen die Vorschrift des § 850f ZPO bei Abtretungen anzuwenden: Entscheidung des BGH vom 5. 12. 1985 (Az: IX ZR 9/85, NJW 1986, 2362), OLG Köln vom 18. 2. 1998 (Az: 12 W 4/98, Rpfleger 1998, 354), LG Köln vom 15. 1. 1998 (Az: 29 S 120/97), OLG Düsseldorf vom 30. 9. 1998 (Az: 24 W 67/98), LG Frankfurt/Main vom 15. 4. 1999 (Az: 2–9T 943/98). Die Zuständigkeit des Vollstreckungsgerichtes wird vom BGH, OLG Düsseldorf und LG Frankfurt/Main bejaht, vom OLG Köln abgelehnt. Für eine Entscheidung in dieser Frage ist also das Amtsgericht als Vollstreckungsgericht oder ein Prozessgericht zuständig (siehe auch BAG-SB Info Heft 4/95, S. 10, Heft 4/98, S. 16f., Heft 3/99, S. 47ff. und: Die Anwendbarkeit von § 850f ZPO bei Abtretungen in: Der Deutsche Rechtspfleger Heft 4/2000, S. 149).

Der Arbeitgeber kann den pfändungsfreien Betrag nicht festsetzen, eine entsprechende Klage vor dem Arbeitsgericht wird abgelehnt werden (BAG vom 6.2.1991, 4 AZR 348/90, NJW 1991, 2038). Während der Laufzeit der Abtretungserklärung im Insolvenzverfahren ist eine Anhebung der Pfändungsfreigrenze gesetzlich nicht festgeschrieben. Es ist günstig, vorab des Verfahrens bei laufenden Lohnabtretungen den pfändungsfreien Betrag ggf. im Wege einer Feststellungsklage anheben zu lassen und dem Insolvenzgericht und dem Treuhänder dies bei Antragstellung mitzuteilen.

In einem Insolvenzverfahren ist die Anhebung der Pfändungsfreigrenze durch das Insolvenzgericht möglich. Die Anwendung von § 850f ZPO wurde durch Beschluss des OLG Köln vom 18.8.2000 (Az: 2W 155/2000) bejaht.

Nach Auffassung des OLG Frankfurt/Main ist es ausreichend, wenn der Schuldner dem Insolvenzgericht nachweist, dass die Pfändungsfreigrenzen nach § 850c ZPO nicht ausreichen, um seinen Lebensunterhalt zu decken. Der Treuhänder kann dann auch ohne förmliche Entscheidung des Insolvenzgerichtes den Unterhalt des Schuldners erhöhen. Nimmt der Treuhänder keine notwendige Änderung des pfändbaren Betrages vor, kann das Gericht auf Antrag des Schuldners den Treuhänder anhalten, die erforderliche Anhebung der Pfändungsfreigrenze zu veranlassen (OLG Frankfurt/Main, Beschluss vom 29.8.2000, Az: 26W 61/2000).

Antragsformular

Um einen Antrag auf Eröffnung eines Insolvenzverfahrens stellen zu können, muss ein umfangreiches Antragsformular ausgefüllt werden. Das Antragsformular ist bei Anwälten, Schuldnerberatungsstellen oder im Internet unter www.inso-rechtspfleger.de abrufbar. Eine zeitsparende Bearbeitung des Formulars einschl. der nötigen Quotenberechnung ist mit dem PC-Programm InsO-Manger (www.insomanager.de) möglich.

Antragstellung

Zur Antragstellung muss im Verbraucherinsolvenzverfahren ein Vordruckformular verwendet werden, das bundesweit einheitlich gestaltet ist. Einzelne Insolvenzgerichte haben zur Anwendung des Formulars folgende Anforderungen gestellt:

- Der Schuldner muss im Gläubiger-/Forderungsverzeichnis sämtliche Gläubiger und Forderungen angeben: OLG Celle, 2 W 113/01, ZVI 3/2002,76.
- Der Schuldner muss eine Forderungsabtretung vorlegen und sämtliche Einkünfte angeben, auch Einkünfte unterhalb der Pfändungsfreigrenze: OLG Celle, 2 W 5/02, ZinsO 5/2002,230.
- Offen bleibt, ob Schuldner im Forderungsverzeichnis die Gläubigerforderungen nach Hauptforderung, Kosten u. Zinsen aufschlüsseln muss (zweifelhaft z.B., wenn Gläubiger Angaben verweigern): OLG Celle, 2 W 96/01, ZinsO 6/2002,285.
- Der Schuldner muss auf Verlangen des Gerichtes Auskunft über wirtschaftliche und persönliche Verhältnisse geben: BGH IX ZB 426/02, NJW 16/2003,1187.
- Anlage 7A (SBP – besonderer Teil) nicht nötig, sondern frei gestaltbar – siehe Hinweisblatt Vordrucke Nr. 68; Ausnahme: LG Kleve, 4T 166/02, ZVI 2002, 200; freie Gestaltung von Schuldenbereinigungsplänen: OLG Celle, ZIP 2001,847; Zusammenstellung der Rechtsprechung beim Schuldenbereinigungsplan: ZinsO 2002, Beilage 1/2002 zu Heft 4, S. 19ff.
- Anforderungen an außergerichtlichen Einigungsversuch: Hinreichend große Zahl von Gläubigern muss beteiligt sein, um zu beurteilen, ob Schuldenbereinigungsplanverfahren erfolgreich sein könnte (AG Köln NZI 2002, 329).

Arbeitsamt-Schulden

Auch Schulden beim Arbeitsamt können in einem außergerichtlichen Schuldenbereinigungsplan aufgenommen werden. Nach einer Durchführungsverordnung der Bundesanstalt für Arbeit (12/1998) sind die persönlichen und wirtschaftlichen Verhältnisse des Schuldners eingehend darzulegen. Sofern dem Zahlungsplan zugestimmt wird, wird eine Verfallsklausel vereinbart: Die ursprüngliche Forderung lebt wieder auf, wenn der Schuldner seine im Plan zugesicherten Zahlungsverpflichtungen nicht erfüllt. Um die Bemühungen, sich außergerichtlich zu einigen, nicht zu gefährden, kann für einen Zeitraum von 6 Monaten auf Maßnahmen der Zwangsvollstreckung verzichtet werden.

Ausgenommene Forderungen

Bei der Forderungsanmeldung im Insolvenzverfahren müssen die Gläubiger darlegen, ob ihre Forderungen von einer Restschuldbefreiung ausgenommen werden sollten. Voraussetzung ist, dass eine vorsätzlich begangene unerlaubte Handlung des Schuldners nachgewiesen werden kann. Bestreitet der Schuldner, dass eine sogenannte vorsätzlich begangene unerlaubte Handlung vorliegt, muss er bis zum Prüftermin Widerspruch einlegen.

Außergerichtlicher Einigungsversuch

Der Schuldner muss zunächst versuchen, sich mit Hilfe einer geeigneten Stelle mit den Gläubigern außergerichtlich zu einigen, bevor er beim Insolvenzgericht einen Antrag auf Verfahrenseröffnung stellen kann. Bei Aussichtslosigkeit (u.a. dann, wenn kein pfändbares Einkommen vorliegt bzw. bei 20 und mehr Gläubigern) ist kein zwingender außergerichtlicher Einigungsversuch nötig. Es gibt keine gesetzliche Regelung, wie außergerichtliche Schuldenbereinigungspläne aussehen sollten.

Beiordnung eines Rechtsanwaltes (§ 4a Abs. 2 InsO)

Während des Insolvenzverfahrens kann ein Anwalt beigeordnet werden, wenn dies dem Gericht erforderlich erscheint.

Nach überwiegender Rechtsprechung wurde jedoch die Beiordnung in folgenden Fällen abgelehnt:

- bei fehlenden Deutschkenntnissen: BGH IX ZA 22/02, ZVI 5/03 = LG Bochum 10T 33/02 in ZInsO 2/2003,89; kein verfassungsrechtliches Gebot der Beiordnung bei Sprachproblemen: BverfG 1 BvR 329/03; ZVI 5/03; LG Leipzig 12 T 2601/03, ZVI 9/03, 474;
- bei früherer selbstständiger Tätigkeit und erheblichen Umfang der Schulden sowie Gläubigerzahl: LG Göttingen, 10 T 71/02, ZVI 5/03; ähnlich: LG Koblenz, 2 T 88/02, ZVI 7–8/02; LG Baden-Baden 3T 21/02; ZVI 9/02, 322;
- bei anwaltlicher Vertretung des Gegners: BGH IX ZA 20/02, ZVI 5/03; bei Vertretung des Gläubigers im Schuldenbereinigungsplanverfahren: LG Duisburg, 24T 121/00, NZI 2001,102;
- bei Stundung der Verfahrenskosten: LG Bremen, 2 T 532/02, ZVI 9/02, 324; ebenso: LG Oldenburg, 6T 702/02, ZVI 9/02, 324;

In einer geringen Anzahl von Fällen wurde eine Beiordnung eines Anwalts befürwortet:

- bei Gläubigerantrag auf Versagung der RSB (BR-Drucks 14/01, S. 41);
- bei Widerspruch gegen Anmeldung einer Forderung aus vorsätzlich begangener unerlaubten Handlung durch den Gläubiger: BGH IX ZB 44/03, ZVI 11/03, 601;
- bei Quotenneuberechnung im Schuldenbereinigungsplanverfahren: (LG Göttingen, 10T 35/01, ZInsO 01, 627;
- bei Beschwerde gegen Gerichtsentscheidungen zur Zustimmungsersetzung im Schuldenbereinigungsplanverfahren: (BR-Drucks 14/01, S. 69).

Beratungshilfe

Dem Schuldner mit geringem Einkommen wird eine nahezu kostenlose Rechtsberatung und Vertretung durch einen Anwalt im außergerichtlichen Vergleich zugesichert. Der Schuldner muss ggf. nur einen Betrag von 10 Euro aufbringen, der Anwalt erhält eine Kostenpauschale vom Staat erstattet. Allerdings wird nicht jeder Anwalt bereit sein, einen Schuldner im außergerichtlichen Vergleich zu vertreten, da es fraglich ist, ob die erhöhten Gebühren der Beratungshilfe kostendeckend sind. Fachanwälte können über die örtliche Anwaltskammer erfragt werden.

Einbeziehung weitere Schuldner

In einen Schuldenbereinigungsplan können auch Familienangehörige und andere Mithaftende (z.B. Bürgen) miteinbezogen werden. Im Zahlungsangebot sollte ein entsprechender Zusatz aufgenommen werden: »*Nach vollständiger Zahlung der im Plan aufgenommenen Beträge erlischt die Forderung des Gläubigers gegen den Schuldner, Herrn … und seiner Ehefrau …, und dem Bürgen, Herrn …*«

Einstellung der Zwangsvollstreckungsmaßnahmen

Es gibt keinen generellen gesetzlichen Vollstreckungsschutz in der Phase der außergerichtlichen Einigung. Daher sind in der Zeit des außergerichtlichen Vergleichs Vollstreckungsmaßnahmen des Gläubigers zulässig, nicht notwendige Kosten (z.B. wiederholte Gerichtsvollzieherbesuche) können gemäß § 788 ZPO bestritten werden.

Derzeit ist rechtlich umstritten, ob Pfändungen und andere Zwangsvollstreckungsmaßnahmen auf Antrag beim Amtsgericht gemäß § 765a Abs. 4

ZPO für die Dauer von drei Monaten eingestellt werden können. Der Schuldner muss durch Vorlage der Bescheinigung einer geeigneten Person oder Stelle nachweisen, dass er auf der Grundlage eines Plans eine außergerichtliche Einigung mit seinen Gläubigern versucht. Ab Antrag auf Eröffnung eines Insolvenzverfahrens kann das Insolvenzgericht gemäß § 21 Abs. 2 Nr. 3 InsO beschließen, die Zwangsvollstreckung gegen den Schuldner einzustellen (so z.B. AG Darmstadt, Az: 9 IK 10/99). Einzelne Insolvenzgerichte haben jedoch entschieden, dass dies nur bei Neupfändungen, die ab Antragstellung eingebracht werden, gilt, und Altpfändungen bis zur Verfahrenseröffnung (§ 114 Abs. 3 InsO) wirksam bleiben. Unstrittig ist, dass auf Dauer der Phase des Insolvenzverfahrens und der Treuhandphase (Wohlverhaltenszeit) Zwangsvollstreckungen für Insolvenzgläubiger unzulässig sind.

Finanzamtsschulden

Auch Schulden beim Finanzamt können in einem Insolvenzverfahren eine Restschuldbefreiung erhalten. Diese wird jedoch dann versagt, wenn der Schuldner in den letzten 3 Jahren in Steuererklärungen vorsätzlich oder grob fahrlässig unrichtige oder unvollständige Angaben über seine wirtschaftlichen Verhältnisse gemacht hat, um Steuerzahlungen zu vermeiden oder unberechtigte Steuererstattungen zu erlangen. Die Anstrengungen eines Schuldners, sein steuerunehrliches Verhalten zu verringern, können berücksichtigt werden. Kriterien für eine Zustimmung des Finanzamtes zu einem außergerichtlichen Vergleich sind im Bundessteuerblatt 1998, Teil I, S. 1497 geregelt. Der Schuldner muss umfangreiche Nachweise vorlegen, u.a. sämtliche im Schuldenbereinigungsplanverfahren nötigen Verzeichnisse, noch ausstehende Steuererklärungen, Nachweise über Schenkungen und Veräußerungen in den letzten 10 Jahren an Angehörige und mögliche Erbschaften. Die Zahlungen müssen unter Berücksichtigung des Vermögens und Einkommens sowie des Alters des Schuldners angemessen sein.

Derzeit muss davon ausgegangen werden, dass das Finanzamt im Regelfall sowohl im außergerichtlichen Vergleich als auch im Schuldenbereinigungsplanverfahren einen Vergleichsvorschlag ablehnen wird, insbesondere dann, wenn rückständige Umsatzsteuer nicht gezahlt wurde.

Forderungen von Verwandten und Freunden

Der Schuldner kann in einen Schuldenbereinigungsplan auch Privatdarlehen, die von Verwandten oder Freunden gegeben wurden, aufnehmen. Nach Auffassung einzelner Gerichte reicht jedoch ein notarielles Schuldanerkenntnis allein nicht aus, um solche Forderungen glaubhaft zu machen. Vielmehr muss die zugrunde liegende rechtliche Verpflichtung ausführlich dargelegt werden, eine Verweigerung zusätzlicher Angaben ist nicht zulässig. Dem Gericht muss nachgewiesen werden, dass ein solches Darlehen in angegebener Höhe tatsächlich auch dem Schuldner gegeben wurde (so z.B. LG Bielefeld, Az: 23 T 208/99).

Geeignete Stelle

Der Schuldner benötigt eine Bescheinigung einer geeigneten Person oder Stelle, bevor er beim Insolvenzgericht einen Antrag auf Restschuldbefreiung stellen kann. Alle Bundesländer haben Ausführungsgesetze erlassen, die die Anerkennung geeigneter Stellen regeln. Bei den jeweiligen Justizbehörden bzw. Sozialministerien oder bei einer Schuldnerberatung sind die zuständigen anerkannten Stellen zu erfragen. Zu den geeigneten Personen zählen insbesondere Anwälte, Steuerberater, Notare, Wirtschaftsprüfer und vereidigte Buchprüfer. Sie benötigen keine besondere staatliche Anerkennung.

Gewerbetreibende

Ehemalige oder aktive Kleinunternehmer und Freiberufler, die ihr Gewerbe bzw. ihren freien Beruf noch zum Zeitpunkt der Antragstellung ausüben, sollten grundsätzlich an dem für sie geeigneteren Regelinsolvenzverfahren teilnehmen.

Ein Verbraucherinsolvenzverfahren können ehemalige Selbständige nur dann beantragen, wenn weniger als 20 Gläubiger zum Zeitpunkt der Insolvenzantragsstellung und keine gegen sie gerichteten Forderungen aus früheren oder gegenwärtigen Arbeitsverhältnissen (einschließlich Forderungen von Sozialversicherungsträgern und Finanzämtern) vorliegen. Nach einem geplanten Gesetzentwurf (Stand 07/2004) ist für **ehemals Selbstständige** unabhängig von der Gläubigerzahl ein **Verbraucherinsolvenzverfahren** anzuwenden. Ein Regelinsolvenzverfahren ist nicht nötig.

Die Gläubigerversammlung kann beschließen, welche Beträge an den Treuhänder abgeführt werden; der Fortbestand des Gewerbes soll nicht gefährdet werden. Allerdings ist der Schuldner verpflichtet, dem Gläubiger so viel zu zahlen, wie er in einem entsprechenden Arbeitsverhältnis verdienen würde (§ 295 InsO).

Gläubigerantrag

Auch ein Gläubiger kann einen Antrag auf Eröffnung eines Insolvenzverfahrens stellen. Um von allen Schulden befreit zu werden, muss der Schuldner einen Antrag auf Restschuldbefreiung in Verbindung mit einem eigenem Eröffnungsantrag stellen. Er muss innerhalb von drei Monaten die nötigen Verzeichnisse dem Gericht vorlegen.

Insolvenzmasse

Zur Insolvenzmasse zählen das Vermögen und die pfändbaren Einkommensanteile. Im Insolvenzverfahren werden von der Masse zuerst die Verfahrenskosten bezahlt, bevor der Rest an die Gläubiger verteilt wird.

Insolvenzordnung

Die Insolvenzordnung (InsO) trat am 1.1.1999 in Kraft und ermöglicht eine Ablösung der Schulden in einem gerichtlichen Verfahren.

Kontenpfändung

Die Kündigung eines Kontos nach einer Kontenpfändung ist unwirksam: AG Schweinfurt, 1C 1523/99 in www.forum-schuldnerberatung.de, 09.07.2002.

Zahlreiche Geldinstitute haben sich in der Empfehlung des Zentralen Kreditausschusses (ZKA) ausgesprochen, dass auf Wunsch jeder Bürger ein Guthabenkonto erhalten kann. Wenn sich ein Geldinstitut dieser so genannten freiwilligen Selbstverpflichtung angeschlossen hat, dann darf ein solches Konto nicht gekündigt werden, der Kunde hat einen einklagbaren Anspruch auf Erhalt des Kontos: LG Berlin, 21 S 1/03; BAG-SB 03/2003, 16.

Zahlreiche Gerichte haben eine Kontenpfändung gem. § 765a ZPO bei folgenden Tatbeständen aufgehoben:

- Aufhebung einer Kontenpfändung bei Berufstätigkeit der Schuldnerin, da Pfandfreiheit geben war und Arbeitsplatzverlust drohte: LG Berlin, 81T 1112/02 in BAG-SB 02/2003, 9;
- Aufhebung einer Kontenpfändung, wenn unpfändbare Sozialleistungen bezogen wurden: OLG Frankfurt/Main, Az. 26W 28/99 in BAG-SB Informationen 4/1999, 12; LG Berlin, 81T 411/03 in BAG-SB 03/2003; LG Berlin, 81T 1204/02 in BAG-SB 01/2003, 14; LG Berlin, 34 M 4800/01 in BAG-SB 03/2002, 13; LG Rostock, 2 T 180/02 in www.forum-schuldnerberatung.de, 19.07.02;

- Aufhebung einer Kontenpfändung bei unpfändbaren Sozialleistungsbezug und Kontenkündigung: LG Essen, 11 T 293/01 in BAG-SB 03/2002, 14;

Nullzahlungsplan

Der Gesetzgeber hat im Insolvenzverfahren keine Mindestquote, die gezahlt werden muss, festgesetzt. Daher kann auch ein Schuldner, der den Gläubigern keine Zahlungen anbieten kann, weil er kein Vermögen besitzt und pfändungsfrei ist, einen Schuldenbereinigungsplan vorlegen. Einzelne Gerichte haben eine solche so genannte Nullösung bereits akzeptiert. Die Mehrzahl der Gerichte haben eine solche so genannte Nulllösung bereits akzeptiert, z.B. OLG Stuttgart, 2 InsO 2002, 836 in www. forum-schuldnerberatung.de, 9.7.2002. Damit ein Schuldenbereinigungsplan vom Gericht akzeptiert wird, sollte eine so genannte Besserungsoption im Plan enthalten sein: Der Gläubiger würde bei einer Einkommensverbesserung die pfändbaren Beträge erhalten, außerdem solle der Schuldner darauf hinweisen, dass die Hälfte einer etwaigen Erbschaft dem Gläubiger zugute kommen würde (Musterplan siehe Seite 56).

Obliegenheiten

Im gerichtlichen Verfahren muss ein Schuldner bestimmte Obliegenheiten erfüllen, um eine Restschuldbefreiung zu erlangen. Insbesondere muss er erwerbstätig sein oder sich um eine Erwerbstätigkeit bemühen.

Ausgenommen von der Pflicht, eine Vollzeitbeschäftigung anzunehmen, sind Rentner, Kranke und Personen, die ein eigenes Kind betreuen. Einem kinderlosen Schuldner kann die Restschuldbefreiung versagt werden, wenn er einer Teilzeitbeschäftigung nachgeht und sich nicht um eine Vollzeitstelle bemüht (AG Hamburg vom 20.11.2000, Az: 68e IK 15/99, NZI 2001, 103, AG München, 1503 IK 468/99, 2 VI 7/03, 366). Ebenso kann die Restschuldbefreiung wegen unterlassener Bewerbungen versagt werden (LG Kiel, 13 T 178/01, 2 VI 12/02, 474).

Prozesskostenhilfe

In der Insolvenzordnung ist keine Prozesskostenhilfe vorgesehen. Die überwiegende Zahl der höheren gerichtlichen Instanzen hat die Gewährung einer solchen Hilfe abgelehnt, der BGH hat eine Beschwerde im Insolvenzkostenhilfeverfahren nicht zugelassen (BGH, Az: IX ZB 2/00, NJW 2000, 1869).

Statt einer Prozesskostenhilfe hat der Gesetzgeber eine Verfahrenskostenstundung durch Änderung der Insolvenzordnung eingeführt.

Rechtsmissbrauch

Gläubiger, die sich zumutbaren Sanierungsvergleichen verschließen, handeln möglicherweise rechtsmissbräuchlich nach § 242 BGB, wenn das Scheitern eines fairen Vergleichs dem Schuldner einen unverhältnismäßig hohen Schaden zufügt. Dies kann zum Beispiel dann gegeben sein, wenn ein Schuldner vergleichswillig ist, der Gläubiger jedoch das Gehalt pfändet und der Schuldner daraufhin seinen Arbeitsplatz verliert (vgl. BGH NJW 1992, 967, 970).

Regelinsolvenzverfahren

Aktive Kleinunternehmer und Freiberufler müssen am Regelinsolvenzverfahren teilnehmen. Bei Verfahren, die vor einer geplanten Gesetzesänderung (voraussichtlich ab 2005) eröffnet wurden, gilt dies auch für ehemalige Gewerbetreibende, wenn mehr als 19 Gläubiger oder Forderungen aus früheren bzw. gegenwärtigen Arbeitsverhältnissen (einschließlich Forderungen von Sozialversicherungsträgern und Finanzämtern) vorliegen. Eine außergerichtliche Einigung und ein Schuldenbereinigungsplanverfahren sind hier nicht vorgeschrieben. Ein Antrag auf Stundung der Kosten sollte ebenso wie ein Antrag auf Restschuldbefreiung gestellt werden. Diese wird wie im Verbraucherinsolvenzverfahren nach Ablauf einer Wohlverhaltenszeit erteilt. Statt eines Treuhänders wird im Regelinsolvenzverfahren ein Insolvenzverwalter eingesetzt. Eine Übersicht über das Regelinsolvenzverfahren ist auf Seite 19 dargestellt. Nach einem geplanten Gesetzentwurf (Stand 07/2004) ist für ehemals Selbstständige unabhängig von der Gläubigerzahl ein Verbraucherinsolvenzverfahren anzuwenden.

Die Insolvenzgerichte haben zur Frage, wann im Einzelnen ein Regelinsolvenzverfahren und wann ein Verbraucherinsolvenzverfahren anzuwenden ist, Stellung genommen und entscheiden, dass ein Regelinsolvenzverfahren in folgenden Fällen anzuwenden ist:

- Bei Selbständigen: BGH IX ZB 152/02, ZVI 12/2002, 449;
- bei Ansprüchen aus Arbeitsverhältnissen, z.B. Entgeltansprüche von Arbeitnehmern, Forderungen von Sozialversicherungsträgern, öffentlich-rechtliche Gläubigern: Forderung einer Berufsgenossenschaft: AG Hamburg, 68a IK 31/03, ZVI 4/2003, 168 (vgl. Pape, ZVI 7–8/02,235), dagegen LG Düsseldorf, ZVI 2002, 325;ZinsO 2002, 637;AG Köln,19T 70/02,NZI 9/02);
- bei hohen Verbindlichkeiten des Schuldners aus selbständiger Tätigkeit auch dann, wenn Gesamtzahl der Gläubiger niedriger als 20 ist: LG Göttingen, 10 T 7/02, ZVI 6/2002, 205;

- bei hohen Verbindlichkeiten des Schuldners aus selbständiger Tätigkeit, wenn Gesamtverbindlichkeiten durch verschiedene Grundstücke abgesichert ist: AG Göttingen, 74 IN 8/02, ZinsO 3/2002, 147;
- bei Forderungen aus Arbeitsverhältnissen (§ 304 Abs. 1 S. 2 InsO), z.B. bei nicht abgeführten Sozialversicherungsabgaben: AG Köln 72 IN 494/01, ZVI 3/2002,69; ebenso AG Göttingen, ZVI 2002, 25.

Restschuldbefreiung

Nach Ablauf der Laufzeit der Abtretung von 6 Jahren erteilt im gerichtlichen Verfahren das Gericht die Restschuldbefreiung, sofern der Schuldner alle seine Obliegenheiten erfüllt hat. Eine Erteilung der Restschuldbefreiung ist nicht verfassungswidrig: BVerfG, Beschl. v. 3.2.2003, in www.forum-schuldnerberatung.de, 4.3. 2003.

Rückschlagsperre

Im Insolvenzverfahren besteht ein erhöhter Schutz vor störenden Zwangsvollstreckungsmaßnahmen: Hat ein Gläubiger in den letzten drei Monaten vor Antragstellung eine Sicherung am Vermögen des Schuldners erlangt, so ist diese Sicherung mit Verfahrenseröffnung unwirksam.

Schuldenbereinigungsplan

Im Schuldenbereinigungsplan gibt der Schuldner an, welche Zahlungen er an die Gläubiger leisten wird. Wichtig ist eine flexible Ausgestaltung, um Nachverhandlungen bei Arbeitslosigkeit oder Krankheit zu vermeiden.

Einzelne Gerichte stellen besondere Anforderungen an einen außergerichtlichen Vergleichsversuch und lehnen z.T. die ihnen vorgelegten Pläne mit der Begründung, die Verhandlungen seien ungenügend geführt bzw. die Gläubigerbefriedigung sei nicht ausreichend, ab. Die den Schuldner vertretene geeignete Stelle bzw. ein Anwalt wird versuchen, dem Gericht glaubhaft nachzuweisen, dass ein ernsthaftes Angebot den Gläubigern vorlag. Sollte dies keinen Erfolg haben, muss gegen einen ablehnenden Beschluss eines Insolvenzgerichtes ggf. Beschwerde beim Landgericht eingelegt werden. Die Insolvenzordnung verpflichtet die anerkannte Stelle, den im außergerichtlichen Vergleich gescheiterten Plan vorzulegen.

Schuldenbereinigungsplanverfahren

Die Durchführung eines Schuldenbereinigungsplanverfahrens liegt bei Verfahren, die nach einer geplanten Gesetzesänderung (voraussichtlich ab 2005) eröffnet werden, im Ermessen des Schuldners. Ein Verzicht auf diese Stufe des Verfahrens ist sinnvoll, wenn bereits feststeht, dass eine Gläubigerzustimmung mehrheitlich nicht zu erlangen ist. Eine Mehrheit der Gläubiger wird z.B. Nullzahlungspläne ablehnen. In einem solchen Fall wird zeitsparend umgehend das Verfahren eröffnet.

Wenn das Gericht jedoch auf Antrag des Schuldners hin ein Schuldenbereinigungsplanverfahren eröffnet und nach Überprüfung der eingereichten Unterlagen feststellt, dass eine Gläubigermehrheit dem vorliegenden Zahlungsplan zustimmen könnte, wird das Gericht im Rahmen eines Schuldenbereinigungsplanverfahrens versuchen, eine gütliche Einigung herbeizuführen. Die eingereichten Verzeichnisse werden den ablehnenden Gläubigern zur Stellungnahme zugesandt.

Wenn die Mehrheit der Gläubiger dem Plan zustimmt und das Gericht die Ablehnung der Gläubigerminderheit ersetzen kann, dann ist ein gerichtlicher Vergleich zustande gekommen. Ein weiteres Verfahren ist nicht mehr nötig.

Stundung der Verfahrenskosten

An Stelle der Verfahrenskostenhilfe hat der Gesetzgeber eine Verfahrenskostenstundung vorgesehen:

Die Kosten können auf Antrag gestundet werden, wenn das Schuldnervermögen voraussichtlich nicht zur Kostendeckung ausreichen wird. Im Verbraucherinsolvenzverfahren sind die Kosten auch dann zu stunden, wenn diese vom Schuldner nur durch Ratenzahlungen, nicht aber über eine Einmalzahlung aufgebraucht werden können (BGH IX ZB 539/02, ZVI 8/03, 405ff.) Die gesamten Kosten des Verfahrens einschließlich der Treuhändervergütung werden gestundet. Die pfändbaren Beträge vom Schuldnereinkommen werden erst dann vom Treuhänder an die Gläubiger ausgezahlt, wenn die Verfahrenskosten gedeckt sind. Ausgenommen sind Abtretungsgläubiger, die auf Dauer von 2 Jahren vorrangig die pfändbaren Beträge erhalten. Der Schuldner kann nach Erteilung der Restschuldbefreiung Ratenzahlung beantragen, wenn er die Verfahrenskosten nicht in einer Summe vollständig zurückzahlen kann. Die Ratenzahlungen sind auf höchstens 48 Monate beschränkt. Der Schuldner muss ggf. nachweisen, dass er ein geringfügiges Einkommen hat, und nach den Einkommensgrenzen der Prozesskostenhilfe keine Raten zahlen muss.

Eine Stundung wird vom Gericht widerrufen, wenn Versagungsgründe i.S.d. §§ 290, 295, 296 InsO vorliegen.

Treuhänder

Im Insolvenzverfahren tritt der Schuldner gemäß § 287 Abs. 2 InsO die pfändbaren Bezüge an einen Treuhänder ab, der diese am Jahresende an die Gläubiger verteilt. Der Treuhänder wird vom Gericht bestimmt und erhält eine Vergütung. Die Höhe der Vergütung ist in der Insolvenzrechtlichen Vergütungsverordnung (InsVV) geregelt (siehe Stichwort »Vergütung des Treuhänders«).

Treuhänderische Abtretung

Bereits vorab eines Insolvenzverfahrens kann das pfändbare Einkommen an einen Treuhänder abgetreten werden, der die Verteilung an die Gläubiger übernimmt. Sofern keine rechtsgültige Lohnabtretung älteren Datums oder ein Pfändungsbeschluss vorliegen, ist diese Abtretung wirksam und schützt Zahlungen zugunsten sämtlicher Gläubiger vor dem Zugriff eines einzelnen Gläubigers. Die bisherige Rechtsprechung hat die Wirksamkeit einer solchen Abtretung bestätigt, sofern eine gleichmäßige Verteilung an alle Gläubiger stattfindet und eine Rückübertragung an den Schuldner ausgeschlossen ist.
(Literatur: Kothe, in: Beiträge zum Recht der sozialen Dienste und Einrichtungen, Carl Heymanns Verlag KG, S. 52ff.; Urteile, S. 101ff.)

Vergütung des Treuhänders

Nach der Insolvenzrechtlichen Vergütungsverordnung (InsVV) vom 19.8.1998 erhält ein Treuhänder folgende Vergütungen:

1. Im vereinfachten Insolvenzverfahren:
   15 % von der Insolvenzmasse (Vermögen und pfändbare Beträge), mindestens 255 Euro Regelbetrag, Herabsetzung bis auf 102 Euro möglich.

2. In der Wohlverhaltenszeit:

Von den abzutretenden Beträgen bis 25000 Euro	5 %
Von einem Mehrbetrag bis 50000 Euro	3 %
Ab 50000 Euro Abtretungsbetrag	1 %.

Mindestvergütung 102 Euro pro Jahr. Vergütung für die Überwachung in der Wohlverhaltenszeit 13 Euro pro Stunde. Besondere Kosten (z.B. Porto, Telefon) nach Nachweis, wahlweise 15 % der Vergütung.

Versagung der Restschuldbefreiung

Die Restschuldbefreiung kann vom Gericht versagt werden. Voraussetzungen sind:

- Ein Antrag eines Insolvenzgläubigers oder Verwalters oder von Amts wegen;
- der Insolvenzgläubiger muss den Versagungsgrund glaubhaft machen (BGH IX ZB 37/03, ZVI 10/2003, 538);
- vorsätzliches oder grob fahrlässiges Handeln des Schuldners.

Gegen den Gerichtsbeschluss kann als Rechtsmittel die sofortige Beschwerde eingelegt werden.

Folgende Versagungsgründe sind bis Beendigung des Insolvenzverfahrens möglich:

§ 290 Nr. 1 InsO: Insolvenzstraftaten

- Verurteilung wegen einer Straftat nach §§ 283–283c StGB: Bankrott, Beiseiteschaffung von Insolvenzmasse, Verheimlichung von Vermögen; Gläubigerbegünstigung: Befriedigung oder Sicherungsgewährung einzelner Gläubiger ohne vorhandenen Anspruch.
  Die Straftat muss nicht in Zusammenhang mit einem InsO-Verfahren stehen, in dem RSB beantragt wird. Verurteilungen des Schuldners sind in der 5jährigen Tilgungsfrist des § 46 I Nr. 1 BZRG zu berücksichtigen (BGH IX ZB 121/02, NJW 2003, 974, ebenso: BayOLG, 47 BR 28/02 in: insorechtsprechung.de; OLG Celle, NJW-RR 2002, 196; AG Göttingen, 74 IN 156/02; ZVI 7–8/2002, 290).

§ 290 Nr. 2 InsO:

- Schriftlich falsche oder unvollständige Angaben über wirtschaftliche Verhältnisse innerhalb der letzten 3 Jahre vor Antragstellung,
  - um einen Kredit zu erhalten (auch Versandhausbestellungen)
  - um Leistungen aus öffentlichen Mitteln zu beziehen (z.B. Falschangaben bei Sozialhilfebezug)
  - um Leistungen an öffentliche Kassen zu vermeiden (z.B. Leistungspflicht bei Fehlbelegungsabgaben, Kindergartenbeiträgen, Rückzahlungspflicht bei Arbeitslosengeldunterstützung, UVG);
- Falschangaben: z.B. bei Einkommen, Nebenverdiensten;
- unvollständige Angaben: nur bei Aufforderung, z.B. Anfrage nach Einkommen, EV, Pfändungen; wichtige Angaben, z.B. Arbeitsplatzkündigung müssen angegeben werden.

§ 290 Abs. 3 InsO:

- Erteilung oder Versagung der Restschuldbefreiung in den letzten 10 Jahren.

§ 290 Abs. 4 InsO:

- Vermögensverschwendung und Verfahrensverzögerung im letzten Jahr vor oder nach Antragstellung, Begründung unangemessener Verbindlichkeiten:
  - z.B. Kreditaufnahme kurz vor Antragstellung, nicht jedoch nötige Anschaffungen wie Waschmaschine (stand die Kreditaufnahme in Zusammenhang mit der Trennung vom Ehepartner, so gilt dies nicht: AG Hamburg, 68g IK 18/01, ZVI 1–2/2002, 34),
  - Verschwendung von Vermögen (z.B. Schenkungen an Verwandtschaft),
  - Verzögerung der Verfahrenseröffnung (z.B. Verringerung der Insolvenzmasse bei Selbstständigen), Beeinträchtigung der Befriedigung der Insolvenzgläubiger muss gegeben sein.

§ 290 Nr. 5 InsO:

Verletzung von Auskunfts- und Mitwirkungspflichten, Verweigerung von Auskünften über Vermögen und Arbeitsverhältnisse (z.B. bei Nichtangabe einer weiteren wirtschaftl. Tätigkeit, AG Oldenburg – 6o IK 21/99, ZinsO 24/01).

§ 290 Nr. 6 InsO:

Unrichtige oder unvollständige Angaben in den Verzeichnissen, der Schuldner vergisst Gläubiger, der ihm hätte bekannt sein müssen, z.B.:

- bei Nichtangabe von Gläubigern: AG Göttingen, 74 IK 107/01 in forum-sb 04.03.03; 74 IK 104/00, ZVI 11/03, 610;
- bei symbolischer Eintragung von Forderungsbeträgen ohne Erläuterung: AG Göttingen, 74 IK 154/00, ZinsO 11/02, 544;
- bei mangelhafter Übersicht über die Vermögensverhältnisse, z.B. Nichtangabe von Gesellschaftsanteilen (LG Frankfurt/M., 2/9T 283/02);
- bei nicht angegebener Lohnabtretung (LG Göttingen, 10T 38/02, ZinsO 02/733, AG Hamburg – 68d IK 2/99, ZinsO 7/01, 330ff.);
- bei unvollständigen Verzeichnissen OLG Celle – 2W 113/01, in: www.inso-rechtsprechung.de; ZinsO 23/01
- bei Nichtangabe von Einkünften unterhalb der Pfändungsfreigrenze: OLG Celle, 2 W 113/02 in: www.inso-rechtsprechung.de; ZinsO 5/2002, 230; LG Mönchengladbach, 5 T 270/03, ZVI 11/03, 675.

Ein Antrag auf Versagung der Restschuldbefreiung ist von Insolvenzgerichten bei folgenden Tatbeständen abgelehnt worden:

- bei geringfügiger Verletzung der Auskunfts- u. Mitwirkungspflicht (Berichtigungen unvollständiger Angaben); bei Nichterfüllung nicht rechtmäßiger gerichtlicher Auflagen: BGH Az. IX ZB 388/02 in ZVI 4/03, 170; Grote, ZinsO 9/03, 416;
- bei Forderung aus unerlaubter Handlung: LG Oldenburg, 6T 721/02, ZVI 11/2002, 426;
- bei schriftlichem Versagungsantrag des Gläubigers: LG Nürnberg, 11T 4455/01, ZVI 7/02);
- bei Korrektur falscher Angaben im Eröffnungsverfahren: BayObLG, 4 Z 20/02, ZinsO 10/02; ZVI 6/2002;
- nicht eingereichte Steuererklärung (OLG Köln 2W 249/00, ZinsO 01, 229;
- bei falschen Angaben durch Kreditvermittler: LG Göttingen, 10 T 10/02, ZVI 6/2002, 219, in BAG-SB 03/2002, 21;
- bei falschen Angaben durch Mitarbeiter des Gläubigers: AG Göttingen, 74 IK 23/01, ZInsO 16/2002, 784;
- bei Aufnahme eines Studiums (kein Verstoß gegen Erwerbsobliegenheit, da höheres Einkommen erzielt werden kann): AG Göttingen, 74 IK 175/00, ZinsO 8/2002, 385;
- bei versäumten Wechsel in günstigere Steuerklasse (kein Verstoß gegen Erwerbsobliegenheit) – dagegen Verletzung der Erwerbsobliegenheit, wenn Schuldner bisheriges Einkommen durch Wechsel in ungünstigere Steuerklasse vermindert: AG Duisburg, 62 IN 53/00, ZVI 5/2002;
- bei Ausschlagung einer Erbschaft: LG Mainz, 23.04.03, in BAG-SB 03/2003, 16 (Recht der Annahme: § 83 InsO);
- bei versäumter Forderungsanmeldung bis Schlusstermin: AG Bremen, 40 IK 261/01, ZVI 11/03, 609.

Zahlungsunfähigkeit

Wenn ein Schuldner nicht alle fälligen Rechnungen bezahlen kann, ist er zahlungsunfähig. Es kann durchaus sein, dass z.B. ein Kredit noch getilgt werden kann, jedoch weitere offene Rechnungen nicht mehr beglichen werden können. Auch dann ist ein Schuldner zahlungsunfähig. Er kann gemäß § 17 InsO einen Eröffnungsantrag eines Insolvenzverfahrens stellen.

Zustimmungsersetzung

Die Ablehnung des Schuldenbereinigungsplans von Gläubigern, die in der Kopf- und Summenminderheit sind, kann durch das Insolvenzgericht auf Antrag des Schuldners ersetzt werden. Voraussetzung ist, dass der ablehnende Gläubiger im Plan nicht schlechter gestellt wird als bei Durchführung eines Insolvenzverfahrens. Die fehlende Zustimmung eines Gläubigers kann auch dann ersetzt werden, wenn er im Verhältnis zu anderen Gläubigern infolge angewachsener Zinsforderungen nur geringfügig ungleich behandelt wird. Das Gericht hat in einem solchen Fall einen Bewertungsspielraum.

Für Verbraucherinsolvenzverfahren muss das bundeseinheitliche Vordrucksformular verwendet werden.

Für Regelinsolvenzverfahren halten die einzelnen Insolvenzgerichte unterschiedliche Formulare bereit, die sich auszugsweise z.T. an den im Verbraucherinsolvenzverfahren gültigen Standartvordruck halten.

Für beide Verfahren können die Kosten gestundet werden. Derzeit gibt es dafür keinen einheitlichen Vordruck (Stand 05/2004). Ein Muster für einen Stundungsantrag ist beigefügt:

2. Muster: Antrag auf Eröffnung des Verbraucherinsolvenzverfahrens

Antrag auf Verfahrenskostenstundung

Aktenzeichen des Gerichts
(soweit bekannt)
AZ

Antragsteller/in:

Name: ....

Vorname: ....

Straße: ....

PLZ und Ort: ....

Ich beantrage die Bewilligung der Verfahrenskostenstundung.

☒ Ich bin nicht wegen einer Straftat nach den §§ 283 bis 283c des Strafgesetzbuches, also wegen Bankrott, besonders schwerem Bankrott, Verletzung der Buchführungspflicht, Gläubigerbegünstigung rechtskräftig verurteilt worden.

☒ In den letzten zehn Jahren vor meinem Eröffnungsantrag oder danach ist mir weder die Restschuldbefreiung erteilt noch versagt worden (ausgenommen die Versagung der Restschuldbefreiung wegen Nichtdeckung der Mindestvergütung des Treuhänders gem. § 298 InsO).

Mir ist bekannt, dass die Stundung nur dann bewilligt werden kann, wenn die entstehenden Verfahrenskosten weder aus meinem Vermögen gezahlt werden können noch ein Dritter zur Übernahme der entstehenden Verfahrenskosten bereit ist.

Die Verfahrenskosten können aus meinem Vermögen nicht erbracht werden.	☐ siehe beiliegende Unterlagen
Die Verfahrenskosten können von einer dritten Person (Stelle) übernommen werden.	☒ nein ☐ ja in voller Höhe ☐ ja in Höhe von EUR

Ein Restschuldbefreiungsantrag

☒ ist bereits gestellt.

☐ ist beigefügt.

Ich versichere hiermit, dass meine Angaben richtig und vollständig sind.

Ort, Datum Unterschrift

Antrag-stundung.dot

1	**Antrag auf Eröffnung des Insolvenzverfahrens (§ 305 InsO) des / der**	Vorname und Name
		Straße und Hausnummer
		Postleitzahl und Ort
		Telefon tagsüber
		Verfahrensbevollmächtigte(r)

2	An das Amtsgericht – Insolvenzgericht – in

3	**I. Eröffnungsantrag**	Ich stelle den **Antrag, über mein Vermögen das Insolvenzverfahren zu eröffnen**. Nach meinen Vermögens- und Einkommensverhältnissen bin ich nicht in der Lage, meine bestehenden Zahlungspflichten, die bereits fällig sind oder in absehbarer Zeit fällig werden, zu erfüllen.

4	**II. Restschuldbefreiungsantrag**	☒ Ich stelle den **Antrag auf Restschuldbefreiung** (§ 287 InsO).	☐ Restschuldbefreiung wird **nicht** beantragt.

5	**III. Anlagen**			
		Personalbogen	(Anlage 1)	☒
		Bescheinigung über das Scheitern des außergerichtlichen Einigungsversuchs mit außergerichtlichem Plan	(Anlage 2)	☒
		Gründe für das Scheitern des außergerichtlichen Plans	(Anlage 2 A)	☒
		Abtretungserklärung nach § 287 Abs. 2 InsO	(Anlage 3)	☒
		Erklärung zur Abkürzung der Wohlverhaltensperiode	(Anlage 3 A)	☐
		Vermögensübersicht	(Anlage 4)	☒
		Vermögensverzeichnis mit den darin genannten Ergänzungsblättern	(Anlage 5)	☒
		Gläubiger- und Forderungsverzeichnis	(Anlage 6)	☒
		Schuldenbereinigungsplan für das gerichtliche Verfahren:		
		Allgemeiner Teil	(Anlage 7)	☒
		Besonderer Teil – Musterplan mit Einmalzahlung/festen Raten	(Anlage 7 A)	☐
		oder Besonderer Teil – Musterplan mit flexiblen Raten	(Anlage 7 A)	☐
		oder Besonderer Teil – Plan mit sonstigem Inhalt	(Anlage 7 A)	☐
		Besonderer Teil – Ergänzende Regelungen	(Anlage 7 B)	☒
		Erläuterungen zur vorgeschlagenen Schuldenbereinigung	(Anlage 7 C)	☐
		Sonstige: ____________________		☐

6	**IV. Auskunfts- und Mitwirkungspflichten**	Als Schuldner bin ich gesetzlich verpflichtet, dem Insolvenzgericht über alle das Verfahren betreffenden Verhältnisse vollständig und wahrheitsgemäß Auskunft zu erteilen, insbesondere auch jede Auskunft, die zur Entscheidung über meine Anträge erforderlich ist (§§ 20, 97 InsO). Können solche Auskünfte durch Dritte, insbesondere durch Banken und Sparkassen, sonstige Kreditinstitute, Versicherungsgesellschaften, Sozial- und Finanzbehörden, Sozialversicherungsträger, Rechtsanwälte, Notare, Steuerberater und Wirtschaftsprüfer erteilt werden, so obliegt es mir, auf Verlangen des Gerichts alle Personen und Stellen, die Auskunft über meine Vermögensverhältnisse geben können, von ihrer Pflicht zur Verschwiegenheit zu befreien.

7 Frankfurt/Main, den ____________________ ____________________

(Ort, Datum) (Unterschrift)

Amtliche Fassung 3/2002 Eigenantrag Verbraucherinsolvenz: Eröffnungsantrag (Hauptblatt), **Seite 1** von 1

Anlage 1
zum Eröffnungsantrag des / der ______________________________

Personalbogen: Angaben zur Person

8

Name	Akademischer Grad
Vorname(n) (Rufnamen unterstreichen) ____	Geschlecht ☐ männlich ☐ weiblich
Geburtsname	früherer Name
Geburtsdatum	Geburtsort
Wohnanschrift Straße	Hausnummer
Postleitzahl	Ort
Telefon (privat)	Mobil
Telefax	E-Mail

9

Familienstand	☐ ledig	☐ verheiratet seit ______	☐ eingetragene Lebenspartnerschaft begründet seit ______ ☐ beendet seit ______	☐ geschieden seit ______	☐ getrennt lebend seit ______	☐ verwitwet seit ______

10

Unterhaltsberechtigte Personen	☒ nein	☐ ja, Anzahl: ______ , davon minderjährig: ______ (Einzelheiten siehe Ergänzungsblatt 5 J)

11

Beteiligung am Erwerbsleben		
	Erlernter Beruf	
	Zurzeit oder zuletzt tätig als	
	☐ ehemals selbständig als	
	☐ zurzeit unselbständig beschäftigt als ☐ Arbeiter(in) ☐ Angestellte(r) ☐ Beamter/Beamtin ☐ Aushilfe ☐ Sonstiges, und zwar: ______	☐ zurzeit keine Beteiligung am Erwerbsleben, weil ☐ Rentner(in)/Pensionär(in) seit ______ ☐ arbeitslos seit ______ ☐ Schüler(in) / Student(in) bis ______ ☐ Hausmann/Hausfrau ☐ Sonstiges, und zwar: ______

12

Verfahrensbevollmächtigte(r)		
☒ für das Verfahren insgesamt	Name	Akademischer Grad
☐ nur für das Schuldenbereinigungsplanverfahren	Vorname	Beruf
	ggf. Bezeichnung der geeigneten Stelle	
☒ Vollmacht liegt an	Straße	Hausnummer **57**
☐ Vollmacht wird nachgereicht	Postleitzahl	Ort
	Telefon	Telefax
	E-Mail	
	Geschäftszeichen	Sachbearbeiter(in)

Amtliche Fassung 3/2002 Eigenantrag Verbraucherinsolvenz: Personalbogen (Anlage 1), **Seite 1** von 1

Anlage 2
zum Eröffnungsantrag des / der ______________________________

Bescheinigung über das Scheitern des außergerichtlichen Einigungsversuchs (§ 305 Abs. 1 Nr. 1 InsO)

- Die Anlage 2 ist von der geeigneten Person oder Stelle auszufüllen -

13	**I. Bezeichnung der geeigneten Person oder Stelle**	Name Straße / Hausnummer Postleitzahl / Ort Ansprechpartner
14	**II. Behördliche Anerkennung der geeigneten Person oder Stelle**	☒ Ja Anerkennende Behörde: Datum des Bescheids: Aktenzeichen: ☐ Nein, die Eignung ergibt sich jedoch aus folgenden Umständen: ☐ Rechtsanwalt ☐ Notar ☐ Steuerberater ☐ Sonstiges: ______________________________
15	**III. Außergerichtlicher Einigungsversuch**	1. Der außergerichtliche Plan vom ______________ ist beigefügt. 2. Allen im Gläubigerverzeichnis benannten Gläubigern ist dieser Plan übersandt worden. ☒ Ja ☐ Nein. Begründung: ______________________________ 3. Der Einigungsversuch ist endgültig gescheitert am ______________ . 4. Die wesentlichen Gründe für das Scheitern des Plans ergeben sich aus der Darstellung in der Anlage 2 A.
16	**IV. Bescheinigung**	Ich bescheinige / Wir bescheinigen, dass die Schuldnerin bzw. der Schuldner ☒ mit meiner/unserer Unterstützung erfolglos versucht hat, eine außergerichtliche Einigung mit den Gläubigern über die Schuldenbereinigung auf der Grundlage eines Plans zu erzielen.

(Ort, Datum) ______________________________ (Unterschrift/Stempel der bescheinigenden Person oder Stelle)

Amtliche Fassung 3/2002 — Eigenantrag Verbraucherinsolvenz: Bescheinigung (Anlage 2), **Seite 1** von 1

Anlage 2 A
zum Eröffnungsantrag des / der ______________________________

Gründe für das Scheitern des außergerichtlichen Schuldenbereinigungsplans (§ 305 Abs. 1 Nr. 1 InsO)

17

I. Wesentliche Gründe für das Scheitern des Einigungsversuchs

☒ Nicht alle Gläubiger haben dem ihnen übersandten außergerichtlichen Plan zugestimmt.

1. Anteil der zustimmenden Gläubiger nach Köpfen:
   _____ Gläubiger von _____ Gläubigern
2. Anteil der zustimmenden Gläubiger nach Summen:
   ____________ EUR von _____________ EUR
3. Anteil der Gläubiger ohne Rückäußerung:
   _____ Gläubiger von _____ Gläubigern

Als maßgebliche Gründe für die Ablehnung des Plans wurden genannt:

☐ Nachdem die Verhandlungen über die außergerichtliche Schuldenbereinigung aufgenommen wurden, ist die Zwangsvollstreckung betrieben worden von:

____

Aktenzeichen des Gerichts oder Gerichtsvollziehers: ______________________

Amtsgericht: ______________________

18

II. Beurteilung des außergerichtlichen Einigungsversuchs und Aussichten für das gerichtliche Schuldenbereinigungsverfahren

Der gerichtliche Plan unterscheidet sich von dem außergerichtlichen Plan

☒ nicht. ☐ in folgenden Punkten:

Nach dem Verlauf des außergerichtlichen Einigungsversuchs halte ich die Durchführung des gerichtlichen Schuldenbereinigungsplanverfahrens für

☐ aussichtsreich. ☒ nicht aussichtsreich.

Begründung:

Amtliche Fassung 3/2002 — Eigenantrag Verbraucherinsolvenz: Bescheinigung (Anlage 2 A), **Seite 1** von 1

Anlage 3
zum Eröffnungsantrag des / der ____________________

Abtretungserklärung nach § 287 Abs. 2 InsO

- Die Anlage ist nur einzureichen, wenn auf dem Hauptblatt Restschuldbefreiung beantragt worden ist -

I. Erläuterungen zur Abtretungserklärung	Die nachfolgende Abtretung umfasst alle Bezüge aus einem Dienstverhältnis oder an deren Stelle tretende laufende Bezüge, also: - jede Art von Arbeitseinkommen, Dienst- und Versorgungsbezüge der Beamten, Arbeits- und Dienstlöhne, Arbeitsentgelt für Strafgefangene, - Ruhegelder und ähnliche fortlaufende Einkünfte, die nach dem Ausscheiden aus dem Dienst- oder Arbeitsverhältnis gewährt werden, sonstige Vergütungen für Dienstleistungen aller Art, die die Erwerbstätigkeit des Zahlungsempfängers vollständig oder zu einem wesentlichen Teil in Anspruch nehmen, - Bezüge, die ein Arbeitnehmer zum Ausgleich für Wettbewerbsbeschränkungen für die Zeit nach Beendigung seines Dienstverhältnisses beanspruchen kann, - Hinterbliebenenbezüge, die wegen des früheren Dienst- oder Arbeitsverhältnisses gezahlt werden, Renten, die aufgrund von Versicherungsverträgen gewährt werden, wenn diese Verträge zur Versorgung des Versicherungsnehmers oder seiner unterhaltsberechtigten Angehörigen geschlossen worden sind, - Renten und sonstige laufende Geldleistungen der Sozialversicherungsträger oder der Bundesanstalt für Arbeit im Fall des Ruhestands, der teilweisen oder vollständigen Erwerbsunfähigkeit oder der Arbeitslosigkeit, - alle sonstigen, den genannten Bezügen rechtlich oder wirtschaftlich gleichstehenden Bezüge. Soweit Sie nach Aufhebung des Insolvenzverfahrens eine selbständige Tätigkeit ausüben, sind Sie verpflichtet, während der Laufzeit der Abtretungserklärung die Insolvenzgläubiger durch Zahlungen an den gerichtlich bestellten Treuhänder so zu stellen, wie wenn Sie ein angemessenes Dienstverhältnis eingegangen wären (§ 295 Abs. 2 InsO).
19 **II. Abtretungserklärung**	**Für den Fall der gerichtlichen Ankündigung der Restschuldbefreiung trete ich hiermit meine pfändbaren Forderungen auf Bezüge aus einem Dienstverhältnis oder an deren Stelle tretende laufende Bezüge für die Zeit von sechs Jahren nach Eröffnung des Insolvenzverfahrens an einen vom Gericht zu bestimmenden Treuhänder ab.** Die von dieser Abtretungserklärung erfassten Forderungen auf Bezüge aus einem Dienstverhältnis oder an deren Stelle tretende laufende Bezüge ☐ habe ich zurzeit **nicht** an einen Dritten abgetreten oder verpfändet. ☐ habe ich bereits vorher abgetreten oder verpfändet. Die Einzelheiten sind in dem Ergänzungsblatt 5 H zum Vermögensverzeichnis dargestellt.

(Ort, Datum) ____________________ (Unterschrift)

Amtliche Fassung 3/2002 — Eigenantrag Verbraucherinsolvenz: Abtretungserklärung (Anlage 3), **Seite 1** von 1

Anlage 4
zum Eröffnungsantrag des / der ______________________________

Vermögensübersicht

(Übersicht des vorhandenen Vermögens und des Einkommens, § 305 Abs. 1 Nr. 3 InsO)

21

I. Erklärung zur Vermögenslage	Hiermit erkläre ich, dass ich über folgendes Vermögen und Einkommen verfüge. ☐ Weitergehende Angaben habe ich in den Ergänzungsblättern zum Vermögensverzeichnis (Anlagen 5 A ff.) gemacht.

22

1.	**Vermögen**	**Ja**	**gemäß Ergänzungsblatt**	**Wert in EUR** (Gesamtbetrag)	**Sicherungsrechte Dritter** (Ergänzungsblatt 5 H)	**Nein**
1.1	Bargeld *(auch in ausländischer Währung)*	☐	-		☐ nein ☐ ja, in Höhe von ________ EUR	☒
1.2	Guthaben auf Girokonten, Sparkonten, Spar- und Bausparverträgen, Wertpapiere, Schuldbuchforderungen, Darlehnsforderungen	☐	5 A		☐ nein ☐ ja, in Höhe von ________ EUR	☒
1.3	Bescheidene Lebensführung übersteigende Hausratsgegenstände, Möbel, Fernseh- und Videogeräte, Computer, sonstige elektronische Geräte, wertvolle Kleidungsstücke, sonstige wertvolle Gebrauchsgegenstände (z. B. Kameras, Waffen, optische Geräte u.ä.), wertvolle Bücher (Anzahl, Gesamtwert)	☐	5 B		☐ nein ☐ ja, in Höhe von ________ EUR	☒
1.4	Bauten auf fremden Grundstücken (z. B. Gartenhaus, Verkaufsstände etc.)	☐	5 B		☐ nein ☐ ja, in Höhe von ________ EUR	☒
1.5	Privat genutzte Fahrzeuge (PKW, LKW, Wohnwagen, Motorräder, Mopeds usw.)	☐	5 B		☐ nein ☐ ja, in Höhe von ________ EUR	☐
1.6	Forderungen gegen Dritte (Außenstände, rückständiges Arbeitseinkommen, Forderungen aus Versicherungsverträgen, Rechte aus Erbfällen)	☐	5 C		☐ nein ☐ ja, in Höhe von ________ EUR	☒
1.7	Grundstücke, Eigentumswohnungen und Erbbaurechte, Rechte an Grundstücken	☐	5 D		☐ nein ☐ ja, in Höhe von ________ EUR	☒
1.8	Aktien, Genussrechte oder sonstige Beteiligungen an Kapitalgesellschaften, Personengesellschaften oder Genossenschaften	☐	5 E		☐ nein ☐ ja, in Höhe von ________ EUR	☒
1.9	Rechte oder Ansprüche aus Urheberrechten, immaterielle Vermögensgegenstände (z. B. Patente)	☐	5 F		☐ nein ☐ ja, in Höhe von ________ EUR	☒
1.10	Sonstiges Vermögen	☐	5 F		☐ nein ☐ ja, in Höhe von ________ EUR	☒

23

2.	**Monatliche Einkünfte**	**Ja**	**gemäß Ergänzungsblatt**	**Betrag monatlich netto in EUR**	**Sicherungsrechte Dritter** (Ergänzungsblatt 5 H)	**Nein**
2.1	Durchschnittliches Arbeitseinkommen (netto) einschließlich Zulagen und Zusatzleistungen	☐	5 G		☐ nein ☐ ja, in Höhe von ________ EUR	☐
2.2	Arbeitslosenunterstützung (Arbeitslosengeld, -hilfe, Unterhaltsgeld etc.)	☐	5 G		☐ nein ☐ ja, in Höhe von ________ EUR	☐
2.3	Krankengeld	☐	5 G		☐ nein ☐ ja, in Höhe von ________ EUR	☐
2.4	Rentenversicherungen, Betriebsrenten, Versorgungsbezüge (aus öffentlicher Kasse)	☐	5 G		☐ nein ☐ ja, in Höhe von ________ EUR	☐
2.5	Private Renten-, Spar- und sonstige Versicherungsverträge	☐	5 G		☐ nein ☐ ja, in Höhe von ________ EUR	☐
2.6	Sonstige Sozialleistungen (wie z. B. Sozialhilfe, Kindergeld, Erziehungsgeld, Wohngeld etc.)	☐	5 G		☐ nein ☐ ja, in Höhe von ________ EUR	☐
2.7	Sonstige monatliche Einkünfte (wie z. B. Einkünfte aus Unterhaltszahlungen)	☐	5 G		☐ nein ☐ ja, in Höhe von ________ EUR	☐

Amtliche Fassung 3/2002 — Eigenantrag Verbraucherinsolvenz: Vermögensübersicht (Anlage 4), **Seite 1** von 2

24	3.	Jährliche Einkünfte	Ja	gemäß Ergänzungsblatt	Betrag jährlich netto in EUR	Sicherungsrechte Dritter (Ergänzungsblatt 5 H)	Nein
	3.1	Einkünfte aus nichtselbständiger Tätigkeit (z. B. Weihnachtsgeld, Tantiemen, sonstige Gratifikationen usw.)	☐	5 G		☐ nein ☐ ja, in Höhe von ________ EUR	☐
	3.2	Einkünfte aus Vermietung und Verpachtung	☐	5 G		☐ nein ☐ ja, in Höhe von ________ EUR	☒
	3.3	Einkünfte aus Kapitalvermögen	☐	5 G		☐ nein ☐ ja, in Höhe von ________ EUR	☒
	3.4	Sonstige jährliche Einkünfte	☐	5 G		☐ nein ☐ ja, in Höhe von ________ EUR	☐

25	4.	Sonstiger Lebensunterhalt	☐ Ich habe keine bzw. keine ausreichenden regelmäßigen Einkünfte nach Ziffer 2 und 3. Den notwendigen Lebensunterhalt bestreite ich durch: ________________________

26	5.	Regelmäßig wiederkehrende Zahlungsverpflichtungen	Ja	gemäß Ergänzungsblatt	Betrag monatlich in EUR	Nein
	5.1	Unterhaltsverpflichtungen	☐	5 J	☐ Naturalunterhalt für ___ Personen ☐ Barunterhalt für ___ Personen in Gesamthöhe von ______ EUR	☐
	5.2	Wohnkosten (Miete etc.)	☒	5 J	________ EUR	☐
	5.3	Sonstige wesentliche Verpflichtungen	☐	5 J	________ EUR	☐

27	II. Erklärung zur Vermögenslosigkeit	☐ Hiermit erkläre ich, dass ich mit Ausnahme des unter Punkt I. 4 bezeichneten Lebensunterhalts weder über die vorstehend aufgeführten Vermögenswerte noch über sonstige Vermögenswerte verfüge (Vermögenslosigkeit).	
28	**III. Erklärung zu Schenkungen und Veräußerungen**	Ich habe in den letzten vier Jahren vor dem Antrag auf Eröffnung des Insolvenzverfahrens Geld, Forderungen oder Gegenstände verschenkt (gebräuchliche Gelegenheitsgeschenke geringen Werts sind nicht anzugeben).	☐ nein ☐ ja, im Gesamtwert von ________ EUR gemäß Ergänzungsblatt 5 K
		Ich habe in den letzten zwei Jahren Vermögensgegenstände an nahe stehende Personen veräußert.	☐ nein ☐ ja, im Gesamtwert von ________ EUR gemäß Ergänzungsblatt 5 K
29	**IV. Versicherung (§ 305 Abs. 1 Nr. 3 InsO)**	Die **Richtigkeit und Vollständigkeit der in dieser Vermögensübersicht enthaltenen Angaben** versichere ich. Mir ist bekannt, dass vorsätzliche Falschangaben strafbar sein können und dass mir die Restschuldbefreiung versagt werden kann, wenn ich vorsätzlich oder grob fahrlässig unrichtige oder unvollständige Angaben gemacht habe (§ 290 Abs. 1 Nr. 6 InsO).	

(Ort, Datum) (Unterschrift)

Amtliche Fassung 3/2002 Eigenantrag Verbraucherinsolvenz: Vermögensübersicht (Anlage 4), **Seite 2** von 2

Anlage 5
zum Eröffnungsantrag des / der ____________________

Vermögensverzeichnis

(Verzeichnis des vorhandenen Vermögens und des Einkommens, § 305 Abs. 1 Nr. 3 InsO)

30

I. Erklärung zum Vermögensverzeichnis	Hinsichtlich meines Vermögens und meiner Einkünfte nehme ich auf die Angaben in der Vermögensübersicht Bezug. ☐ Ich ergänze diese Angaben entsprechend den beiliegenden und in der Vermögensübersicht bereits bezeichneten Ergänzungsblättern: ☐ 5 A (Guthaben auf Konten, Wertpapiere, Schuldbuchforderungen, Darlehensforderungen) ☐ 5 B (Hausrat, Mobiliar, Wertgegenstände und Fahrzeuge) ☐ 5 C (Forderungen, Rechte aus Erbfällen) ☐ 5 D (Grundstücke, Eigentumswohnungen und Erbbaurechte, Rechte an Grundstücken) ☐ 5 E (Beteiligungen, Aktien, Genussrechte) ☐ 5 F (Immaterielle Vermögensgegenstände, sonstiges Vermögen) ☐ 5 G (Laufendes Einkommen) ☐ 5 H (Sicherungsrechte Dritter und Zwangsvollstreckungsmaßnahmen) ☐ 5 J (Regelmäßig wiederkehrende Verpflichtungen) ☐ 5 K (Schenkungen und entgeltliche Veräußerungen) **Ich versichere, dass ich in den nicht beigefügten Ergänzungsblättern keine Angaben zu machen habe.**
II. Versicherung (§ 305 Abs. 1 Nr. 3 InsO)	Die **Richtigkeit und Vollständigkeit der in diesem Vermögensverzeichnis und den beigefügten Ergänzungsblättern enthaltenen Angaben** versichere ich. Mir ist bekannt, dass vorsätzliche Falschangaben strafbar sein können und dass mir die Restschuldbefreiung versagt werden kann, wenn ich vorsätzlich oder grob fahrlässig unrichtige oder unvollständige Angaben gemacht habe (§ 290 Abs. 1 Nr. 6 InsO).

(Ort, Datum)

____
(Unterschrift)

Amtliche Fassung 3/2002 — Eigenantrag Verbraucherinsolvenz: Vermögensverzeichnis (Anlage 5), **Seite 1** von 1

Ergänzungsblatt 5 A
zum Vermögensverzeichnis des / der ____________________

Guthaben auf Konten, Wertpapiere, Schuldbuchforderungen, Darlehnsforderungen

31

1.	**Guthaben auf Konten** *(Bezeichnung der Kontonummern, genaue Bezeichnung der Konto führenden Stelle)*	**Stichtag**	**Guthaben in EUR**
1.1 1.1.1	Girokonten (z. B. Gehaltskonto) **Bei Erlöschen des Geschäftsbesorgungsantrages gem. §§ 115,116 InsO bitten wir um Freigabeantrag an das Geldinstitut**		
1.2 1.2.1	Termin- oder Festgeldkonten		
1.3 1.3.1	Fremdwährungsgeldkonten		
1.4 1.4.1	Sparkonten, Sparverträge		
1.5 1.5.1	Raten- und Bausparverträge		
1.6 1.6.1	Sonstige Spareinlagen		

32

2.	**Wertpapiere, Schuldbuchforderungen und sonstige Darlehnsforderungen** *(genaue Bezeichnung: Name des Papiers, Typ, Serie, WKN, ggf. Name der Depotbank mit Depot-Nr., Fälligkeitsdatum, Name und Anschrift des Schuldners)*	**Stichtag**	**Kurs- oder Verkehrswert in EUR**
2.1 2.1.1	Investmentfondsanteile		
2.2 2.2.1	Pfandbriefe, Sparbriefe und ähnliche festverzinsliche Wertpapiere, Obligationen		
2.3 2.3.1	Schuldbuchforderungen		
2.4 2.4.1	Wechselforderungen		
2.5 2.5.1	Scheckforderungen		
2.6 2.6.1	Forderungen aus Hypotheken oder Grundschulden		
2.7 2.7.1	Gesellschafterdarlehen		
2.8 2.8.1	Sonstige Forderungen aus Darlehen oder ähnlichen Geldanlagen		

Amtliche Fassung 3/2002 Eigenantrag Verbraucherinsolvenz: Ergänzungsblatt 5 A zum Vermögensverzeichnis, **Seite 1** von 1

Ergänzungsblatt 5 B
zum Vermögensverzeichnis des / der ________________

Hausrat, Mobiliar, Wertgegenstände und Fahrzeuge

33

1.	**Hausrat, sonstiges Mobiliar oder Wertgegenstände**	**Wert in EUR**
1.1	Bescheidene Lebensführung übersteigende Hausratsgegenstände, Möbel, Fernseh- und Videogeräte, Computer, sonstige elektronische Geräte, wertvolle Kleidungsstücke, sonstige wertvolle Gebrauchsgegenstände (z. B. Kameras, Waffen, Sportgeräte, optische Geräte u.ä.)	
1.1.1		
1.2	Sonstige Wertgegenstände (wie z. B. wertvolle Bücher, Kunstobjekte, Musikinstrumente, Uhren, Schmuck, Sammlungen, Gegenstände aus Edelmetall, Edelsteine, Perlen, Goldmünzen etc.)	
1.2.1		
1.3	Bauten auf fremden Grundstücken (z. B. Gartenhaus, Verkaufsstände etc.)	
1.3.1		

34

2.	**Kraftfahrzeuge** *(Bitte Typ/Fabrikat, Kennzeichen, Baujahr, km-Leistung und Aufbewahrungsort des Fahrzeugbriefes angeben)*	**Wert in EUR**
2.1	PKW	
2.1.1		
2.2	LKW	
2.2.1		
2.3	Wohnwagen, Anhänger u.ä.	
2.3.1		
2.4	Motorräder, Mopeds u.ä.	
2.4.1		
2.5	Land- und forstwirtschaftliche Maschinen, Geräte u.ä.	
2.5.1		

35

3.	**Erklärung zu unpfändbaren Gegenständen**
	☐ Die Gegenstände unter laufender Nummer ________________ werden zur Fortsetzung der Erwerbstätigkeit benötigt. Begründung:

Amtliche Fassung 3/2002 Eigenantrag Verbraucherinsolvenz: Ergänzungsblatt 5 B zum Vermögensverzeichnis, **Seite 1** von 1

Ergänzungsblatt 5 C
zum Vermögensverzeichnis des / der ____________________

Forderungen (z. B. aus Versicherungsverträgen), Rechte aus Erbfällen

	1.	**Forderungen**	**Wert in EUR**
36	1.1	**Forderungen aus Versicherungsverträgen** *(Name und Anschrift der Versicherungsgesellschaft oder Kasse und Vertragsnummer, Versicherungsleistung bzw. Beitragserstattung, ggfs. Rückkaufwert, Name des Begünstigten)*	
		Kapital-Lebensversicherungsverträge, Sterbekassen	
		private Rentenversicherungen	
		private Krankenversicherung	
		sonstige Versicherungen *(z.B. Ansprüche gegen Hausrat-, Haftpflichtversicherung, sonstige verwertbare Versicherung)*	
37	1.2	**Rückständiges Arbeitseinkommen**	
	1.2.1	*Name / Firma, vollständige Anschrift des Arbeitgebers, Art des rückständigen Einkommens (z. B. Urlaubsgeld, Weihnachtsgeld, rückständiger Lohn von – bis)*	
38	1.3	**Steuererstattungsansprüche**	
		Finanzamt	
		Steuernummer / Die Steuererklärung wurde zuletzt abgegeben für das Kalenderjahr	
39	1.4	**Sonstige Zahlungsansprüche, z. B. aus Schadensfällen oder aus noch nicht erfüllten Verträgen**	
	1.4.1	*Name / Firma, vollständige Anschrift des Schuldners Art des Zahlungsanspruchs (genaue Bezeichnung des Rechtsgrunds; ggf. Angaben zur Einbringlichkeit der Forderung)*	

40	**2.**	**Rechte und Ansprüche aus Erbfällen**	**Wert in EUR**
		(Bezeichnung der Beteiligung bzw. des Anspruchs, z. B. Erbengemeinschaft, Pflichtteilsanspruch, Beteiligung an einer fortgesetzten Gütergemeinschaft etc.)	

Amtliche Fassung 3/2002 Eigenantrag Verbraucherinsolvenz: Ergänzungsblatt 5 C zum Vermögensverzeichnis, **Seite 1** von 1

Ergänzungsblatt 5 D
zum Vermögensverzeichnis des / der ______________________

Grundstücke, Eigentumswohnungen und Erbbaurechte, Rechte an Grundstücken

41

1.	**Genaue Bezeichnung des Grundvermögens** *(evtl. gesonderte Aufstellung oder Grundbuchauszüge beifügen)*			
lfd. Nr.	Lage des Objektes (Straße, Ort), Nutzungsart	Grundbuchbezeichnung (Amtsgericht, Grundbuchbezirk, Band, Blatt)	Eigen-tums-anteil	Verkehrswert in EUR (ca.)
1.1 1.1.1	Eigentum an Grundstücken oder Eigentumswohnungen			
1.2 1.2.1	Erbbaurechte			
1.3 1.3.1	Grunddienstbarkeiten, Nießbrauchsrechte			
1.4 1.4.1	Sonstige im Grundbuch eingetragene Rechte			

42

2.	**Belastungen dieses Grundvermögens** *(evtl. gesonderte Aufstellung oder Grundbuchauszüge beifügen)*			
lfd. Nr. zu 1.	Art der Belastung	Grundbuch-eintragung in a) Abteilung b) lfd. Nr.	Name des Gläubigers	Wert der derzeitigen Belastung in EUR

43

3.	**Ist die Zwangsversteigerung oder –verwaltung dieses Grundstückes angeordnet?**		
lfd. Nr. zu 1.	Zwangs-versteigerung	Zwangs-verwaltung	Zuständiges Amtsgericht (mit Geschäftszeichen)
	☐	☐	
	☐	☐	
	☐	☐	
	☐	☐	

Amtliche Fassung 3/2002 Eigenantrag Verbraucherinsolvenz: Ergänzungsblatt 5 D zum Vermögensverzeichnis, **Seite 1** von 1

Ergänzungsblatt 5 E
zum Vermögensverzeichnis des / der ______________________

Beteiligungen (Aktien, Genussrechte, sonstige Beteiligungen)

44

1.	**Aktien, Genussrechte und sonstige Beteiligungen an Kapitalgesellschaften** (AG, GmbH, KGaA) *– evtl. gesonderte Aufstellung oder Depotauszug beifügen –*			
lfd. Nr.	a) Beteiligungsform b) Name und Anschrift der Gesellschaft c) WKN, Depot-Nr. und -bank bzw. Registergericht mit HRB-Nr.	Nennbetrag je Gesellschaft in EUR	Kurs- bzw. Verkehrswert in EUR	Fällige Gewinnansprüche in EUR
1.1				

45

2.	**Beteiligung an Personengesellschaften** (oHG, KG, Partnerschaftsgesellschaft, Gesellschaft des bürgerlichen Rechts, EWIV u.ä.) *– evtl. gesonderte Aufstellung beifügen –*			
lfd. Nr.	a) Name und Anschrift der Gesellschaft b) Eingetragen im Register des Amtsgerichts unter HRA-Nr. c) Beteiligungsform	Nennbetrag je Gesellschaft in EUR	Verkehrswert in EUR	Fällige Gewinnansprüche in EUR
2.1				

46

3.	**Beteiligungsform als stiller Gesellschafter** *– evtl. gesonderte Aufstellung beifügen –*			
lfd. Nr.	a) Name und Anschrift des Unternehmens b) Eingetragen im Register des Amtsgerichts c) unter HRA/HRB-Nr.	Nennbetrag je Gesellschaft in EUR	Verkehrswert in EUR	Fällige Gewinnansprüche in EUR
3.1				

47

4.	**Beteiligungen an Genossenschaften** *(auch Anteile von Genossenschaftsbanken, Spar- und Darlehnskassen)* *– evtl. gesonderte Aufstellung beifügen –*		
lfd. Nr.	a) Name und Anschrift der Genossenschaft b) Eingetragen im Register des Amtsgerichts c) unter Nr.	Geschäftsguthaben in EUR	Fällige Gewinnansprüche in EUR
4.1			

Amtliche Fassung 3/2002 Eigenantrag Verbraucherinsolvenz: Ergänzungsblatt 5 E zum Vermögensverzeichnis, **Seite 1** von 1

Ergänzungsblatt 5 F
zum Vermögensverzeichnis des / der ______________________________

Immaterielle Vermögensgegenstände und sonstiges Vermögen

48

1.	**Immaterielle Vermögensgegenstände** (z. B. Urheber-, Patent-, Verlags- oder ähnliche Rechte)	
lfd. Nr.	Genaue Bezeichnung und – soweit registriert - Angabe der Registerbehörde (z. B. Deutsches Patentamt), des Geschäftszeichens der Registerbehörde; Angaben über Nutzungsverträge u.ä.	**Wert in EUR**
1.1		

49

2.	**Sonstiges Vermögen**	
lfd. Nr.		**Wert in EUR**
2.1		

Ergänzungsblatt 5 G
zum Vermögensverzeichnis des / der ____________________

Laufendes Einkommen

50 **I. Einkünfte aus nichtselbständiger Arbeit und sonstigen Dienstverhältnissen**

Berufliche Tätigkeit (Aufgabenbereich)	Berufliche Tätigkeit
Genauer Name (Firma) und Anschrift des Arbeitgebers oder der sonstigen auszahlenden Stelle	Name / Firma Straße / Hausnummer PLZ / Ort Personal-Nr. o.ä.
	☐ Lohn- oder Gehaltsbescheinigungen der letzten 2 Monate sind beigefügt

			Zahlungsweise	Abzweigungsbetrag bei Pfändung oder Abtretung in EUR	Auszahlungsbetrag in EUR
1. **Arbeitseinkommen**	☐ Nein	☐ Ja	monatlich		
2. **Zulagen** (durchschnittlich)	☐ Nein	☐ Ja	monatlich		
3. **Zusätzliche Leistungen des Arbeitgebers** (z. B. vermögenswirksame Leistungen)	☐ Nein	☐ Ja	monatlich		
4. **Weihnachtsgeld**	☐ Nein	☐ Ja	jährlich		
5. **Urlaubsgeld**	☐ Nein	☐ Ja	jährlich		
6. **Einkünfte aus sonstigen Dienstverhältnissen, Aufwandsentschädigungen und gewinnabhängige Tantiemen**	☐ Nein	☐ Ja	monatlich		
			jährlich		
7. **Abfindungen bei Beendigung eines Dienst- oder Arbeitsverhältnisses**	☐ Nein	☐ Ja	gesamt		

51 **II. Einkünfte im Rahmen des Ruhestands**

			Abzweigungsbetrag bei Pfändung oder Abtretung in EUR	monatlicher Auszahlungsbetrag in EUR
1. **Leistungen der gesetzlichen Rentenversicherung**	☐ Nein	☐ Ja - Auszahlende Stelle und Geschäftszeichen: ☐ Rentenbescheid ist beigefügt		
2. **Versorgungsbezüge**	☐ Nein	☐ Ja - Auszahlende Stelle und Geschäftszeichen: ☐ Versorgungsbescheid ist beigefügt.		
3. **Betriebsrenten**	☐ Nein	☐ Ja - Auszahlende Stelle und Geschäftszeichen: ☐ Rentenbescheid ist beigefügt		

Amtliche Fassung 3/2002 Eigenantrag Verbraucherinsolvenz: Ergänzungsblatt 5 G zum Vermögensverzeichnis, **Seite 1** von 3

4. Sonstige fortlaufende Einkünfte infolge des Ausscheidens aus einem Dienst- oder Arbeitsverhältnis	☐ Nein	☐ Ja - Auszahlende Stelle und Geschäftszeichen: ☐ Nachweis ist beigefügt		
5. Renten aus privaten Versicherungs- oder Sparverträgen	☐ Nein	☐ Ja - Auszahlende Stelle und Vertrags-Nr.: ☐ Nachweis ist beigefügt		

52

III. Unterhaltszahlungen

☐ Nein	☐ Ja *Name, vollständige Anschrift der unterhaltspflichtigen Person(en)*	Abzweigungsbetrag bei Pfändung oder Abtretung in EUR	monatlicher Auszahlungsbetrag in EUR

53

IV. Leistungen aus öffentlichen Kassen

			Abzweigungsbetrag bei Pfändung oder Abtretung in EUR	monatlicher Auszahlungsbetrag in EUR
1. Arbeitslosengeld	☐ Nein	☐ Ja - Auszahlende Stelle und Geschäftszeichen: ☐ Bewilligungsbescheid ist beigefügt		
2. Arbeitslosenhilfe	☐ Nein	☐ Ja - Auszahlende Stelle und Geschäftszeichen: ☐ Bewilligungsbescheid ist beigefügt		
3. Krankengeld	☐ Nein	☐ Ja - Auszahlende Stelle und Geschäftszeichen: ☐ Bewilligungsbescheid ist beigefügt		
4. Sozialhilfe	☐ Nein	☐ Ja - Auszahlende Stelle und Geschäftszeichen: ☐ Bewilligungsbescheid ist beigefügt		
5. Wohngeld	☐ Nein	☐ Ja - Auszahlende Stelle und Geschäftszeichen: ☐ Bewilligungsbescheid ist beigefügt		
6. Unterhaltsgeld	☐ Nein	☐ Ja - Auszahlende Stelle und Geschäftszeichen: ☐ Bewilligungsbescheid ist beigefügt		

Amtliche Fassung 3/2002 Eigenantrag Verbraucherinsolvenz: Ergänzungsblatt 5 G zum Vermögensverzeichnis, **Seite 2** von 3

7. **Kindergeld**	☐ Nein	☐ Ja - Auszahlende Stelle und Geschäftszeichen: ☐ Bewilligungsbescheid ist beigefügt		
8. **Berufs- oder Erwerbsunfähigkeitsrenten**	☐ Nein	☐ Ja - Auszahlende Stelle und Geschäftszeichen: ☐ Bewilligungsbescheid ist beigefügt		
9. **Hinterbliebenen-, Unfall-, Kriegsopferrenten**	☐ Nein	☐ Ja - Auszahlende Stelle und Geschäftszeichen: ☐ Bewilligungsbescheid ist beigefügt		
10. **Sonstige Leistungen aus öffentlichen Kassen**	☐ Nein	☐ Ja - Auszahlende Stelle und Geschäftszeichen: ☐ Bewilligungsbescheid ist beigefügt		

54 **V. Einkünfte aus Vermietung und Verpachtung**

☐ Nein	☐ Ja *Bezeichnung des Miet- oder Pachtobjekts;* *Name und Anschrift der Mieter oder Pächter*	monatlich	jährlich	Abzweigungsbetrag bei Pfändung oder Abtretung in EUR	Einkünfte in EUR
		☐	☐		
		☐	☐		
		☐	☐		

55 **VI. Zinseinkünfte und sonstige laufende Einkünfte**

☐ Nein	☐ Ja *genaue Bezeichnung der Einkunftsart;* *Name und Anschrift der zahlungspflichtigen Person oder Stelle*	monatlich	jährlich	Abzweigungsbetrag bei Pfändung oder Abtretung in EUR	Einkünfte in EUR
		☐	☐		
		☐	☐		
		☐	☐		
		☐	☐		
		☐	☐		

Amtliche Fassung 3/2002 Eigenantrag Verbraucherinsolvenz: Ergänzungsblatt 5 G zum Vermögensverzeichnis, **Seite 1** von 3

Ergänzungsblatt 5 H
zum Vermögensverzeichnis des / der ____________________

Sicherungsrechte Dritter und Zwangsvollstreckungsmaßnahmen

56

1.	**Eigentumsvorbehalte, Sicherungsübereignungen**			
lfd. Nr.	Gegenstand	Datum des Vertrags	Name und Anschrift des Verkäufers bzw. Sicherungsnehmers	Restschuld (ca.) in EUR
1.1				

57

2.	**Lohnabtretungen, Sicherungsabtretungen**					
lfd. Nr.	Abgetretene Forderung *(z. B.: Lohn/Gehalt bei Fa. ..., Ansprüche aus Lebensversicherung ...)*	Abtretung ist offen gelegt	pfändbarer Teil wird abgeführt	Datum der Abtretung	Name und Anschrift des Lohn- bzw. Sicherungsabtretungs-gläubigers	gegenwärtige Höhe der gesicherten Schuld (ca.) in EUR
2.1		☐ ☐ ☐	☐ ☐ ☐			

58

3.	**Freiwillige Verpfändungen**			
lfd. Nr.	Verpfändeter Gegenstand bzw. verpfändete Forderung	Datum der Verpfänd ung	Name und Anschrift des Pfandgläubigers	gegenwärtige Höhe der gesicherten Schuld (ca.) in EUR
3.1				

59

4.	**Zwangsvollstreckungen und Pfändungen**			
lfd. Nr.	Gegenstand und Datum der Zwangsvollstreckung / Pfändung (mit Angabe von Gerichtsvollzieher und DR-Nr. des Pfändungsprotokolls bzw. von Gericht und Aktenzeichen des Pfändungs- und Überweisungsbeschlussses)	Datum der Pfändung smaßnah me	Name und Anschrift des Gläubigers	Restschuld (ca.) in EUR
4.1				

Amtliche Fassung 3/2002 Eigenantrag Verbraucherinsolvenz: Ergänzungsblatt 5 H zum Vermögensverzeichnis, **Seite 1** von 1

Ergänzungsblatt 5 J
zum Vermögensverzeichnis des / der ______________________

Regelmäßig wiederkehrende Verpflichtungen

		Name, Vorname und Geburtsdatum, Anschrift (nur, wenn sie von Ihrer Anschrift abweicht)	Familienverhältnis (*Kind, Ehegatte, Eltern, Lebenspartner,*)	Unterhaltsleistung	Eigene Einnahmen der Empfänger
60	**I. Unterhaltsleistungen an Angehörige**	1.		☐ Naturalunterhalt ☐ Barunterhalt, monatlich EUR	☐ Nein ☐ Ja, monatlich netto EUR ☐ Nicht bekannt
		2.		☐ Naturalunterhalt ☐ Barunterhalt, monatlich EUR	☐ Nein ☐ Ja, monatlich netto EUR ☐ Nicht bekannt
		3.		☐ Naturalunterhalt ☐ Barunterhalt, monatlich EUR	☐ Nein ☐ Ja, monatlich netto EUR ☐ Nicht bekannt
		4.		☐ Naturalunterhalt ☐ Barunterhalt, monatlich EUR	☐ Nein ☐ Ja, monatlich netto EUR ☐ Nicht bekannt
		5.		☐ Naturalunterhalt ☐ Barunterhalt, monatlich EUR	☐ Nein ☐ Ja, monatlich netto EUR ☐ Nicht bekannt

		Wohnungsgröße in qm	Kaltmiete monatlich in EUR	Nebenkosten monatlich in EUR	Gesamtmiete monatlich in EUR	Ich zahle darauf monatlich EUR	Mitbewohner zahlen monatlich EUR
61	**II. Wohnkosten**						

		Art der Verpflichtung bzw. außergewöhnlichen Belastung (z. B. Lebensversicherungsbeiträge, Verpflichtungen aus Kredit-, Abzahlungskauf- oder Leasingverträgen, Pflege- und Krankheitsaufwendungen)	Monatliche Höhe der Verpflichtung bzw. Belastung	Mitverpflichtete zahlen darauf monatlich in EUR
62	**III. Weitere wesentliche Zahlungsverpflichtungen, besondere Belastungen**			

Amtliche Fassung 3/2002 Eigenantrag Verbraucherinsolvenz: Ergänzungsblatt 5 J zum Vermögensverzeichnis, **Seite 1** von 1

Ergänzungsblatt 5 K
zum Vermögensverzeichnis des / der ______________________

Schenkungen und entgeltliche Veräußerungen
(§§ 132, 133, 134 InsO)

63

1.	**Unentgeltliche Veräußerung von Vermögensgegenständen (Schenkungen)**			
	☐ Ich habe in den letzten 4 Jahren vor dem Antrag auf Eröffnung des Insolvenzverfahrens folgende Geldbeträge, Forderungen oder Gegenstände verschenkt (gebräuchliche Geschenke von geringem Wert sind nicht anzugeben):			
lfd. Nr.	Name und Anschrift des Empfängers	Datum	Gegenstand	Wert in EUR
1.1				

64

2.	**Entgeltliche Veräußerung von Vermögensgegenständen an nahe stehende Personen**			
	☐ Ich habe in den letzten 2 Jahren vor dem Antrag auf Eröffnung des Insolvenzverfahrens folgender nahe stehenden Person folgende Vermögensgegenstände (auch Forderungen) entgeltlich veräußert:			
lfd. Nr.	Name der nahe stehenden Person (§ 138 InsO)	Datum	Gegenstand	Wert in EUR
2.1	☐ Ehegatte oder Lebenspartner (vor, während oder nach der Ehe oder Lebenspartnerschaft)			
2.2	☐ Lebensgefährte oder andere Personen, die mit mir in häuslicher Gemeinschaft leben oder im letzten Jahr vor der Veräußerung gelebt haben			
2.3	☐ Kinder oder Enkelkinder			
2.4	☐ meine oder meines Ehegatten Eltern, Großeltern, Geschwister und Halbgeschwister			
2.5	☐ Ehegatten der zuvor genannten Personen			

Amtliche Fassung 3/2002 Eigenantrag Verbraucherinsolvenz: Ergänzungsblatt 5 K zum Vermögensverzeichnis, **Seite 1** von 1

65

Anlage 6
zum Eröffnungsantrag des/der Heinz Becker

Gläubiger- und Forderungsverzeichnis

(Verzeichnis der Gläubiger und Verzeichnis der gegen den Schuldner gerichteten Forderungen, § 305 Abs. 1 Nr. 3 InsO)

lfd. Nr. des Gläubigers im SB-Plan AT	Name/Kurzbezeichnung des Gläubigers (vollständige Angaben im Allgemeinen Teil des Schuldenbereinigungsplans)	Nahestehende Person (§138)	Hauptforderung in EUR (je Hauptforderung eine Zeile)	Zinsen		Kosten in EUR	Forderungsgrund; ggf. Angaben zum Bestand und zur Berechtigung der Forderung	Forderung tituliert	Summe aller Forderungen des Gläubigers in EUR
				Höhe in EUR	berechnet bis zum				
			Hinsichtlich der Angaben zu Hauptforderung, Zinsen, Kosten, Forderungsgrund und Titulierung kann durch einen Hinweis in der Spalte "Forderungsgrund" auf beigefügte Forderungsaufstellungen der Gläubiger Bezug genommen werden (§ 305 Abs. 2 Satz 1 InsO)						
1	Village Bank		20.452,00	0,00	01.01.2004	0,00			20.452,00
2	Inkasso Teufel		3.067,00	0,00	01.01.2004	0,00			3.067,00
3	Dr. Bohrer		767,00	0,00	01.01.2004	0,00			767,00
4	Anton Becker		2.556,00	0,00	01.01.2004	0,00			2.556,00

Versicherung (§ 305 Abs. 1 Nr. 3 InsO)	Die **Richtigkeit und Vollständigkeit der in diesem Gläubiger- und Forderungsverzeichnis enthaltenen Angaben** versichere ich. Mir ist bekannt, dass vorsätzliche Falschangaben strafbar sein können und dass mir die Restschuldbefreiung versagt werden kann, wenn ich vorsätzlich oder grob fahrlässig unrichtige oder unvollständige Angaben gemacht habe (§ 290 Abs. 1 Nr. 6 InsO).

________________ (Ort, Datum)

________________ (Unterschrift)

66

Anlage 7
zum Eröffnungsantrag des / der

Vorname und Name	**Heinz Becker**
Straße und Hausnummer	
Postleitzahl und Ort	
Verfahrensbevollmächtigte(r)	

Schuldenbereinigungsplan für das gerichtliche Verfahren
(§ 305 Abs. 1 Nr. 4 InsO)

Allgemeiner Teil

Neben diesem Allgemeinen Teil besteht der Schuldenbereinigungsplan aus dem Besonderen Teil (Anlagen 7 A und 7 B). Dort sind für jeden Gläubiger die angebotenen besonderen Regelungen zur angemessenen Bereinigung der Schulden dargestellt. Ergänzende Erläuterungen zur vorgeschlagenen Schuldenbereinigung können in der Anlage 7 C erfolgen.

67

Datum des Schuldenbereinigungsplans: 01.03.2004

68

Unter Berücksichtigung der Gläubigerinteressen sowie meiner Vermögens-, Einkommens- und Familienverhältnisse biete ich den nachstehenden Gläubigern zur Bereinigung meiner Schulden folgenden Schuldenbereinigungsplan an:

- ☐ Plan mit Einmalzahlung oder festen Raten gemäß dem in Anlage 7 A beiliegenden Plan und den in der Anlage 7 B aufgeführten ergänzenden Regelungen
- ☐ Plan mit flexiblen Raten gemäß dem in Anlage 7 A beiliegenden Plan und den in Anlage 7 B aufgeführten ergänzenden Regelungen
- ☐ Sonstiger Plan (als Anlage 7 A beigefügt) mit den in Anlage 7 B aufgeführten ergänzenden Regelungen
- ☐ Erläuterungen zur vorgeschlagenen Schuldenbereinigung (Anlage 7 C)

69

Beteiligte Gläubiger

lfd. Nr.	Gläubiger *(möglichst in alphabetischer Reihenfolge)*	Verfahrensbevollmächtigte(r) für das Insolvenzverfahren	Summe aller Forderungen des Gläubigers in EUR	Anteil an der Gesamtverschuldung in %
1	Name, Vorname bzw. Firma: Village Bank Straße, Hausnummer: Greifstr. 1 Postleitzahl, Ort: 47012 Duisburg Geschäftszeichen: 940060001 gesetzlich vertreten durch	Name, Vorname bzw. Firma Straße, Hausnummer Postleitzahl, Ort Geschäftszeichen	20.452,00	76,19%
2	Name, Vorname bzw. Firma: Inkasso Teufel Straße, Hausnummer: Tiefstr. 2 Postleitzahl, Ort: 55116 Mainz Geschäftszeichen: 007/003 gesetzlich vertreten durch	Name, Vorname bzw. Firma Straße, Hausnummer Postleitzahl, Ort Geschäftszeichen	3.067,00	11,43%
3	Name, Vorname bzw. Firma: Dr. Bohrer Straße, Hausnummer: Burgstr. 1 Postleitzahl, Ort: 60316 Frankfurt/M. Geschäftszeichen: Bo-72/92 gesetzlich vertreten durch	Name, Vorname bzw. Firma Straße, Hausnummer Postleitzahl, Ort Geschäftszeichen	767,00	2,86%

Amtliche Fassung 3/2002 Eigenantrag Verbraucherinsolvenz: SBP Allgemeiner Teil (Anlage 7), **Seite 1**

lfd. Nr.	Gläubiger *(möglichst in alphabetischer Reihenfolge)*	Verfahrensbevollmächtigte(r) für das Insolvenzverfahren	Summe aller Forderungen des Gläubigers in EUR	Anteil an der Gesamtverschuldung in %
4	Name, Vorname bzw. Firma Anton Becker	Name, Vorname bzw. Firma	2.556,00	9,52%
	Straße, Hausnummer Rundplatz 4	Straße, Hausnummer		
	Postleitzahl, Ort 65719 Hofheim	Postleitzahl, Ort		
	Geschäftszeichen	Geschäftszeichen		
	gesetzlich vertreten durch			
	Name, Vorname bzw. Firma	Name, Vorname bzw. Firma		
	Straße, Hausnummer	Straße, Hausnummer		
	Postleitzahl, Ort	Postleitzahl, Ort		
	Geschäftszeichen	Geschäftszeichen		
	gesetzlich vertreten durch			
	Name, Vorname bzw. Firma	Name, Vorname bzw. Firma		
	Straße, Hausnummer	Straße, Hausnummer		
	Postleitzahl, Ort	Postleitzahl, Ort		
	Geschäftszeichen	Geschäftszeichen		
	gesetzlich vertreten durch			

Amtliche Fassung 3/2002 Eigenantrag Verbraucherinsolvenz: SBP Allgemeiner Teil (Anlage 7), **Seite 2**

70

Anlage 7 A
zum Eröffnungsantrag des / der ________________________

Schuldenbereinigungsplan für das gerichtliche Verfahren

Besonderer Teil

- Musterplan mit Einmalzahlung bzw. festen Raten -

Datum des Schuldenbereinigungsplans: ____________

In Verbindung mit den ergänzenden Regelungen gemäß Anlage 7 B biete ich den im Plan genannten Gläubigern zur angemessenen und endgültigen Bereinigung meiner Schulden die folgende Regelung an:

Gesamtverschuldung in EUR	Gesamtregulierungsbetrag in EUR	Gesamtregulierungsquote in %	Monatliche Gesamtrate in EUR

Zahlungsweise und Fälligkeit

Anzahl der Raten

Zahlungsweise
☐ einmalig ☐ monatlich zum ____________
☐ ____________

☐ **Sonderzahlungen** (z. B. pfändbarer Teil des Weihnachtsgeldes)

Anzahl der Sonderzahlungen: Zahlungsweise:

Beginn der Zahlungen

lfd. Nr. des Gläubigers im SB-Plan AT	Name/Kurzbezeichnung des Gläubigers (vollständige Angaben im Allgemeinen Teil des Schuldenbereinigungsplans)	Hauptforderung in EUR	Zinsen		Kosten in EUR	Forderung gesichert	Zahlungsweise und Fälligkeit *(nur soweit nicht einheitlich wie oben angegeben)*		Höhe der festen Rate oder Einmalzahlung in EUR	jeweilige Höhe der Sonderzahlung(en)	Summe aller Zahlungen auf die Forderung in EUR	Regulierungsquote auf die Forderung in %
			Höhe in EUR	berechnet bis zum			*Anzahl der Raten*	*p.m./p.a. zum ...*				
						☐						
						☐						
						☐						
						☐						
						☐						

71

Anlage 7 A
zum Eröffnungsantrag des / der ______________________

Schuldenbereinigungsplan für das gerichtliche Verfahren

Besonderer Teil

- Musterplan mit flexiblen Raten -

Datum des Schuldenbereinigungsplans: ____________

In Verbindung mit den ergänzenden Regelungen gemäß Anlage 7 B biete ich den im Plan genannten Gläubigern zur angemessenen und endgültigen Bereinigung meiner Schulden die folgende Regelung an:

Gesamtverschuldung in EUR		derzeit pfändbarer Teil des Einkommens in EUR
Zahlungsweise und Fälligkeit	**Gesamtlaufzeit in Monaten**	**Zahlungsweise** ☐ monatlich zum ____________ ☐ ____________
	Beginn der Laufzeit	
	Der Zahlbetrag ergibt sich aus ☐ dem jeweils pfändbaren Teil meines Einkommens gemäß §§ 850c ff. ZPO. ☐ den ergänzenden Regelungen in Anlage 7 B.	

lfd. Nr. des Gläubigers im SB-Plan AT	Name / Kurzbezeichnung des Gläubigers *(vollständige Angaben im Allgemeinen Teil des Schuldenbereinigungsplans)*	Hauptforderung in EUR	Zinsen: Höhe in EUR	Zinsen: berechnet bis zum	Kosten in EUR	Forderung gesichert	Zahlungsweise und Fälligkeit *(nur soweit nicht einheitlich wie oben angegeben)*: *Anzahl der Raten*	*p.m./p.a. zum ...*	*erstmals am ...*	Anteil der Forderung am Zahlbetrag in %
						☐				
						☐				
						☐				
						☐				
						☐				

Anlage 7 B
zum Eröffnungsantrag des / der ____________________

Schuldenbereinigungsplan für das gerichtliche Verfahren

Besonderer Teil

- Ergänzende Regelungen -

Datum des Schuldenbereinigungsplans: ____________

72 **Ergänzende Regelungen**
(insbesondere Sicherheiten der Gläubiger, § 305 Abs. 1 Nr. 4 Halbsatz 3)

Es sollen folgende ergänzende Regelungen gelten (für die Sicherheiten der Gläubiger, z. B. Sicherungsabtretungen, Bürgschaften, vereinbarte oder durch Zwangsvollstreckung erlangte Pfandrechte, müssen Regelungen erfolgen):

Anlage 7 C
zum Eröffnungsantrag des / der ____________________

Schuldenbereinigungsplan für das gerichtliche Verfahren

Erläuterungen zur vorgeschlagenen Schuldenbereinigung

Datum des Schuldenbereinigungsplans: ____________

73 **Erläuterungen zur vorgeschlagenen Schuldenbereinigung**

3. Antrag auf Eröffnung des Regelinsolvenzverfahrens (für Selbständige, Kleingewerbetreibende, Unternehmer)

Derzeit (Stand 07/2004) gibt es keinen bundeseinheitlichen Vordruck, um ein Regelinsolvenzverfahren beantragen zu können. Die Insolvenzgerichte haben unterschiedliche Vordrucke selbst entwickelt. Anbei ist ein Muster aufgeführt.

Bei Verfahren, die vor einer geplanten Gesetzesänderung (voraussichtlich ab 2005) eröffnet wurden, gilt dieser Antrag auch für verschuldete ehemals Selbständige, die Schulden aus Arbeitsverhältnissen haben, also z.B. Lohnforderungen ehemaliger Mitarbeiter, rückständige Sozialversicherungsbeiträge für Mitarbeiter oder nicht abgeführte Lohnsteuer oder mehr als 19 Gläubiger haben. Sofern das derzeit vorgesehene Gesetz (Stand 07/2004) tatsächlich in Kraft tritt, ist für ehemals Selbständige unabhängig von der Gläubigerzahl ein Verbraucherinsolvenzverfahren anzuwenden.

Vorname und Name
Straße und Hausnummer
Postleitzahl und Ort
Telefon tagsüber

An das Amtsgericht (Insolvenzgericht) in:

<u>Antrag auf Eröffnung des Insolvenzverfahrens (§ 305 InsO)</u>

Ich stelle den Antrag, über mein Vermögen das Insolvenzverfahren zu eröffnen. Nach meinen Vermögens- und Einkommensverhältnissen bin ich nicht in der Lage, meine bestehenden Zahlungspflichten, die bereits fällig sind oder in absehbarer Zeit fällig werden, zu erfüllen.

<u>Erklärung zur Restschuldbefreiung</u>

Ich stelle den Antrag auf Erteilung von Restschuldbefreiung (§ 287 InsO).

Antrag auf Eröffnung des Insolvenzverfahrens Seite 1 von 2

Erklärung zur Art des Verfahrens

Ich gehe davon aus, dass in meinem Fall ein Regelinsolvenzverfahren durchzuführen ist. Begründung:

☐ Ich bin selbständig tätig als ______________________________

☐ Ich war früher einmal selbständig tätig und mehr als 19 Gläubiger erheben Forderungen gegen mich.

☐ Ich war früher einmal selbständig tätig und es bestehen Forderungen aus arbeitsrechtlichen Verhältnissen: Gläubiger sind (vgl. Gläubigeraufstellung):

- ☐ Ehemalige Mitarbeiter/innen wegen rückständiger Lohnzahlungen
- ☐ Arbeitsamt wegen Insolvenz- oder Konkursausfallgeld
- ☐ Sozialversicherungsträger wegen Sozialversicherungsbeiträge für ehemalige, in meinem Betrieb beschäftigte Angestellte und Arbeiter (AOK, DAK usw.)
- ☐ Finanzamt wegen Lohnsteuer für ehemalige, in meinem Betrieb beschäftigte Angestellte und Arbeiter
- ☐ Berufsgenossenschaft

☐ Ich war früher einmal selbständig tätig und meine Vermögensverhältnisse sind, obwohl weniger als 19 Gläubiger gegen mich Forderungen erheben, unübersichtlich (siehe Erläuterungen auf gesondertem Blatt).

Als Anlagen sind diesem Antrag beigefügt

☐ Antrag auf Stundung der Kosten des Verfahrens

☒ Abtretungserklärung über die künftigen, laufenden Bezüge

☐ Erklärung über die Zahlungsunfähigkeit vor dem 1. Januar 1997

☐ Angaben zur aktuellen selbständigen Tätigkeit

☒ Vermögensverzeichnis

☒ Gläubigerverzeichnis

Versicherung (§ 305 Absatz 1 Nr. 3 InsO):

Die Richtigkeit und Vollständigkeit der in den beigefügten Anlagen enthaltenen Angaben und Erklärungen versichere ich.

Mir ist bekannt, dass mir die Restschuldbefreiung versagt werden kann, wenn ich vorsätzlich oder grob fahrlässig unrichtige oder unvollständige Angaben gemacht habe (§ 290 Abs. 1 Nr. 6 InsO).

(Ort, Datum) (Unterschrift)

VI. Befreiung von der Pflicht zur Verschwiegenheit

Als Schuldner bin ich gesetzlich verpflichtet, dem Insolvenzgericht und dem Treuhänder/ der Treuhänderin über alle das Verfahren betreffenden Verhältnisse Auskunft zu erteilen, insbesondere auch solche Auskünfte, die zur Entscheidung über meine Anträge erforderlich sind (§§ 20, 97 InsO).

Ich bin bereit, auf Verlangen des Gerichts und des Treuhänders/ der Treuhänderin alle Personen und Stellen, die Auskunft über meine Vermögensverhältnisse geben können, von ihrer Pflicht zur Verschwiegenheit gegenüber dem Insolvenzgericht und dem Treuhänder/ der Treuhänderin zu befreien. Dies gilt insbesondere für Banken und Sparkassen, sonstige Kreditinstitute, Versicherungsgesellschaften, Sozial- und Finanzbehörden, Sozialversicherungsträger, Rechtsanwälte, Notare, Steuerberater und Wirtschaftsprüfer.

(Ort, Datum) (Unterschrift)

Antrag auf Eröffnung des Insolvenzverfahrens Seite 3 von 2

Vorname und Name
Anlage zum Antrag auf Eröffnung des Insolvenzverfahrens(§ 305 InsO)

Antrag auf Stundung der Verfahrenskosten (§ 4a InsO)

Da mein Vermögen voraussichtlich nicht zur Deckung der Verfahrenskosten ausreicht beantrage ich die Stundung der Kosten des Insolvenzverfahrens bis zur Erteilung der Restschuldbefreiung.

In diesem Zusammenhang versichere ich ausdrücklich, dass keiner der Versagungsgründe des § 290 Abs. 1 Nr. 1 und 3 InsO vorliegt: Ich bin weder wegen einer Straftat nach den §§ 283 bis 283 c des Strafgesetzbuches rechtskräftig verurteilt worden, noch wurde mir in den letzten zehn Jahren Restschuldbefreiung erteilt oder nach § 296 oder § 297 InsO versagt.

____________________ (Ort, Datum) ____________________ (Unterschrift)

Vorname und Name
Anlage zum Antrag auf Eröffnung des Insolvenzverfahrens(§ 305 InsO)

Abtretungserklärung über die künftigen, laufenden Bezüge (§ 287 Absatz 2 InsO)

Vorbemerkung

Die nachfolgende Abtretung umfasst alle Bezüge aus einem Dienstverhältnis oder an deren Stelle tretende laufende Bezüge, also:

- jede Art von Arbeitseinkommen, Dienst- und Versorgungsbezüge der Beamten, Arbeits- und Dienstlöhne, Arbeitsentgelt für Strafgefangene,
- Ruhegelder und ähnliche fortlaufende Einkünfte, die nach dem Ausscheiden aus dem Dienst- oder Arbeitsverhältnis gewährt werden, sonstige Vergütungen für Dienstleistungen aller Art, die eine Erwerbstätigkeit des Zahlungsempfängers vollständig oder zu einem wesentlichen Teil in Anspruch nehmen,
- Bezüge, die ein Arbeitnehmer zum Ausgleich für Wettbewerbsbeschränkungen für die Zeit nach Beendigung seines Dienstverhältnisses beanspruchen kann,
- Hinterbliebenenbezüge, die wegen des früheren Dienst- oder Arbeitsverhältnisses gezahlt werden, Renten, die aufgrund von Versicherungsverträgen gewährt werden, wenn diese Verträge zur Versorgung des Versicherungsnehmers oder seiner unterhaltsberechtigten Angehörigen geschlossen worden sind,
- Renten und sonstige laufende Geldleistungen der Sozialversicherungsträger oder der Bundesanstalt für Arbeit im Fall des Ruhestands, der teilweisen oder vollständigen Erwerbsunfähigkeit oder der Arbeitslosigkeit,
- alle sonstigen, den genannten Bezügen rechtlich oder wirtschaftlich gleichstehenden Bezüge.

Abtretungserklärung

Für den Fall der gerichtlichen Ankündigung der Restschuldbefreiung trete ich hiermit meine pfändbaren Forderungen auf Bezüge aus einem Dienstverhältnis oder an deren Stelle tretende laufende Bezüge für die Zeit von sechs Jahren nach Eröffnung des Insolvenzverfahrens an einen vom Gericht zu bestimmenden Treuhänder ab.

____________________	____________________
(Ort, Datum)	(Unterschrift)

Anlage „Abtretungserklärung über die künftigen laufenden Bezüge" — Seite 1 von 2

Ergänzend dazu erkläre ich:

Die von dieser Abtretungserklärung erfassten Forderungen auf Bezüge aus einem Dienstverhältnis oder an deren Stelle tretende laufende Bezüge

☐ habe ich – soweit mir erinnerlich - zur Zeit nicht an einen Dritten abgetreten oder verpfändet.

☐ habe ich bereits vorher abgetreten oder verpfändet.

Folgende Abtretungen liegen – soweit mir bekannt - bereits vor:

Abtretungsempfänger	Datum der Abtretung

(Ort, Datum) (Unterschrift)

Die Abtretungserklärung zugunsten ______________________ (Name des Gläubigers)

vom ____________ (Datum der Abtretung), welche

☐ bereits offengelegt wurde,

☐ bislang nicht offengelegte wurde,

ist aus folgenden Gründen rechts unwirksam (vgl. Beschlüsse des BGH, in: NJW 1989, S. 2383; 1992, S. 2626; 1994, S. 2754).

☐ Das Einkommen, welches Gegenstand der Abtretung ist, ist nicht genau bezeichnet.

☐ Die Forderung, die durch die Abtretung gesichert ist, ist ungenau bezeichnet: „....zur Sicherung aller bestehenden und künftigen Forderungen des Gläubigers..."

☐ Die Voraussetzungen der Offenlegung der Abtretung sind nicht bezeichnet.

☐ Es fehlt eine Klausel über die rechtzeitige Ankündigung der Offenlegung.

☐ Die Deckungsgrenze von EUR beinhaltet eine unangemessene Übersicherung des Nettokreditbetrages in Höhe von EUR ______________________.

☐ Es fehlt eine Freigabeklausel.

☐ Die Abtretung ist nicht das einzige Sicherungsmittel. Darüber hinaus wurde von ____________________________ (Sicherungsgeber) folgende Sicherheit gestellt: ________________________________ über EUR ____________________.

☐ Diese wurde bereits in Anspruch genommen.

______________________________ ______________________________

(Ort, Datum) (Unterschrift)

Anlage „Abtretungserklärung über die künftigen laufenden Bezüge", Ergänzung: Ungültige Abtretungen

Vorname und Name
Anlage zum Antrag auf Eröffnung des Insolvenzverfahrens(§ 305 InsO)

Angaben zur aktuellen selbständigen Tätigkeit

Allgemeine Angaben:

Geschäftszweig: ____________________

Sitz (Geschäftsanschrift): ____________________

Rechtsform: ____________

Eintragung im Handelsregister

☐ Ja, und zwar Amtsgericht ____________, HR ________

☐ Nein

Eintragung des Betriebs in die Handwerksrolle:

☐ Ja

☐ Nein

Angaben zum Umfang des Erwerbsgeschäfts

Wie hoch war der Umsatz im letzten Kalendermonat? EURO ________

Wie hoch war der durchschnittliche Umsatz in den letzten zwölf Monaten? EURO ______

Ist eine kaufmännische Buchführung für das Unternehmen eingerichtet?

☐ Nein

☐ Ja

Sind regelmäßig Inventuren und Bilanzen aufgestellt worden?

☐ Nein

☐ Ja

Von wann datiert der letzte Steuerbescheid ? Vom ________

Mitarbeiter:

☐ Im Betrieb waren niemals Mitarbeiter beschäftigt:

☐ Keine Mitarbeiter mehr seit ________

☐ Anzahl der Mitarbeiter: _____

Anlage „Angaben zur aktuellen selbständigen Tätigkeit" Seite 1 von 5

Sind bestehende Arbeitsverhältnisse mit Mitarbeitern gekündigt/aufgelöst?

☐ Nein

☐ Ja, zum ______________________

Rückstände bei Sozialversicherungsbeiträgen:

☐ Keine Rückstände

☐ Rückstände i. H. v. EURO ________________

Gehalts/Lohnrückstände:

☐ Keine Rückstände

☐ Rückstände i. H. v. EURO ________________

Geschäftsräume:

☐ Die Abwicklung der Geschäfte erfolgte schon immer von meiner Wohnung aus.

☐ Sind seit dem ________________ nicht mehr vorhanden. Die Abwicklung erfolgt von meiner Wohnung aus, wohin ich die Geschäftsunterlagen verbracht habe.

☐ Befinden sich noch unter der o. g. Anschrift.

☐ Die Räume sind

- ☐ angemietet
- ☐ gepachtet

zu einem monatlichen Entgelt i. H. v. EURO ______________________________

Vermieter ist ____

Anschrift des Vermieters ____

Der Vertrag ist

- ☐ noch nicht gekündigt oder aufgelöst
- ☐ gekündigt zum ________________
- ☐ aufgelöst zum ________________

Mietrückstände sind

- ☐ nicht vorhanden.
- ☐ vorhanden i. H. v. EURO ________________
- ☐ abgesichert durch Mietsicherheit in Höhe von ____________

Anlage „Angaben zur aktuellen selbständigen Tätigkeit" Seite 2 von 5

Es wird

- ☐ kein Vermieterpfandrecht geltend gemacht.
- ☐ ein Vermieterpfandrecht geltend gemacht an der gesamten Einrichtung
- ☐ ein Vermieterpfandrecht geltend gemacht an folgenden Gegenständen:

____

____

____

<u>Firmenkapital</u>

☐ Das Stammkapital i. H. v. EURO _______________ ist

- ☐ in voller Höhe
- ☐ i. H. v. EURO ______________
- ☐ in bar
- ☐ in Sachwerten

erbracht und im Geschäftsbetrieb verbraucht.

☐ Es besteht Nachschusspflicht seitens ______________________________

____

<u>Körperliche Vermögensgegenstände (Sachen)</u>

Büroeinrichtung (Möbel, Büromaschinen):

☐ Nein

☐ Ja, und zwar (Genaue Bezeichnung und Aufbewahrungsort):

____

____

Sicherungsrechte: ______________________________________

Wert nach Abzug der Sicherungsrechte: _______________ EURO

Laden- und Lagereinrichtung (Theken, Gestelle, usw.):

☐ Nein

☐ Ja, und zwar (Genaue Bezeichnung und Aufbewahrungsort):

____

____

Sicherungsrechte: ______________________________________

Wert nach Abzug der Sicherungsrechte: _______________ EURO

Werkstätten-, Wirtschafts- oder Fabrikeinrichtungen (Werkbänke, Arbeits- und Werkzeugmaschinen, Werkzeuge usw.):

☐ Nein

☐ Ja, und zwar (Genaue Bezeichnung und Aufbewahrungsort):

____

____

Sicherungsrechte: ____________________________

Wert nach Abzug der Sicherungsrechte: ____________ EURO

Rohstoffvorräte:

☐ Nein

☐ Ja, und zwar (Genaue Bezeichnung und Aufbewahrungsort):

____

____

Sicherungsrechte: ____________________________

Wert nach Abzug der Sicherungsrechte: ____________ EURO

Halbfertigerzeugnisse:

☐ Nein

☐ Ja, und zwar (Genaue Bezeichnung und Aufbewahrungsort):

____

____

Sicherungsrechte: ____________________________

Wert nach Abzug der Sicherungsrechte: ____________ EURO

Fahrzeuge:

☐ Nein

☐ Ja, und zwar (Bei Kraftfahrzeugen Typ, Baujahr, Zulassungsnummer, Fahrzeugpapiere und deren Aufbewahrungsort angeben):

____

____

Sicherungsrechte: ____________________________

Wert nach Abzug der Sicherungsrechte: ____________ EURO

Anderes Inventar und Arbeitsgerät:

☐ Nein

☐ Ja, und zwar (Genaue Bezeichnung und Aufbewahrungsort):

____

____

Sicherungsrechte: ______________________________

Wert nach Abzug der Sicherungsrechte: ______________ EURO

Auftragsbestand

Liegen Aufträge in Ihrem Geschäft vor?

☐ Nein

☐ Ja, siehe beigefügte Liste

Außenstände (Geldforderungen gegen Dritte, sog. Drittschuldner)

☐ Nein

☐ Ja, siehe beigefügte Liste

Fortführung des Geschäftsbetriebes

☐ Der Geschäftsbetrieb ist noch nicht geschlossen. Ich möchte die Tätigkeit weiter ausüben, weil ich hieraus meinen Lebensunterhalt bestreite.

______________________ ______________________

(Ort, Datum) (Unterschrift)

Ergänzungsblatt: Im Geschäft vorliegende Aufträge

Auftraggeber	Anschrift	Art des Auftrags	Der Auftraggeber hat voraussichtlich zu zahlen EURO

Anlage „Angaben zum Geschäftsbetrieb" Ergänzungsblatt: Im Geschäft vorliegende Aufträge

Ergänzungsblatt: Außenstände (Geldforderungen gegen Dritte, sog. Drittschuldner)

Drittschuldner	Anschrift	Forderung a) Grund b) Entstehungszeit c) Fälligkeit d) Evtl. vorhandene Sicherungen Urteile, Schuldurkunden u.ä.	Einbringlich sind vermutlich EURO

Vorname und Name
Anlage zum Antrag auf Eröffnung des Insolvenzverfahrens (§ 305 InsO)

Vermögensverzeichnis

I. Bargeld, Hausrat, Wertgegenstände, Fahrzeuge		
	Genaue Bezeichnung	Wert EURO (Gesamtbetrag)
1	Bargeld *(auch ausländische Währung)* ☐ nein ☐ ja, und zwar:	
2	Guthaben aus Mietkautionen ☐ nein ☐ ja, Name und Anschrift des Vermieters lauten:	
3	Wertvolle Hausratsgegenstände ☐ mein Hausrat umfasst folgende Gegenstände (Möbel, Fernseh- und Videogeräte, sonstige elektronische Geräte, Kleidungsstücke, Kameras, optische Geräte, Computer), deren derzeitiger einzelner Marktwert EURO 250,-- übersteigen dürfte: ☐ keine vorhanden	
4.	Sonstige Wertgegenstände wertvolle Bücher, Kunstobjekte, Musikinstrumente, Uhren, Schmuck, Sammlungen (z.B. Münzen, Briefmarken, Waffen), Gegenstände aus Edelmetall, Edelsteine, Perlen, Goldmünzen usw. ☐ nein ☐ ja, und zwar:	
6	Bauten auf fremden Grundstücken (z.B. Gartenhaus, Verkaufsstände) ☐ nein ☐ ja, und zwar:	
7	Privat genutzte Fahrzeuge (PKW, LKW, Wohnwagen, Motorräder, Mopeds usw.) ☐ nein ☐ ja, und zwar: (genaue Bezeichnung, Typ, Baujahr, amtliches Kennzeichen) Wo befindet sich der Fahrzeugbrief?	
8	Land- und forstwirtschaftliche Maschinen, Geräte und Fahrzeuge, Viehbestände, Vorräte, geschlagenes Holz u.ä. ☐ nein ☐ ja, und zwar:	

Anlage „Vermögensverzeichnis" Seite 1 von 11

II. Laufendes Einkommen

A. Einkommen aus nicht selbständiger Arbeit und sonstigen Dienstverhältnissen

	Genauer Name (Firma) und Anschrift des Arbeitgebers oder der sonstigen auszahlenden Stelle, falls dieses aus der beigefügten Lohnbescheinigung nicht ersichtlich ist.	Name Firma					
		Straße					
		PLZ, Ort					
1	Arbeitseinkommen		☐ Nein	☐ Ja -Lohnbescheinigung der letzten beiden Monate beifügen-			
2	Urlaubsgeld		☐ Nein	☐ Ja,	brutto:		
3	Weihnachtsgeld		☐ Nein	☐ Ja,	brutto:	entspricht jährlich ca. netto	
4	Tantiemen und sonstige Gratifikationen		☐ Nein	☐ Ja,	jährlich brutto	Entspricht jährlich ca. netto	

B. Einkommen aus weiteren nicht selbständigen Arbeitsverhältnissen und sonstigem Dienstverhältnissen

			2. Arbeitsverhältnis			3. Arbeitsverhältnis		
	Genauer Name (Firma) und Anschrift des Arbeitgebers oder der sonstigen auszahlenden Stelle, falls dieses aus der beigefügten Lohnbescheinigung nicht ersichtlich ist.	Name Firma						
		Straße						
		PLZ, Ort						
1	Arbeitseinkommen	☐ Nein	☐ Ja -Lohnbescheinigung der letzten beiden Monate beifügen-			☐ Nein	☐ Ja –Lohnbescheinigung der letzten beiden Monate beifügen-	
2	Urlaubsgeld	☐ Nein	☐ Ja,	brutto:		☐ Ja,	brutto:	
3	Weihnachtsgeld	☐ Nein	☐ Ja,	brutto:		☐ Ja,	brutto:	
			entspricht jährlich ca. netto:			entspricht jährlich ca. netto:		
4	Tantiemen und sonstige Gratifikationen	☐ Nein	☐ Ja,	brutto		☐ Ja,	brutto:	
			entspricht jährlich ca. netto:			entspricht jährlich ca. netto:		

C. Rentenbezüge, Abfindungen

1	Leistungen der Rentenversicherung	☐ Nein	☐ Ja	Auszahlende Stelle und deren Geschäftszeichen:	monatlich netto EURO
2	Versorgungsbezüge	☐ Nein	☐ Ja	Auszahlende Stelle und deren Geschäftszeichen:	
3	Betriebsrenten	☐ Nein	☐ Ja	Auszahlende Stelle und deren Geschäftszeichen:	
4	Laufende Renten aus privaten Versicherungs- oder Sparverträgen	☐ Nein	☐ Ja	Auszahlende Stelle und deren Geschäftszeichen:	
5	Sonstige fortlaufende Einkünfte infolge des Ausscheidens aus einem Dienst- oder Arbeitsverhältnis	☐ Nein	☐ Ja	Auszahlende Stelle und deren Geschäftszeichen:	

D. Einkommen aus selbständiger wirtschaftlicher Tätigkeit			
☐ Nein	☐ Ja, (Bitte den letzten Einkommenssteuerbescheid beifügen - Einkünfte aus wirtschaftlicher Tätigkeit als Einzelunternehmer oder persönlich haftender Gesellschafter	jährlich netto EURO	

E. Einkünfte aus Unterhaltszahlungen			
☐ Nein	☐ Ja	Name und Anschrift des Zahlungspflichtigen	Monatsbetrag EURO

F. Einkünfte aus Vermietung und Verpachtung Hier ist nur der Gesamtbetrag anzugeben. Einzelheiten (Bezeichnung der Objekte, Namen und Anschriften der Mieter oder Pächter, Höhe der einzelnen Einkünfte) sind in einem gesonderten Ergänzungsblatt aufzuführen.		
☐ Nein	☐ Ja, jährlich netto EURO:	

G. Einkünfte aus Kapitalvermögen (Zinsen, Dividenden)		
☐ Nein	☐ Ja, jährlich brutto EURO	

H. Einkünfte aus Sozialleistungen Arbeitslosengeld, Arbeitslosenhilfe Erwerbsunfähigkeitsrente, Hinterbliebenenrente, Kindergeld, Krankengeld, Kriegsopferrente, Sozialhilfe, Unfallrente, Unterhaltsgeld, Wohngeld			
☐ Nein	☐ Ja, und zwar:	a) Genaue Bezeichnung der Leistungen b) Zahlungszeitraum c) auszahlende Stelle (Behörde) d) Aktenzeichen, Geschäftsnummer der Behörde	Monatsbetrag EURO
1	a		
	b		
	c		
	d		
2	a		
	b		
	c		
	d		
3	a		
	b		
	c		
	d		
4	a		
	b		
	c		
	d		

I. Sonstige laufende Einkünfte			
☐ Nein	☐ Ja, und zwar:	a) Genaue Bezeichnung der Einkünfte b) Zahlungszeitraum c) auszahlende Stelle (Behörde) d) Aktenzeichen, Geschäftsnummer der Behörde	Monatsbetrag EURO
1	a		
	b		
	c		
	d		
2	a		
	b		
	c		
	d		
3	a		
	b		
	c		
	d		

J. Falls Sie die vorstehenden Fragen nach den Einkünften alle mit "Nein" beantwortet haben:
Durch welche Einkünfte bestreiten Sie Ihren Lebensunterhalt?

III. Guthaben bei Banken und Sparkassen (Sparkonten, Girokonten, Tagesgeldkonten, Termin- oder Festgeldkonten, Fremdwährungskonten, Ratensparverträge, Bausparverträge, sonstige Einlagen)			
Nr.	Genaue Bezeichnung des Kreditinstituts - Name, Anschrift und Bankleitzahl-	Konto Nr.	Guthaben (Kontostand) EURO

Anlage „Vermögensverzeichnis“ Seite 4 von 11

IV. Wertpapiere, Schuldbuchforderungen, sonstige Darlehensforderungen und ähnliche Geldanlagen

	Allgemeiner Begriff	a) Art der Forderung, Name des Papiers (Typ, Serie, Fonds u.ä.), b) Name und Anschrift des Schuldners, c) Fälligkeitsdatum d) bei verbrieften Forderungen: Aufbewahrungsort der Papiere (Name, Anschrift, BLZ) e) Depot- oder Schuldbuchkonto-Nr., Grundbuchbezeichnungen u.ä. - evtl. gesonderte Aufstellung oder Depotauszug beifügen -			Kurs- oder Verkehrs-Wert EURO
1	Aktien, Genuss-scheine	☐ Nein	☐ Ja, und zwar		
2	Optionsscheine, Bezugsrechte				
3	Schuldverschreibungen, Obligationen, Pfandbriefe, Sparbriefe und ähnliche festverzinsliche Wertpapiere	☐ Nein	☐ Ja, und zwar		
4	Investmentfonds-anteile	☐ Nein	☐ Ja, und zwar		
5	Wechsel	☐ Nein	☐ Ja, und zwar		
6	Schecks	☐ Nein	☐ Ja, und zwar		
7	Schuldbuch-Forderungen	☐ Nein	☐ Ja, und zwar		
8	Forderungen aus Hypotheken oder Grundschulden	☐ Nein	☐ Ja, und zwar		
9	Gesellschafter-Darlehen	☐ Nein	☐ Ja, und zwar		
10	Sonstige Forderungen aus Darlehen oder ähnlichen Geldanlagen	☐ Nein	☐ Ja, und zwar		

V. Grundstücke, Eigentumswohnungen und Erbbaurechte, Rechte an Grundstücken

A Genaue Bezeichnung

	Allgemeiner Begriff	lfd. Nr.	Lage des Objekts (Straße, Ort) und Nutzungsart	Grundbuchbezeichnung (Amtsgericht, Grundbuchbezirk, Band, Blatt)	Eigentumsanteil	Verkehrswert gesamt (ca.) EURO
1	Eigentum an Grundstücken oder Eigentumswohnungen ☐ nein ☐ ja					
2	Erbbaurechte ☐ nein ☐ ja					
3	Grunddienstbarkeiten, Nießbrauchsrechte ☐ nein ☐ ja					
4	Sonstige im Grundbuch eingetragene Rechte an Grundstücken oder Eigentumswohnungen ☐ nein ☐ ja					

B Belastungen dieses Grundvermögens

	Lfd. Nr. des Objekts wie oben	Art der Belastung	a) Eintragung im Grundbuch in Abteilung b) lfd. Nr.	Name des Gläubigers	Effektive Belastung (Wert) EURO

C. Ist die Zwangsversteigerung oder Zwangsverwaltung dieses Grundvermögens angeordnet?

	Lfd. Nr. des Objekts wie oben	Zwangsversteigerung (ja / nein)	Zwangsverwaltung (ja / nein)	Zuständiges Amtsgericht (mit Geschäftszeichen)

VI. Beteiligungen

A. Aktien, Genussrechte und sonstige Beteiligungen an Kapitalgesellschaften (AG, GmbH, KgaA)

Lfd. Nr.	a) Name und Anschrift der Gesellschaft b) Beteiligungsform	Nennbetrag je Gesellschaft EURO	Kurs- bzw. Verkehrswert EURO	Fällige Gewinnansprüche EURO
1				
2				

B. Beteiligungen an Personengesellschaften (Offene Handelsgesellschaft, Kommanditgesellschaft, Partnerschaftsgesellschaft, Gesellschaft bürgerlichen Rechts, EWIV u.ä.)
Evtl. gesonderte Aufstellung beifügen

	a) Name und Anschrift der Gesellschaft b) Beteiligungsform	Nennbetrag je Gesellschaft EURO	Kapitalkonten Verkehrswert EURO	Fällige Gewinnansprüche EURO
1				
2				

C. Beteiligungen als stiller Gesellschafter

	Name und Anschrift des Unternehmens	Nennbetrag je Beteiligung EURO	Verkehrswert EURO	Fällige Gewinnansprüche EURO
1				
2				

D. Beteiligungen an Genossenschaften

	Name und Anschrift der Genossenschaft	Geschäftsguthaben EURO	Fällige Gewinnansprüche EURO
1			
2			

VII. Forderungen aus Versicherungsverträgen

A. Kapitallebensversicherung, Sterbekasse, private Rentenversicherung

lfd. Nr.	Name und Anschrift der Versicherungsgesellschaft oder Kasse	Nr. des Versicherungsscheins	Rückkaufwert bzw. Art und Wert des Anspruchs EURO

Welche der vorgenannten Versicherungen sind (an wen) abgetreten:	

B. Sonstige Ansprüche des Antragstellers gegen Versicherungen auf Leistungen, Beitragsrückerstattung (z.B. aus einer privaten Krankenversicherung u.ä.).

lfd. Nr.	Name und Anschrift der Versicherungsgesellschaft oder Kasse	Nr. des Versicherungsscheins	Art des Anspruchs	Wert EURO

VIII. Sonstige private Geldforderungen

(Rückständiges Arbeitseinkommen, sonstige Zahlungsansprüche z.B. auf Steuererstattung, aus Schadensfällen oder noch nicht erfüllten Verträgen)

lfd. Nr.	Name und Anschrift des Drittschuldners	Rechtsgrund der Forderung	Fälligkeitsdatum	Wert EURO
1				
2				
3				

IX. Rechte und Ansprüche aus Erbfällen

	Genaue Bezeichnung des Erbfalls sowie der Beteiligung oder des Anspruchs	Wert EURO
	Beteiligung an Erbengemeinschaften, Pflichtteilsansprüche, Vermächtnisse, Beteiligung an einer fortgesetzten Gütergemeinschaft ☐ nein ☐ ja, und zwar:	

X. Immaterielle Vermögensgegenstände

	Genaue Bezeichnung, evtl. Registerbehörde (z.B. Deutsches Patentamt) und deren Geschäftszeichen, Angaben über Nutzungsverträge u.ä.	Wert EURO
	Urheber-, Patent-, Verlagsrechte oder ähnliche Rechte ☐ nein ☐ ja, und zwar:	

XI. Vermögenswerte im Zusammenhang mit der selbständigen Tätigkeit

☐	Ich bin aktuell selbständig tätig. Detaillierte Angaben zu den Vermögenswerten im Zusammenhang mit meiner selbständigen Tätigkeit habe ich in der Anlage „Angaben zur aktuellen selbständigen Tätigkeit" gemacht.
☐	Ich bin seit __________ nicht mehr selbständig tätig. Vermögenswerte aus der selbständigen Tätigkeit bestehen nicht mehr.
☐	Ich bin seit __________ nicht mehr selbständig tätig. In meinem Besitz befinden sich noch folgende Vermögenswerte aus der früheren selbständigen Tätigkeit:
	Körperliche Vermögensgegenstände (Sachen):Büroeinrichtung (Möbel, Büromaschinen), Laden- und Lagereinrichtung (Theken, Gestelle, usw.), Werkstätten-, Wirtschafts- oder Fabrikeinrichtungen (Werkbänke, Arbeits- und Werkzeugmaschinen, Werkzeuge usw.), Rohstoffvorräte, Halbfertigerzeugnisse, Fertige Produkte, Fahrzeuge (Bei Kraftfahrzeugen: Typ, Baujahr, Zulassungsnummer, Fahrzeugpapiere und deren Aufbewahrungsort angeben), anderes Inventar und Arbeitsgerät:
	Außenstände (Geldforderungen gegen Dritte, sog. Drittschuldner)

Anlage „Vermögensverzeichnis" Seite 9 von 11

XII. Sicherungsrechte

Welche der angegebenen beweglichen Vermögenswerte sind mit Sicherungsrechten belastet?
Machen Sie für jeden betroffenen Gegenstand die nachfolgenden Angaben.

1	Eigentumsvorbehalt Gegenstand	Kaufpreis	Name und Anschrift des Verkäufers	Restschuld
2	Sicherungsübereignung bzw. Sicherungsabtretung, insbesondere Lohnabtretung Gegenstand und Umfang	Datum und Zweck der Abtretung bzw. Übereignung	Name und Anschrift des Sicherungsgläubigers	Gegenwärtige Höhe der gesicherten Schuld
3	Freiwillige Verpfändung (auch von Lohn) Gegenstand und Umfang	Datum und Zweck der Verpfändung	Name und Anschrift des Pfandgläubigers	Gegenwärtige Höhe der gesicherten Schuld
4.	Pfändung Gegenstand Datum der Pfändung	Name des Gerichtsvollziehers und DR-Nr. des Pfändungsprotokolls bzw. AZ. des Pfändungs- und Überweisungsbeschlusses	Name und Anschrift des Pfändungsgläubigers	Gegenwärtige Höhe der gesicherten Schuld

XIII. Schenkungen und Veräußerungen des Schuldners (§§ 132, 133, 134 InsO)			
Haben Sie in den letzten vier Jahren vor dem Antrag auf Eröffnung des Insolvenzverfahrens in erheblichem Umfang Geld oder wertvolle Gegenstände verschenkt?			
☐ nein ☐ ja, und zwar:			
Jahr	Name und Anschrift des Empfängers	Gegenstand	Wert EURO
Haben Sie in den letzten zwei Jahren vor dem Antrag auf Eröffnung des Insolvenzverfahrens einer nahestehenden Person (§ 138 InsO) Vermögensgegenstände – auch Forderungen – entgeltlich veräußert?			
☐ nein ☐ ja, und zwar:		Gegenstand	Wert EURO
☐ einem Ehegatten (vor oder während der Ehe, nach Ehescheidung)			
☐ meinem Lebensgefährten oder anderen Personen, die mit mir in häuslicher Gemeinschaft leben oder im letzten Jahr vor der Veräußerung gelebt haben			
☐ meinen Kindern oder Enkelkindern			
☐ meinem oder meines Ehegatten Eltern, Geschwister und Halbgeschwister			
☐ den Ehegatten der zuvor genannten Personen			

Ich versichere hiermit an Eides Statt, dass meine vorstehenden Angaben und die in den ggf. beigefügten Unterlagen enthaltenen Angaben richtig und vollständig sind. Mir ist bewusst, dass eine vorsätzlich falsche eidesstattliche Versicherung strafbar ist.

____________________ (Ort, Datum) ____________________ (Unterschrift)

Anlage „Vermögensverzeichnis“ Seite 11 von 11

Vorname und Name
Anlage zum Antrag auf Eröffnung des Insolvenzverfahrens(§ 305 InsO)

Gläubigerverzeichnis

Nr.	Gläubiger	Az. des Gläubigers	Gläubigervertreter	Az. des Gläubiger-vertreters	Forderungshöhe

Anlage „Gläubigerverzeichnis"

Erläuterungen zum Ausfüllen des Antrages auf Durchführung eines Regelinsolvenzverfahrens mit Restschuldbefreiung

Diese Vordrucke für die Beantragung eines Regelinsolvenzverfahrens und das Restschuldbefreiungsverfahren wurden von der Schuldnerberatungsstelle des Diakonischen Werkes Hanau nach bestem Wissen und Gewissen erstellt. Sie erheben nicht den Anspruch, alle Möglichkeiten einer Antragstellung abzudecken. **Die Schuldnerberatungsstelle des Diakonischen Werkes Hanau übernimmt deshalb keine Verantwortung für die Vollständigkeit der bei Antragstellung anzugebenden Angaben bei Benutzung dieser Vordrucke.** Wenn nach Ihrer Einschätzung in Ihrem Fall zusätzliche Angaben erforderlich sein sollten, um den Forderungen der Insolvenzordnung genüge zu tun, so ergänzen Sie die Vordrucke bitte entsprechend.

Lesen Sie bitte die nachfolgenden Hinweise vor dem Ausfüllen der Antragsvordrucke sorgfältig durch. Füllen Sie die Vordrucke unter Beachtung der Hinweise vollständig und gewissenhaft aus. Bitte setzen Sie Ihren **Vor- und Nachnamen** auch in die **Kopfzeile aller Anlagen zum Eröffnungsantrag** ein.

Stellen Sie sicher, dass Sie eine vollständige, inhaltsgleiche Kopie der an das Gericht übersandten Antragsunterlagen bei Ihren Verfahrensunterlagen behalten.

Wichtiger Hinweis zur Umstellung auf den Euro:
Seit dem 1. Januar 2002 sind alle Beträge ausschließlich in EURO anzugeben; dies gilt auch für Beträge, die **vor dem 1. Januar 2002** in DM entstanden sind oder mitgeteilt wurden. Solche Beträge müssen Sie nach dem amtlichen Umrechnungskurs (1 EURO = 1,95583 DM) umrechnen.

Eröffnungsantrag

Mit dem Eröffnungsantrag erklären Sie, dass Sie nach Ihrer Einschätzung **zahlungsunfähig** sind oder dass Zahlungsunfähigkeit unmittelbar bevorsteht.

Der Antrag auf Restschuldbefreiung kann nur in Verbindung mit einem eigenen Eröffnungsantrag gestellt werden. Er ist aber nicht Voraussetzung für die Durchführung des Insolvenzverfahrens, so dass Sie eindeutig erklären müssen, ob Sie einen Restschuldbefreiungsantrag stellen oder nicht. **Sie können die Befreiung von Ihren Verbindlichkeiten nur erlangen, wenn Sie den Restschuldbefreiungsantrag stellen.** Andernfalls können die Gläubiger ihre Forderungen, soweit sie nicht im Insolvenzverfahren erfüllt worden sind, nach Aufhebung des Insolvenzverfahrens weiterhin geltend machen. Deshalb ist der Antrag auf Restschuldbefreiung in diesem Vordruck bereits **fest eingefügt**.

Von der Restschuldbefreiung ausgenommen sind die in § 302 InsO genannten Forderungen, insbesondere also Forderungen aus vorsätzlich begangener unerlaubter Handlung sowie Geldstrafen.

Da natürliche Personen nur unter bestimmten Voraussetzungen ein **Regel- statt eines Verbraucherinsolvenzverfahren** durchzuführen haben, geben Sie bitte an, weshalb nach Ihrer Ansicht in Ihrem Fall ein Regelinsolvenzverfahren durchzuführen ist. Sollten Sie weniger als 19 Gläubiger haben, so ist ein Regelinsolvenzverfahren nur durchzuführen, wenn darunter **Schulden aus arbeitsrechtlichen Verhältnissen** sind, d.h., ehemalige Mitarbeiter noch Lohnforderungen gegen Sie erheben, das Arbeitsamt an ehemalige

Ergänzende Hinweise zu den Vordrucken Seite 1 von 4

Mitarbeiter Insolvenz- oder Konkursausfallgeld gezahlt hat, und diese Beträge von Ihnen zurück fordert, ein Sozialversicherungsträger von Ihnen nicht abgeführte Sozialversicherungsbeiträge für ehemalige Mitarbeiter fordert (dies können auch Familienangehörige sein), das Finanzamt für ehemalige Mitarbeiter nicht abgeführte Lohnsteuer fordert, oder die Berufsgenossenschaft eine Forderung gegen Sie hat. Dagegen gelten Rückforderungen des Arbeitsamtes auf Ihnen gewährte Hilfeleistungen und Forderungen der gesetzlichen Krankenkassen wegen von Ihnen nicht gezahlter Krankenkassenbeiträge für Sie selbst nicht als Schulden aus arbeitsrechtlichen Verhältnissen!

Diejenigen **Anlagen**, die Sie Ihrem Insolvenzantrag zwingend beifügen müssen, sind bereits angekreuzt. Da Sie einen Restschuldbefreiungsantrag stellen wollen, ist die **Abtretungserklärung** (Anlage „Abtretungserklärung über die künftigen, laufenden Bezüge (§ 287 Abs. 2 InsO)") in jedem Fall beizufügen. Wenn Sie **aktuell selbständig tätig** sind (auch bei Teilzeit oder zusätzlich zu einer abhängigen Beschäftigung), eine **Stundung der Verfahrenskosten** beantragen wollen oder bereits **vor dem 01.01.1997 überschuldet und zahlungsunfähig** waren, kreuzen Sie bitte die entsprechenden Kästchen an und fügen die Anlagen „Angaben zur aktuellen selbständigen Tätigkeit", „Antrag auf Stundung der Kosten des Verfahrens" und „Erklärung über die Zahlungsunfähigkeit vor dem 1. Januar 1997" bei.

Aufgrund Ihrer **gesetzlichen Auskunfts- und Mitwirkungspflicht** sind Sie nicht nur verpflichtet, selbst vollständig Auskunft über Ihre Vermögensverhältnisse zu erteilen; Ihnen obliegt es auch, auf Verlangen des Gerichts Dritte von ihrer Pflicht zur Verschwiegenheit zu entbinden. Ein Verstoß gegen diese Obliegenheit kann zur **Versagung der Restschuldbefreiung** führen.

Ihre **eigenhändige Unterschrift** ist Voraussetzung für einen wirksamen Eröffnungsantrag. Bitte **unterschreiben Sie auch die Anlagen** zum Eröffnungsantrag, soweit dies in den Vordrucken vorgesehen ist.

Anlage „Antrag auf Stundung der Verfahrenskosten"

Diese Anlage ist nur dann beizufügen, wenn **nicht genügend Vermögen** vorhanden ist, um die Kosten des Verfahrens zu decken, oder Ihnen **nicht von Dritter Seite** die Kosten des Verfahrens zur Verfügung gestellt werden.

Die Stundung wird nur gewährt werden, wenn keiner der Versagungsgründe des § 290 Abs. 1 Nr. 1 und 3 InsO vorliegt, d.h., Sie weder wegen einer Straftat nach den §§ 283 bis 283 c des Strafgesetzbuches (Konkursstraftaten), rechtskräftig verurteilt worden sind, noch Ihnen in den letzten zehn Jahren vor Stellung dieses Antrages Restschuldbefreiung erteilt oder nach § 296 oder § 297 InsO versagt worden ist. Eine entsprechende Erklärung ist von Ihnen dem Stundungsantrag beizufügen.

Anlage „Abtretungserklärung über die künftigen, laufenden Bezüge"

Die **Abtretungserklärung** ist dem Eröffnungsantrag **immer beizufügen,** wenn ein **Restschuldbefreiungsantrag** gestellt wird. Die Abtretungserklärung müssen Sie **eigenhändig unterschreiben.**

Auf der Grundlage der Abtretungserklärung wird Ihr pfändbares Einkommen nach der Aufhebung des Insolvenzverfahrens für die Dauer der Wohlverhaltensperiode, die im Regelfall sechs Jahre nach der Eröffnung des Insolvenzverfahrens endet, an den Treuhänder abgeführt und von diesem an Ihre Gläubiger verteilt. Bitte lesen Sie die in der Anlage enthaltenen **Erläuterungen zur Abtretungserklärung** gründlich und prüfen Sie, ob Sie von der Abtretungserklärung erfasste Forderungen in der Vergangenheit **abgetreten oder freiwillig verpfändet** haben.

Wenn Sie (etwa zur Sicherung eines Bankkredits) Ihren Lohn oder sonstige Forderungen bereits abgetreten oder freiwillig verpfändet haben, müssen Sie in der Abtretungserklärung darauf hinweisen. Dies gilt nicht für Forderungspfändungen auf Grund eines Pfändungs- und Überweisungsbeschlusses. Geben Sie bitte zusätzlich an, ob die Abtretung bei Ihrem Arbeitgeber offen gelegt ist, und ob der pfändbare Teil der Einkünfte abgeführt wird. Bitte fügen Sie **Kopien** der von Ihnen unterzeichnetten Abtretungserklärungen bei.

In den Jahren 1988 – 1992 wurden in Urteilen des BGH **Voraussetzungen für die Wirksamkeit** von in den Allgemeinen Geschäftsbedingungen enthaltenen formularmäßigen Abtretungen aufgestellt. Abtretungen in Kreditverträgen, die **bis zum September 1992** vereinbart wurden, sind deshalb in der Regel unwirksam. Ob dies auch für von Ihnen unterzeichnete Abtretungserklärungen zutrifft kann allerdings erst nach einer **Überprüfung** der betreffenden Abtretungserklärungen mit Gewissheit ausgesagt werden. Wenn Sie Zweifel haben, ob eine von Ihnen unterzeichnete Abtretungserklärungen gültig ist oder nicht, wenden Sie sich bitte an einen **Rechtsanwalt** (Kosten!) oder aber für eine unverbindliche Vorprüfung an die für Ihren Wohnort zuständige **Schuldnerberatungsstelle**.

Sollten von Ihnen unterzeichnetten Abtretungserklärungen nicht gültig sein, so geben Sie dies bitte für jede ungültige Abtretung in einem eigenen Formular an.

Anlage „Erklärung über die Zahlungsunfähigkeit vor dem 1. Januar 1997"

Diese Anlage müssen Sie nur einreichen, wenn Sie **bereits vor dem 1. Januar 1997 zahlungsunfähig** waren. Das Gericht stellt dann in dem Beschluss über die Ankündigung der Restschuldbefreiung bei Aufhebung des Insolvenzverfahrens fest, dass die Laufzeit der Abtretungserklärung nicht sechs, sondern nur fünf Jahre beträgt. Dass Sie bereits vor 1997 zahlungsunfähig waren, müssen Sie durch **Vorlage geeigneter Belege** glaubhaft machen.

Anlage „Angaben zur aktuellen selbständigen Tätigkeit"

Diese Anlage ist nur dann beizufügen, wenn Sie **bei Stellung des Antrages** einer selbständigen Tätigkeit nachgehen. Dies gilt auch dann, wenn diese Tätigkeit nur in **Teilzeit** oder **neben einer abhängigen Beschäftigung** ausgeübt wird.

Falls Sie Ihre selbständige Tätigkeit auch nach Eröffnung des Insolvenzverfahrens weiterführen wollen, so geben Sie dies bitte hier an. Bzgl. der möglichen Schwierigkeiten dabei verweisen wir auf unser Informationspapier zum Regelinsolvenzverfahren.

Anlage „Vermögensverzeichnis"

Am Ende des Vermögensverzeichnisses ist von Ihnen die Erklärung beizufügen, dass die darin enthaltenen Angaben richtig und vollständig sind. Die Richtigkeit und Vollständigkeit Ihrer Angaben versichern Sie mit Ihrer **Unterschrift.** Bitte **füllen Sie das Vermögensverzeichnis daher besonders sorgfältig aus und prüfen Sie jeweils ob Sie die Fragen zutreffend und umfassend beantwortet haben**. Wenn Sie bewusst oder aus Nachlässigkeit falsche oder unvollständige Angaben gemacht haben, kann Ihnen auf Antrag eines Gläubigers die **Restschuldbefreiung versagt werden**. Wer bewusst falsche oder unvollständige Angaben macht, um einen Vermögensvorteil (z. B. die Restschuldbefreiung) zu erlangen, macht sich **wegen Betruges strafbar**.

Die in der Anlage „Vermögensverzeichnis" enthaltenen Aufzählungen und Beispiele zu den Vermögenswerten erheben nicht den Anspruch der Vollständigkeit. Bitte tragen Sie deshalb gegebenenfalls auch nicht aufgeführte aber in Ihrem Besitz befindliche Vermögenswerte in das Verzeichnis ein. Sollte der vorgegebene Platz nicht ausreichen, so fügen Sie bitte Ergänzungsblätter bei.

Anlage „Gläubiger- und Forderungsverzeichnis"

Bitte kopieren Sie die zweite Seite dieser Anlage in genügender Anzahl, damit Sie alle Ihnen bekannte Gläubiger auflisten können und nummerieren Sie die Seiten unten rechts.

Sie sind verpflichtet, **alle** Ihnen bekannte Gläubiger auflisten. Dies gilt auch für kleine Forderungen oder Schulden gegenüber Verwandten oder Freunden. Sollten Sie einzelne Gläubiger bei der Erstellung der Gläubigerliste vergessen, so werden auch diese von der Wirkung der Restschuldbefreiung erfasst (§ 301 InsO), sofern sie nicht gem. § 302 InsO von der Restschuldbefreiung ausgenommen sind.

Wenn Sie **vorsätzlich oder grob fahrlässig** unvollständige Angaben machen, ist Ihnen auf Antrag eines Gläubigers gem. § 290 Abs. 1 Nr. 6 die Restschuldbefreiung zu versagen.

Jeder Gläubiger ist mit seiner **vollständigen, zustellungsfähigen Anschrift** (PLZ, Ort, Straße, Hausnummer) und, soweit – etwa bei Gesellschaften (GmbH, KG usw.) oder bei Minderjährigen – geboten, unter Angabe des gesetzlichen Vertreters anzugeben. Die **Angabe von Postfachanschriften ist nicht zulässig**. Soweit Ihnen ein Verfahrensbevollmächtigter des Gläubigers bekannt ist, können Sie diesen gleichfalls hier angeben. Außerdem ist das Aktenzeichen des Gläubigers und ggf. das seines Verfahrensbevollmächtigten anzugeben. Die Gläubiger sind fortlaufend zu numerieren. Aus Gründen der Übersichtlichkeit empfiehlt es sich, die Gläubiger in alphabetischer Reihenfolge zu sortieren. Für die Angabe der Höhe der Forderungen ist es **nicht notwendig**, von den Gläubigern aktuelle Forderungsübersichten anzufordern.

Sollte ein Gläubiger mehrere Forderungen gegen Sie erheben, so listen Sie bitte alle diese Forderungen nacheinander unter z.B. 2a), 2b), 2c) etc. auf.

4. Informationsblatt über das Insolvenzrecht für Arbeitgeber

Sehr geehrte Damen und Herren,

zu Ihrer Information möchten wir auf die Möglichkeit verschuldeter Arbeitnehmer/-innen hinweisen, in einem Verbraucherkonkursverfahren von ihren Schulden befreit zu werden. Die Insolvenzordnung trat am 1. Januar 1999 in Kraft.

Voraussetzung ist, dass zunächst eine **außergerichtliche Einigung** mit den Gläubigern versucht wird:

- Nehmen **alle** Gläubiger die Zahlungsvorschläge des Schuldners an, entfällt ein gerichtliches Verfahren. Es kommt ein Vergleich zustande. Der Schuldner muss den ausgehandelten Zahlungsplan einhalten.
- Lehnen die Gläubiger den Zahlungsplan ab, kann der Schuldner ein **gerichtliches Verfahren** beantragen. Wenn der Schuldner die Verfahrenskosten nicht zahlen kann, bewilligt das Gericht auf Antrag eine Stundung der Kosten. Zunächst legt das Gericht auf Antrag des Schuldners den Schuldenbereinigungsplan den Gläubigern vor:
- Bei Zustimmung kommt ein Vergleich zustande,
- bei Ablehnung beginnt das eigentliche Verfahren.

Das Gericht kann beschließen, auf die Durchführung eines Schuldenbereinigungsplanverfahrens zu verzichten. In einem solchen Fall wird zeitsparend umgehend das Verfahren eröffnet.

Der Schuldner muss 6 Jahre lang sein pfändbares Einkommen an einen vom Gericht bestellten Treuhänder abtreten, der die Gelder an die Gläubiger verteilt; vorrangig erhalten 2 Jahre lang nur Gläubiger, die eine Abtretung vorweisen, die pfändbaren Beträge.

Der Arbeitgeber ist berechtigt, Abtretungserklärungen auszuschließen oder von seiner nachträglichen Genehmigung abhängig zu machen. Es ist zu empfehlen, dies in einer Betriebsvereinbarung oder durch einzelvertragliche Regelung gemäß § 399 BGB festzuschreiben.

Die Abtretungserklärung zugunsten des vom Gericht bestellten Treuhänders kann nicht von Ihnen ausgeschlossen werden. Zahlungen dürfen nur noch an ihn und nicht an einzelne Gläubiger geleistet werden, Lohnpfändungen sind unzulässig.

Ausnahme: Bei einem laufenden Unterhaltsanspruch oder einer Forderung aus einer vorsätzlichen unerlaubten Handlung kann zusätzlich gepfändet werden.

Der Schuldner muss während der Laufzeit der Abtretungserklärung jeden Wechsel des Wohnsitzes oder der Arbeit sofort dem Gericht und Treuhänder anzeigen.

Nach Ablauf des Verfahrens wird der Schuldner von allen Schulden befreit. Dies gilt nicht für strafrechtlich erhebliche Schulden (z.B. Bußgelder, Geldstrafen usw.), laufende Unterhaltszahlungen.

Nähere Informationen erhalten Sie über eine Schuldnerberatung oder einen Fachanwalt.

5. Checkliste: Ist die Abtretung wirksam?

Checkliste nach den Anforderungen des Bundesgerichtshofes an formularmäßige Abtretungsklauseln (vgl. NJW 1989, 2383 und NJW 1992, 2626)

1. Ist das Einkommen, das abgetreten werden soll, genau beschrieben? (Z.B. Lohn, Gehalt, Provision, Honorar, Übergangsgeld, Krankengeld, Arbeitslosengeld usw.)

Wenn *Nein,* dann ist nichts abgetreten. (Beispiel: Die Abtretungserklärung nennt »Lohn«, ein weiterer Einkommensbestandteil ist die Umsatzprovision. Ist diese in die Abtretungserklärung nicht ausdrücklich aufgenommen, erhält der Abtretungsgläubiger keinen Anteil an der Provision. Sie wird in voller Höhe an den Schuldner ausbezahlt.)
Wenn *Ja,* dann müssen alle folgenden Fragen auch mit *Ja* beantwortet werden können. Wenn auch nur einmal mit *Nein* geantwortet wird, ist die gesamte Abtretungsklausel unwirksam; es muss dann nichts mehr vom Lohn abgezogen werden.

2. Ist der Anspruch des Gläubigers genau bezeichnet?
(Z.B. Kreditvertrag vom 12.4.1997)
3. Sind die Voraussetzungen beschrieben, wann die Abtretung z.B. beim Arbeitgeber vorgelegt werden darf?
(Z.B. zwei Ratenzahlungen im Rückstand und mit schriftlicher Fristsetzung die Offenlegung androhen.)
4. Ist die Abtretung in ihrem Umfang begrenzt?
(Z.B. Bruttosumme des Kreditvertrages vom 12.4.1997 plus Kosten der Rechtsverfolgung)

5. Gibt es in der Abtretung eine Freigabeklausel?
   (Z.B. »Bei vollständiger Bezahlung wird der Anspruch freigegeben.«)
6. Ist die Abtretung die einzige Sicherheit?
   (Oder gibt es zusätzlich z.B. Eigentumsvorbehalt, Bürgschaften, Hinterlegung des KFZ-Briefes?)

Erst wenn diese Fragen alle mit *Ja* beantwortet sind, ist die formularmäßige Abtretung *gültig*. Der Arbeitgeber oder Sozialleistungsträger muß dann den pfändbaren Anteil des Anspruches (Lohn oder Sozialleistung) gemäß § 850c ZPO an den Gläubiger überweisen.

Achtung:
Die meisten Abtretungen, die vor 1992 unterschrieben wurden, entsprechen nicht diesen Vorschriften!

6. Muster: Treuhandvereinbarung

Mit Wirkung vom heutigen Tage schließen die Unterzeichner folgende Treuhandvereinbarung:

1. Zweck der Treuhand

Der Treuhänder wird sich gemeinsam mit dem/der Schuldner/-in um die Durchführung einer alle Gläubiger umfassende Schuldenregulierung bemühen. Die Entschuldung soll innerhalb eines überschaubaren und individuell zumutbaren Zeitraumes erreicht sein.

Durch einen gesonderten Abtretungsvertrag überträgt der/die Schuldner/-in dem Treuhänder seine/ihre pfändbaren Einkommensanteile sowie die abtretbaren Teile laufender Sozialleistungen und evtl. bestehender Vermögenswerte wie Lebensversicherungs-, Bauspar- oder Sparguthaben zur treuhänderischen Verwendung. Die angesparten Beträge dienen ausschließlich zur Bereinigung von Zahlungsverpflichtungen des/der Schuldners/-in und – falls notwendig – zur Deckung der Verfahrenskosten der Insolvenzordnung.

Die Vertretungsmacht des Treuhänders bestimmt sich nach der gesondert zu unterzeichnenden Vollmacht. Stundungen, Ratenzahlungen, Teilerlassvergleiche und sonstige Zahlungsmodalitäten werden nur im Einvernehmen mit dem/der Schuldner/-in vereinbart.

2. Treuhandguthaben

Der/Die Schuldner/-in erklärt sich bereit, freiwillig und ohne Rechtspflicht aus ihrem unpfändbaren Einkommen Beträge anzusparen.

Der Treuhänder soll aus den abgetretenen Einkommensanteilen und den freiwilligen Sparleistungen ein Treuhandguthaben für spätere Vergleichszahlungen ansammeln. Er hat das Guthaben getrennt von seinem sonstigen Vermögen auf einem Anderkonto anzulegen.

Der/Die Schuldner/-in verzichtet unwiderruflich auf die angesparten Beträge, so lange nicht alle bekannten Verbindlichkeiten erfüllt sind.

Kommt die angestrebte Gesamtsanierung nicht zustande, ist das Guthaben zur Deckung der Verfahrenskosten in der Insolvenzordnung (InsO) einzusetzen. Wird der Treuhandvertrag vorzeitig gelöst, ist das Treuhandguthaben anteilig an alle dem Treuhänder bekannten Forderungsinhaber entsprechend ihrer Forderungshöhe zu verteilen.

3. Geheimhaltungspflicht und Rechnungslegung

Der/Die Schuldner/-in hat Anspruch darauf, dass über seine/ihre persönlichen und finanziellen Verhältnisse Verschwiegenheit gewahrt wird.

Auskünfte über die wirtschaftliche und soziale Situation dürfen den Forderungsinhabern erteilt werden, sofern diesen Angaben für die angestrebte Entschuldung Bedeutung zukommt.

Auf Verlangen ist dem/der Schuldner/-in über Entwicklung und Verwendung des Treuhandguthabens Rechnung zu legen. Er/Sie kann Einsicht in sämtliche Kontounterlagen sowie den Schriftverkehr mit den Gläubigern nehmen.

4. Haftung

Der Treuhänder ist dem/der Schuldner/-in für die zweckentsprechende Verwendung der treuhänderisch verwalteten Beträge verantwortlich.

Er haftet dem/der Schuldner/-in für die Einhaltung von Zahlungsverpflichtungen gegenüber den Forderungsinhabern nur in der Höhe, in der ihm Beträge zum Zwecke der Regulierung tatsächlich zugeflossen sind. Er übernimmt keine Haftung – insbesondere keine Bürgschaften – im Verhältnis zu den Gläubigern.

5. Beendigung der Treuhand

Der/Die Schuldner/-in kann die Treuhandvereinbarung jederzeit ohne Einhaltung einer Frist lösen.

Dem Treuhänder steht ein Kündigungsrecht nur nach Maßgabe des § 671 Abs. 2 BGB zu. Er kann den Treuhandvertrag insbesondere dann kündigen, wenn der/die Schuldner/-in die zur Schuldnerberatung erforderliche Mitarbeit verweigert oder das notwendige Vertrauensverhältnis nachhaltig gestört ist.

Der Treuhänder kann die Kündigung mit angemessener Frist aussprechen, mindestens ist aber nach schriftlicher Androhung der Kündigung eine Frist von einem Monat zum Quartalsende einzuhalten, so dass der/die Schuldner/-in Vorsorge für einen Fortgang der Sanierungsbemühungen treffen kann.

Der Treuhandvertrag endet, ohne dass es der Kündigung bedarf, mit der Bereinigung aller dem Treuhänder bekannten Verbindlichkeiten.

....	....
Ort, Datum Stempel des Treuhänders Unterschrift	Ort, Datum Unterschrift der/des Schuldners/-in

7. Pfändungstabelle

Nach dem 7. Gesetz zur Änderung der Pfändungsfreigrenzen vom 1.1.2002 wurden die pfändbaren Beträge in einer Tabelle festgehalten.

Die derzeit aktuelle Pfändungstabelle ist bei einer Schuldnerberatungsstelle erhältlich.

Der unpfändbare Betrag für Weihnachtsvergütungen wurde auf 500 Euro festgelegt.

Euro-Netto-Lohn monatlich		Pfändbarer Betrag bei Unterhaltspflicht für ... Personen					
von	bis	0	1	2	3	4	5 und mehr
930,00	939,99	–	–	–	–	–	–
940,00	949,99	7,00	–	–	–	–	–
950,00	959,99	14,00	–	–	–	–	–
960,00	969,99	21,00	–	–	–	–	–
970,00	979,99	28,00	–	–	–	–	–
980,00	989,99	35,00	–	–	–	–	–
990,00	999,99	42,00	–	–	–	–	–
1000,00	1009,99	49,00	–	–	–	–	–
1010,00	1019,99	56,00	–	–	–	–	–
1020,00	1029,99	63,00	–	–	–	–	–
1030,00	1039,99	70,00	–	–	–	–	–
1040,00	1049,99	77,00	–	–	–	–	–
1050,00	1059,99	84,00	–	–	–	–	–
1060,00	1069,99	91,00	–	–	–	–	–
1070,00	1079,99	89,00	–	–	–	–	–
1080,00	1089,99	105,00	–	–	–	–	–
1090,00	1099,99	112,00	–	–	–	–	–
1100,00	1109,99	119,00	–	–	–	–	–
1110,00	1119,99	126,00	–	–	–	–	–
1120,00	1129,99	133,00	–	–	–	–	–
1130,00	1139,99	140,00	–	–	–	–	–
1140,00	1149,99	147,00	–	–	–	–	–
1150,00	1159,99	154,00	–	–	–	–	–
1160,00	1169,99	161,00	–	–	–	–	–
1170,00	1179,99	168,00	–	–	–	–	–
1180,00	1189,99	175,00	–	–	–	–	–
1190,00	1199,99	182,00	–	–	–	–	–
1200,00	1209,99	189,00	–	–	–	–	–
1210,00	1219,99	196,00	–	–	–	–	–

Euro-Netto-Lohn monatlich		Pfändbarer Betrag bei Unterhaltspflicht für ... Personen					
von	bis	0	1	2	3	4	5 und mehr
1220,00	1229,99	203,00	–	–	–	–	–
1230,00	1239,99	210,00	–	–	–	–	–
1240,00	1249,99	217,00	–	–	–	–	–
1250,00	1259,99	224,00	–	–	–	–	–
1260,00	1269,99	231,00	–	–	–	–	–
1270,00	1279,99	238,00	–	–	–	–	–
1280,00	1289,99	245,00	–	–	–	–	–
1290,00	1299,99	252,00	5,00	–	–	–	–
1300,00	1309,99	259,00	10,00	–	–	–	–
1310,00	1319,99	266,00	15,00	–	–	–	–
1320,00	1329,99	273,00	20,00	–	–	–	–
1330,00	1339,99	280,00	25,00	–	–	–	–
1340,00	1349,99	287,00	30,00	–	–	–	–
1350,00	1359,99	294,00	35,00	–	–	–	–
1360,00	1369,99	301,00	40,00	–	–	–	–
1370,00	1379,99	308,00	45,00	–	–	–	–
1380,00	1389,99	315,00	50,00	–	–	–	–
1390,00	1399,99	322,00	55,00	–	–	–	–
1400,00	1409,99	329,00	60,00	–	–	–	–
1410,00	1419,99	336,00	65,00	–	–	–	–
1420,00	1429,99	343,00	70,00	–	–	–	–
1430,00	1439,99	350,00	75,00	–	–	–	–
1440,00	1449,99	357,00	80,00	–	–	–	–
1450,00	1459,99	364,00	85,00	–	–	–	–
1460,00	1469,99	371,00	90,00	–	–	–	–
1470,00	1479,99	378,00	95,00	–	–	–	–
1480,00	1489,99	385,00	100,00	2,00	–	–	–
1490,00	1499,99	392,00	105,00	6,00	–	–	–
1500,00	1509,99	399,00	110,00	10,00	–	–	–
1510,00	1519,99	406,00	115,00	14,00	–	–	–
1520,00	1529,99	413,00	120,00	18,00	–	–	–
1530,00	1539,99	420,00	125,00	22,00	–	–	–
1540,00	1549,99	427,00	130,00	26,00	–	–	–
1550,00	1559,99	434,00	135,00	30,00	–	–	–
1560,00	1569,99	441,00	140,00	34,00	–	–	–
1570,00	1579,99	448,00	145,00	38,00	–	–	–
1580,00	1589,99	455,00	150,00	42,00	–	–	–
1590,00	1599,99	462,00	155,00	46,00	–	–	–

Euro-Netto-Lohn monatlich		Pfändbarer Betrag bei Unterhaltspflicht für ... Personen					
von	bis	0	1	2	3	4	5 und mehr
1600,00	1609,99	469,00	160,00	50,00	–	–	–
1610,00	1619,99	476,00	165,00	54,00	–	–	–
1620,00	1629,99	483,00	170,00	58,00	–	–	–
1630,00	1639,99	490,00	175,00	62,00	–	–	–
1640,00	1649,99	497,00	180,00	66,00	–	–	–
1650,00	1659,99	504,00	185,00	70,00	–	–	–
1660,00	1669,99	511,00	190,00	74,00	–	–	–
1670,00	1679,99	518,00	195,00	78,00	–	–	–
1680,00	1689,99	525,00	200,00	82,00	3,00	–	–
1690,00	1699,99	532,00	205,00	86,00	6,00	–	–
1700,00	1709,99	539,00	210,00	90,00	9,00	–	–
1710,00	1719,99	546,00	215,00	94,00	12,00	–	–
1720,00	1729,99	553,00	220,00	98,00	15,00	–	–
1730,00	1739,99	560,00	225,00	102,00	18,00	–	–
1740,00	1749,99	567,00	230,00	106,00	21,00	–	–
1750,00	1759,99	574,00	235,00	110,00	24,00	–	–
1760,00	1769,99	581,00	240,00	114,00	27,00	–	–
1770,00	1779,99	588,00	245,00	118,00	30,00	–	–
1780,00	1789,99	595,00	250,00	122,00	33,00	–	–
1790,00	1799,99	602,00	255,00	126,00	36,00	–	–
1800,00	1809,99	609,00	260,00	130,00	39,00	–	–
1810,00	1819,99	616,00	265,00	134,00	42,00	–	–
1820,00	1829,99	623,00	270,00	138,00	45,00	–	–
1830,00	1839,99	630,00	275,00	142,00	48,00	–	–
1840,00	1849,99	637,00	280,00	146,00	51,00	–	–
1850,00	1859,99	644,00	285,00	150,00	54,00	–	–
1860,00	1869,99	651,00	290,00	154,00	57,00	–	–
1870,00	1879,99	658,00	295,00	158,00	60,00	–	–
1880,00	1889,99	665,00	300,00	162,00	63,00	3,00	–
1890,00	1899,99	672,00	305,00	166,00	66,00	5,00	–
1900,00	1909,99	679,00	310,00	170,00	69,00	7,00	–
1910,00	1919,99	686,00	315,00	174,00	72,00	9,00	–
1920,00	1929,99	693,00	320,00	178,00	75,00	11,00	–
1939,00	1939,99	700,00	325,00	182,00	78,00	13,00	–
1940,00	1949,99	707,00	330,00	186,00	81,00	15,00	–
1950,00	1959,99	714,00	335,00	190,00	84,00	17,00	–
1960,00	1969,99	721,00	340,00	194,00	87,00	19,00	–
1970,00	1979,99	728,00	345,00	198,00	90,00	21,00	–

Euro-Netto-Lohn monatlich		Pfändbarer Betrag bei Unterhaltspflicht für ... Personen					
von	bis	0	1	2	3	4	5 und mehr
1980,00	1989,99	735,00	350,00	202,00	93,00	23,00	–
1990,00	1999,99	742,00	355,00	206,00	96,00	25,00	–
2000,00	2009,99	749,00	360,00	210,00	99,00	27,00	–
2010,00	2019,99	756,00	365,00	214,00	102,00	29,00	–
2020,00	2029,99	763,00	370,00	218,00	105,00	31,00	–
2030,00	2039,99	770,00	375,00	222,00	108,00	33,00	–
2040,00	2049,99	777,00	380,00	226,00	111,00	35,00	–
2050,00	2059,99	784,00	385,00	230,00	114,00	37,00	–
2060,00	2069,00	791,00	390,00	234,00	117,00	39,00	–
2070,00	2079,99	798,00	395,00	238,00	120,00	41,00	1,00
2080,00	2089,99	805,00	400,00	242,00	123,00	43,00	2,00
2090,00	2099,99	812,00	405,00	246,00	126,00	45,00	3,00
2100,00	2109,99	819,00	410,00	250,00	129,00	47,00	4,00
2110,00	2119,99	826,00	415,00	254,00	132,00	49,00	5,00
2120,00	2129,00	833,00	420,00	258,00	135,00	51,00	6,00
2130,00	2139,00	840,00	425,00	262,00	138,00	53,00	7,00
2140,00	2149,99	847,00	430,00	266,00	141,00	55,00	8,00
2150,00	2159,99	854,00	435,00	270,00	144,00	57,00	9,00
2160,00	2169,99	861,00	440,00	274,00	147,00	59,00	10,00
2170,00	2179,99	868,00	445,00	278,00	150,00	61,00	11,00
2180,00	2189,99	875,00	450,00	282,00	153,00	63,00	12,00
Der Mehrbetrag ab 2189,99 ist voll pfändbar.							

8.1 Formular: Bescheinigung des sozialhilferechtlichen Bedarfs

Bezieht der Schuldner eine Rente oder ist aus sonstigem Grund nicht erwerbsfähig, dann könnte es ein, dass er aufgrund einer Pfändung Sozialhilfe (Leistungen nach SGB XII) beziehen müsste.

Um den entsprechenden Teil des Einkommens durch einen Antrag auf Anhebung der Pfändungsfreigrenze gem. § 850f Abs. 1a ZPO zu schützen, ist eine Bescheinigung des sozialhilferechtlichen Bedarfs sinnvoll.

Bescheinigung des sozialhilferechtlichen Bedarfs
für

____
Vorname, Name

wohnhaft in ____________________
Straße, PLZ, Wohnort

lfd. Nr.	Name	Geburtsdatum	Sozialhilferegelsatz/ Summen
1			Euro
2			Euro
3			Euro
4			Euro
Pauschale für einmalige Leistungen gem. § 31 SGB XII (Erstausstattung/Klassenfahrten von Kindern))			
Mehrbedarf für	gem. § 30 Abs. 1	SGB XII für Nr.	
Mehrbedarf für	gem. § 30 Abs. 2	SGB XII für Nr.	
Mehrbedarf für	gem. § 30 Abs. 3	SGB XII für Nr.	
Mehrbedarf für	gem. § 30 Abs. 4	SGB XII für Nr.	
Mehrbedarf für	gem. § 30 Abs. 5	SGB XII für Nr.	
Kosten der Unterkunft			
Heizung			
		Zwischensumme	

Absetzbeträge (= Einkommensabzug) gem. § 82 SGB XII	
Hausratversicherung	
Haftpflichtversicherung (ab 2 Kinder)	
Arbeitsmittelpauschale**	
Fahrgeld**	
Beiträge zu Berufsverbänden**	
Freibetrag für Erwerbstätige	
Kindergeldfreibetrag	
Sonstiges	
Σ Notwendiger Lebensunterhalt im Sinne des §§ 27 ff. SGB XII	

____________________ ____________________
Ort, Datum Dienststempel/Unterschrift

Bezieht der Schuldner hingegen Arbeitseinkommen oder ist erwerbsfähig (Bezug von Arbeitslosengeld I), dann könnte es ein, dass er aufgrund einer Pfändung Arbeitslosengeld II (Leistungen nach SGB II) beziehen müsste. Wenn der Schuldner bereits Arbeitslosengeld II bezieht, dann könnten bei einer Pfändung diese Leistungen gemindert werden.

Um den entsprechenden Teil des Einkommens durch einen Antrag auf Anhebung der Pfändungsfreigrenze gem. § 850f Abs. 1a ZPO zu schützen, ist folgende Bedarfsbescheinigung sinnvoll:

8.2 Formular: Bedarfsbescheinigung bei Erwerbsfähigen

für ______________________________
Vorname, Name

wohnhaft in ______________________________
Straße, PLZ, Wohnort

lfd. Nr.	Name	Geburtsdatum	Regelleistungen (§ 20 SGB II) bzw. Sozialgeld (§ 28 SGB II) Summen
1			Euro
2			Euro
3			Euro
4			Euro
Mehrbedarfe, die nicht durch Regelleistungen abgedeckt sind:			
Mehrbedarf für Nr. gem. § 21 Abs. 2 SGB II (Mehrbedarf für werdende Mütter)			
Mehrbedarf für Nr. gem. § 21 Abs. 3.1 (Mehrbedarf für Alleinerziehende mit einem Kind unter sieben Jahren oder mit zwei oder drei Kindern unter 16 Jahren)			
Mehrbedarf für Nr. gem. § 21 Abs. 3.2 (Mehrbedarf für Alleinerziehende pro Kind)			
Mehrbedarf für Nr. gem. § 21 Abs. 4 (erwerbsfähige behinderte Hilfebedürftige)			
Mehrbedarf für Nr. gem. § 21 Abs. 54 (erwerbsfähige Hilfebedürftige mit kostenaufwändiger Ernährung)			
Kosten der Unterkunft			
Heizung			
Zwischensumme			

Freibetrag wegen Erwerbstätigkeit (§ 30 SGB II)	
Einstiegsgeld (§ 29 SGB II)	
befristeter Zuschlag nach Bezug von Arbeitslosengeld (§ 24 SGB II)	
Absetzbeträge vom Einkommen gem. § 11 Abs. 2 SGB II	
Gesamtbedarf:	

Ort, Datum ______________ Dienststempel/Unterschrift ______________

9. Anwaltsgebühren im Verfahren

Gebühren für Beratungshilfe
(Vergütungsverzeichnis – VV 2601–2608 zum RVG):

- für eine Beratung: Gebühr von **23 €**, bei Schreiben etc. **56 €** (VV 2400, Vorb. 3 Abs. 4 RVG)
- für eine Erledigung der Rechtssache (**z.B. Rücknahme eines Bescheides**) **69 €** (VV 3105, 3203, 3204)
- für einen Vergleich Gebühr von **102 €**

Gebühren im außergerichtlichen Einigungsversuch gem. § 305 Abs. 2 InsO (VV 2602, 2604–2607)

für Vergleichsverhandlungen **Grundgebühr von 224 €**, diese Gebühr erhöht sich um jeweils 112 € auf:
bei 6–10 Gläubigern auf **336 €**,
bei 11–15 Gläubigern auf **448 €**,
ab 16 Gläubiger auf **560 €**

Gebühren im gerichtlichen Verfahren:

- bei Vertretung im InsO-Verfahren **0,5 Gebühr** nach Wert der Insolvenzmasse (VV 3317),
- bei Antrag auf Erteilung der Restschuldbefreiung **1 volle Gebühr** (VV 3318, 3319, 3321), Gegenstand nach Ermessen unter Berücksichtigung des wirtschaftl. Interesses des Auftraggebers (§§ 28, 23 Abs. 3 RVG)

10. Muster: Haushaltsplan

Einnahmen	Euro	**Ausgaben**	Euro
Gehalt/Lohn		Ernährung	
Renten		Kleidung/Wäsche	
Kindergeld		Körperpflege/Medizin	
Wohngeld		Miete/Nebenkosten	
Unterhalt		Energieversorgung/Heizung	
Arbeitslosengeld		Fahrtkosten	
Arbeitslosenhilfe		Rundfunk/Fernsehen	
Honorare		Telefon	
Geschäftsgewinne		Reinigungsmittel	
Zinserträge		Reparaturen	
Mieten		Versicherungen	
Sonstiges		Sparverträge	
Summe:		Bankkreditraten	
		Warenkaufraten	
		Beiträge Vereine, Parteien, Gewerkschaft	
		Zeitschriften	
Gesamteinnahmen		Kinderbetreuung	
– Ausgaben		Unterhalt	
		Tierhaltung	
Restbetrag:		Pfändungen	
		Sonstiges	
		Summe:	
Ermitteln Sie die monatlichen Durchschnittswerte!			

11. PC-Programme zur Verteilungsberechnung

- InsO Manager, praktischer Helfer zur Verbraucherinsolvenzordnung, 170 Euro, derzeit anwenderfreundlichstes und preiswertestes Programm zur Quotenberechnung und Aufstellung von außergerichtlichen und gerichtlichen Zahlungsplänen einschließlich gerichtlichen Antragsformulars. Hersteller: DV Connect Barbara Roth, Vertrieb: BAG-SB, Wilhelmsstr. 11, 34117 Kassel, Tel. 0561/771093, Fax: 0561/711126, E-Mail: BAG-Schuldnerberatung@t-online.de
- CAWIN Version 5.0 (CD-ROM): ca. 1790 Euro (für kommunale/gemeinnützige Beratungsstellen: 506 Euro. Anspruchsvolles Programm zur Abwicklung von Schriftverkehr für Schuldnerberatungsstellen, Berechnung von Tilgungsplänen Vertrieb: IFF, Buchardstr. 22, 20095 Hamburg
- INSO-PLAN, Version zur Planerstellung nach dem Verbraucherinsolvenzverfahren, praktische und schnelle Eingabemöglichkeiten. CD-ROM mit übersichtlichem Handbuch und zahlreichen Hinweisen zu Zahlungsplänen: ca. 25 Euro Herausgeber: Verbraucherzentrale Nordrhein-Westfalen e.V., Mintropstr. 27, 40215 Düsseldorf, Tel. 0211/3809-0, Fax: 0211/3809-172
- SO PART, anspruchsvolles Programm zur Abwicklung von Schriftverkehr für Schuldnerberatungsstellen, Berechnung von Tilgungsplänen, komplette Fallabwicklung und Falldokumentation, Statistik CD-ROM und Diskette: ca. 886 Euro Vertrieb: GAUSS–LVS mbH, Technologiepark 19, 33100 Paderborn, Tel. 05251/1655-0
- InsO-line, preisgünstiges und praktisches Programm zu außergerichtlichen Zahlungsplänen Vertrieb: Frieder Wolf, Am Burgweg 6, 01462 Dresden

12. Wichtige Adressen von Verbänden

Bundesarbeitsgemeinschaft Schuldnerberatung e.V. (BAG SB), Wilhelmsstr. 11, 34117 Kassel:
Spezialfragen in der Schuldnerberatung, Fachliteratur, Fortbildungsangebote, Fachzeitschrift BAG-SB

Informationsbroschüren der Bundesregierung über:

- Bundesministerium für Familie, Senioren, Frauen und Jugend, 11018 Berlin
- Adresse der Broschürenstelle des Ministeriums: Postfach 201551, 53145 Bonn,
- oder über die einzelnen Ministerien

  sind kostenfrei erhältlich, z.B.:
  - Was mache ich mit meinen Schulden?, Herausgeber: Bundesministerium für Familie, 53107 Bonn;
  - Guter Rat ist nicht teuer – Das Beratungshilfegesetz, Herausgeber: Bundesministerium für Justiz, 53170 Bonn
  - Soziale Sicherung im Überblick, Herausgeber: Bundesministerium für Arbeit und Sozialordnung

Bundesarbeitsgemeinschaft der Sozialhilfeinitiativen, Moselstr. 25, 60329 Frankfurt/Main
Ratgeber für Arbeitslose u. Sozialhilfeempfänger

Arbeitsgemeinschaft der Verbraucherverbände e.V. (AgV)
Heilsbachstr. 20, 53123 Bonn:
Informationsschriften zu allen Fragen des Verbraucherschutzes sind über die Verbraucherzentralen erhältlich (Adressen unter Adressenliste der Schuldnerberatungsstellen)

Verbraucherzentrale Nordrhein-Westfalen,
Mintropstr. 27, 40215 Düsseldorf:
Broschüren zu speziellen Fragen der Überschuldung

Bundesarbeitsgemeinschaft der Freien Wohlfahrtspflege e.V.,
Franz-Lohe-Str. 17, 5329 Bonn:
Adressen von Schuldnerberatungsstellen der Wohlfahrtsverbände

13. Internet-Adressen

www.inso-rechtspfleger.de
Gesetzestexte, aktuelle Entwürfe, Antragsformulare, Stellungnahmen

www.ebundesanzeiger.de
Übersicht über eröffnete Insolvenzverfahren in der BRD

www.bmj.de
Veröffentlichungen des Bundesjustizministeriums

www.forum-schuldnerberatung.de
Aktuelle Rechtsprechung, Kurzinfos

www.bag-schuldnerberatung.de
Aktuelles zur Schuldnerberatung, Fortbildungen

www.rws-verlag.de
INDat: Unternehmensinsolvenzen, Literatur, Adressen von InsO-Gerichten, Verwaltern

www.inso-rechtsprechung.de
umfangreiche Rechtsprechungssammlung zur InsO

www.insomanager.de
Software zur Abwicklung von Verbraucherinsolvenzen

www.agsbv.de
aktuelle Fragen der Schuldnerberatung aus den Verbänden

www.infodienst-schuldnerberatung.de
allgemeine Infos

Stichwortverzeichnis

DGB-Bundesvorstand (Hrsg.)

111 Tipps zu Arbeitslosengeld II und Sozialgeld

Bearbeitet von Rolf Winkel und Hans Nakielski
2004. 144 Seiten, kartoniert

Das Buch gibt fundierte Informationen und geldwerte Ratschläge. Es ist eine unentbehrliche Hilfe für die bisherigen Bezieher von Arbeitslosen- und Sozialhilfe sowie die möglichen neuen Empfänger von Alg II und Sozialgeld.

Der Ratgeber zeigt, wie man Fallstricke vermeiden und sämtliche – auch weniger bekannte – Leistungen der Agenturen für Arbeit, Sozialämter und anderer Behörden voll erhalten kann.

Besonders interessant: Tipps für Erwerbstätige mit niedrigem Einkommen und Empfänger von Arbeitslosengeld (I). Denn sie können ab 2005 unter Umständen zusätzlich das neue Alg II erhalten. Konkrete Hilfestellung geben viele Beispiele, Checklisten, Tipps zum Ausfüllen von Formularen sowie Musterbriefe.